民法改正と賃貸借契約
賃貸管理業者への影響
―100年振りの改正―

弁護士・中央大学法科大学院教授　升田　純 著

大成出版社

は　し　が　き

　本書は、民法の債権法関係の改正が行われ、施行日も決定されたことから、改正に係る賃貸借契約に関する部分について、改正法の内容、意義を現行法の内容を踏まえて解説するとともに、現行法の下における判例、裁判例の実用性を分析して紹介したものである。本書と同様な考え方の下、昨年、請負契約に関する部分につき書籍（『民法改正と請負契約　建設請負業者への影響』大成出版社）を執筆、公表したところであり、本書は、前書のいわば姉妹編に当たるものである。なお、賃貸借契約のうち、借地・借家関係の判例、裁判例については、『平成時代における借地・借家の判例と実務　平成の借地・借家判例の総覧』（大成出版社、2011年）を執筆、公表している。

　今回の民法の改正については、前書においても、本書の「民法の改正の経緯及び概要」においても紹介しているところであり、民法の100年振りの改正ではあるが、改正の内容が大改正であるか、民法の実務、契約の実務にとって実質的に重要な改正であるかは、改正内容と現行民法の内容・運用を比較対照して分析し、検討するほか、現行民法の下における判例・裁判例の内容・動向をも分析し、検討しなければ的確に判断できないところである。周知のとおり、借地・借家をめぐる判例・裁判例は、法律雑誌等に公表されたものだけでも多数あり、これらの影響も無視できないものであるし、改正民法の改正部分、特に賃貸借契約に関する部分は、従前の判例に従って明文の規定として取り上げられたものが少なくないのである。本書においては、賃貸借契約に関する最高裁の判例については必要な範囲でその内容を紹介するとともに、下級審の裁判例については比較的最近のものの概要も紹介し、改正民法の意味を理解するための参考に提供し、賃貸借の実務の運用にも参考に提供するものである。

　改正民法における賃貸借契約に関する部分は、確定した判例を明文化するもの、判例による理論を明文化するもの、現行民法の内容として一般的、通説的に解されていたものを明文化するものがほとんどである。現行民法の内容を実質的に変更する部分は少ないのである（仮に変更する部分があるとしても、大半は任意規定であり、契約自由の原則を基に、契約に

よって変更も可能である)。賃貸借契約に関する部分の改正部分は、従来の賃貸借の実務を変更しようとするものではなく、従来の実務を民法の規定によって裏づけるものということができ、この意味で実務上参考になるものである。なお、前書の請負契約に関する改正民法による改正部分は、請負契約の実務を踏まえたものというよりも、理念的な改正、理論的な見解による改正部分が目立ち、理念が先走っているとの印象があるが、前記の特徴のある賃貸借契約に関する改正部分とは、改正の内容、色合いが異なるところがある。

　本書は、今回の民法の改正全般を解説するものではなく、賃貸借契約に関する部分に限定して、従来の賃貸借の実務、判例・裁判例の概要・動向を踏まえて解説するものであるとともに、賃貸借の実務に日々関与している管理業の関心事・立場、賃貸管理の実情をも考慮して解説するものである。本書はこのような観点から企画し、執筆したものであるが、本書の企画どおりに、読者の方々に利用していただくことができれば、幸いである。

　本書の企画、執筆に当たっては、前書と同様、大成出版社の大塚徳治氏には大変お世話になったものであり、最後に感謝を申し上げたい。

平成30年4月

升田　純

民法の改正と賃貸借契約（賃貸管理業者への影響）
—100年振りの改正—

目 次

第1章　民法の改正の経緯及び概要 …………………… 1
1　本書の概要 ………………………………………………… 1
2　民法の制定とその後の経緯 ……………………………… 2
3　民法改正法案の検討・審議状況 ………………………… 4

第2章　改正民法の基本的な特徴 ……………………… 7
1　改正民法の基本的な特徴① ……………………………… 7
2　改正民法の基本的な特徴② ……………………………… 9

第3章　賃貸借契約に関する改正民法の内容と今後の契約実務 …………………………………………… 11
1　概要 ………………………………………………………… 11
2　改正民法601条（賃貸借） ……………………………… 15
3　改正民法602条（短期賃貸借） ………………………… 39
4　現行民法603条（短期賃貸借の更新） ………………… 43
5　現行民法・改正民法604条（賃貸借の存続期間） …… 44
6　現行民法・改正民法605条（不動産賃貸借の対抗力） … 48
7　改正民法605条の2（不動産の賃貸人たる地位の移転） ……… 50
8　改正民法605条の3（合意による賃貸人たる地位の移転） …… 72
9　改正民法605条の4（不動産の賃借人による妨害の停止の請求等） ……………………………………………………… 75
10　改正民法606条（賃貸人による修繕等）・現行民法606条（賃貸物の修繕等） ………………………………………… 81
11　現行民法607条（賃借人の意思に反する保存行為） … 90
12　改正民法607条の2（賃借人による修繕） …………… 91
13　現行民法608条（賃借人による費用の償還請求） …… 94
14　現行民法・改正民法609条（減収による賃料の減額請求） …… 98

15	現行民法610条（減収による解除）	100
16	現行民法611条（賃借物の一部滅失による賃料の減額請求等）・改正民法611条（賃借物の一部滅失等による賃料の減額等）	101
17	現行民法612条（賃借権の譲渡及び転貸の制限）	106
18	現行民法・改正民法613条（転貸の効果）	147
19	現行民法614条（賃料の支払時期）	160
20	現行民法615条（賃借人の通知義務）	161
21	現行民法616条（使用貸借の規定の準用）・改正民法616条（賃借人による使用及び収益）	162
22	改正民法616条の2（賃借物の全部滅失等による賃貸借の終了）	164
23	現行民法617条（期間の定めのない賃貸借の解約の申入れ）	169
24	現行民法618条（期間の定めのある賃貸借の解約をする権利の留保）	171
25	現行民法619条・改正民法619条（賃貸借の更新の推定等）	173
26	現行民法620条・改正民法620条（賃貸借の解除の効力）	188
27	現行民法621条（損害賠償及び費用の償還の請求権についての期間の制限）・改正民法621条（賃借人の原状回復義務）	219
28	現行民法622条（削除されていたもの）・改正民法622条（使用貸借の規定の準用）	237
29	改正民法622条の2（敷金）	241
30	賃貸借の保証	267
31	自力救済による建物の明渡し	280
32	物上代位	286
33	賃貸借の管理	296
34	改正民法の時間的な適用範囲（経過規定）	309

判例索引（年代順） 312

第1章　民法の改正の経緯及び概要

1　本書の概要

　本書は、民法（明治29年法律第89号）が平成29年5月26日に国会で成立した民法の一部を改正する法律（平成29年6月2日に公布。平成29年法律第44号。本書では「改正民法」という。なお、改正の対象になった民法については、「現行民法」ということがある）によって改正されたことから、改正民法のうち賃貸借契約に関する部分（賃貸借の保証についても若干紹介している）について、改正の内容、改正による賃貸借の実務に与える影響、改正されない賃貸借に関する規定等を解説するものである。なお、賃貸借の実務において重要な役割を担っている建物の賃貸借（借家）、建物所有を目的とする土地の賃貸借（借地）に関する重要な法律である借地借家法は、今回の民法の改正の対象になっていないので、その説明は基本的に省略するものである。

　民法は、その内容からみると、大きく5つの内容から構成されている。第一編総則、第二編物権、第三編債権、第四編親族、第五編相続がこの構成である。第一編から第三編までは財産法、第四編、第五編は身分法と呼ばれることがある。なお、筆者は、偶々、平成4年4月から平成8年3月までの間、法務省民事局において財産法担当の参事官を務めていたことがあり、民法制定100周年（後記のとおり、民法は明治29年（1896年）に制定され、明治31年（1898年）に施行されたものであり、平成8年（1996年）が制定100周年、平成10年（1998年）が施行100周年に当たっていた）を前に、民法の財産法の改正の必要性等を内々検討していたことがある。

　改正民法は、俗称で債権法の改正と呼ばれることが多いが、第三編の債権部分を中心にし、第一編総則に及ぶ内容の改正を行うものである。賃貸借契約は、もちろん契約の中でも「典型契約」と呼ばれるものであり、債権法の改正の内容の一部になっているものである。改正民法は、民法の財産法のうち、前記の意味の債権法を対象とする法改正である。

2 民法の制定とその後の経緯

　民法は、その内容と歴史に照らすと、人の財産、取引、身分の基本を定める法律であり、国家・社会の近代化の法的な基盤を築くものである。日本における民法の制定は、明治維新の当初から検討され、立法化の様々な努力が積み重ねられてきたが、世界的な視点でみると、フランスにおける民法典の制定（1804年。ナポレオンが主導して制定したものであり、ナポレオン法典とも呼ばれている）がこの近代化の動きを牽引してきたものである。

　明治6年（1873年）には、民法典等の編纂事業を行うため、フランスからボアソナード氏を招請し、同氏を中心に民法の草案の作成等が行われ、明治19年（1886年）には、草案の一部が作成され、内閣に提出される等し、その後も作業が続けられ、政府部内における検討、審議、元老院の議定、枢密院の諮詢を経て、明治23年（1890年）、法律として公布され、明治26年（1893年）1月1日に施行されることになった（これは、旧民法と呼ばれている）。

　ところが、この民法が外来思想の直訳である等との批判が強まり、実施派と延期派が激しく対立することとなり（これは、民法典論争と呼ばれており、法曹界だけでなく、政治的な対立もあった）、延期派が勝利し（この民法典論争において、穂積教授が論文「民法出デテ忠孝亡ブ」を発表し、延期派の立場を明らかにするものとして、「民法出でて忠孝亡ぶ」との標語が使用され、有名になった）、明治25年（1892年）、民法の施行延期等を内容とする法律が制定され、民法の施行が延期された（結局、この民法は、施行されなかったが、前記のボアソナード氏は、失意のうちにフランスに帰国したと伝えられている）。

　明治26年（1893年）から新たに民法典の編纂作業が始められ、明治29年（1896年）、民法中、総則、物権、債権に関する3編の法案が議会に提出され、制定、公布され（明治29年法律第89号）、明治30年（1897年）、親族、相続に関する2編の法案が議会に提出されたものの、審議未了となり、明治31年（1898年）、再度法案が議会に提出され、制定、公布された（明治31年法律第9号）。このようにして制定、公布された民法全編は、明治31年7月16日、施行されたものである。

　このようにして制定、施行された民法は、その後、必要に応じて若干の

改正が行われたほか、特別法を制定して（例えば、借地法、借家法等の名称の法律が制定されることがあったが、その内容は民法の規定する範囲のものであり、形式的には特別法であっても、実質的には民法の改正というべきものであった）、それぞれの時代の要請に応えてきた。

　大規模な民法の改正としては、第二次世界大戦における敗戦、日本国憲法の制定等に伴って、民法の中の親族法、相続法の全面的な改正がある。親族法、相続法の全面的な改正は、日本国憲法が施行された昭和22年5月3日までに間に合わず、日本国憲法の施行に伴う民法の応急的措置に関する法律が制定されたが、民法の改正法案は、同年12月22日、制定、公布された後（昭和22年法律第222号）、昭和23年1月1日に施行された。なお、この民法改正は、親族法、相続法の全面的な改正のほか、これに関連する民法の他の規定も改正された。

　その後も、時々の必要に応じて若干の民法の改正が行われ、民法の特別法が制定されてきた。

　また、平成16年には、長年民法学者を中心に民法の現代語化の作業、検討が行われてきたが、この成果を踏まえ、民法の現代語化を内容とする民法の改正法が制定、公布され（平成16年法律第147号）、平成17年4月1日、施行された。

❸ 民法改正法案の検討・審議状況

　民法の総則、物権、債権に関する部分の改正問題は、筆者が法務省民事局参事官に着任した平成4年4月当時においても、民法の制定100周年が間近になっており、現代語化の検討作業が進行中であったこと（民法のカタカナ書を現代語化するのであれば、条文の改正も併せて検討し、実施したほうがよい等の意見は当然に予想されるところであった）等から、民法の財産法の分野に関する話題の1つであった。

　しかし、その後、前記のとおり、平成16年に民法の現代語化を内容とする改正を優先して行い、これが実現したことから、平成18年10月、民法の学者を中心にして、民法（債権法）改正検討委員会が設立され、改正に向けての検討が開始された。

　民法（債権法）改正検討委員会は、平成21年3月、「債権法改正の基本方針」を取りまとめて公表した。

　民法は法務省が所管する法律であるが、法制審議会は、平成21年11月、民法（債権関係）部会において審議を開始することとし、同部会における審議は、3つのスケジュールを区分し（第1ステージから第3ステージ）、それぞれの目標を定めて審議が行われた。第1ステージにおいては、平成23年4月、「中間的な論点整理」を取りまとめ、第2ステージにおいては、平成25年2月、中間試案を取りまとめ、第3ステージにおいては、平成26年8月26日、「民法（債権関係）の改正に関する要綱仮案」（要綱仮案）を取りまとめて、それぞれ公表された。民法（債権関係）部会は、平成26年12月、「民法（債権関係）の改正に関する要綱案の原案（その1）」を取りまとめ、平成27年2月10日、要綱案を決定し、法制審議会総会は、同年2月、要綱を決定し、同年3月31日、民法の一部を改正する法律案が、通常国会に提出された。

　民法の改正法案は、平成27年、平成28年においては、国会の審議がはかばかしく進行せず、一時期は関係者の間に相当の落胆等の声が漏れ聞こえていたが、平成29年4月14日、衆議院で修正の上、議決され、同年5月26日、参議院で議決され、成立した後、同年6月2日、公布された（平成29年法律第44号）。

　改正民法は、一部の規定を除き、公布の日から起算して3年を超えない範囲内において政令で定める日から施行されることになっているが、平成

32年4月1日に施行されることになった。

第2章　改正民法の基本的な特徴

1　改正民法の基本的な特徴①

　今回の改正民法の内容・解釈、契約実務を含む法律実務への影響は、今後、個人、事業者、業界、法律実務家等において関心のある範囲、影響のある範囲で検討し、分析することが必要であるが、改正事項が多数に上るほどにはさほどの影響はないということができる。

　改正民法は、債権法に関わる多数の事項について現行民法の内容を改正しているが、その内容は、①現行民法の解釈上当然と理解されている部分、異論のない部分、②最高裁等の判例が確定した部分、確定した判例から論理上当然に理解される部分が多い。もっとも、一部には、③現行民法を実質的に変更する部分もある。

　これらの①、②、③の改正民法による改正内容のうち、大半は、契約自由の原則によって、特約の内容を工夫することによって柔軟に対応することが可能である。現在使用中の契約書についても、改正民法によって改正された規定が関係しているとしても、契約自由の原則によって有効とされる範囲は相当に広いから、契約書の一応の見直しが必要であるとしても、直ちに契約書の改訂が必要であるということにはならない。

　他方、民法改正の審議の過程においては、審議の対象とされたものの、取り上げられなかった事項にも留意することが必要であり、今後、民法以外の法律の改正にも注意が必要になる可能性がある。特に消費者契約法に関係する事項には、今後の動向に留意することが重要である。

　賃貸借契約に関係する改正民法による改正は、具体的には、現行民法601条から622条の賃貸借契約に関係する諸規定（なお、現行民法622条の規定は、削除されていた）の改正内容を検討し、具体的に改正の内容を理解することが重要である。賃貸借契約に関する改正民法の規定は、601条から622条の2までの規定であるが、その多くの規定につき内容の全部又は一部が改正されたこと、削除されていた現行民法622条にも規定が盛り込まれたこと、現行民法の規定に枝番を付した新たな規定が設けられたこと（605条の2、3、4、607条の2、616条の2、622条の2）という特徴があり、関係する条数が現行民法の22か条（実質的には21か条）から28か

条に増加している。また、関係規定の改正状況を見ると、現行民法には見られなかった内容も盛り込まれている。これらの改正状況を一見すると、賃貸借契約に関する改正民法は、現行民法と比較して相当大きな変更が加えられたように考えられないでもないが、改正内容を詳細に検討すると、改正内容の多くは、従来の最高裁の判例等を民法の規定として盛り込んだもの、従来の学説等において一般的、理論的に当然のこととして理解されていたものを民法の規定として盛り込んだものであり、実質的に変更された内容は少ないということができるし、変更された規定も任意規定であることから、契約自由の原則によって対応することができるものである。改正民法の改正部分の説明は、後記のとおり、個々の条文ごとに行うところであるが、実質的な変更部分は少ないことが分かるであろう。もっとも、改正内容には、前記のとおり、従来の最高裁の判例等の内容、従来の学説等において一般的、理論的に当然のこととして理解されていた内容が多く、改正民法の関係規定を見ると、これらの内容を民法上の規定として総合的に取り上げ、明確にしているものであり、分かりやすい規定、利用しやすい規定になっているという特徴もある。

2 改正民法の基本的な特徴②

　今回の民法の改正は、社会的にはどのように受け取られているのかは、興味深い事柄である。本書の読者の多くは、建物の賃貸借事業、それに関連する事業、あるいは相談等に関与する専門家等であると想像されるが、賃貸借に関する民法の規定の内容・解釈、債権管理の分野における変更・変化に主な関心があろう。社会一般の人々にとってはどうであろうか。例えば、民法の改正審議の過程において、前記の法制審議会が改正法案の要綱を決定した際、新聞らの多くのマスコミによって報道された改正の主要な事項は、消滅時効、法定利率、保証人、敷金、約款の５つの事項であった。また、民法の改正法が制定された際には、改正民法の主なポイントとして、社会・経済の変化に合わせた見直しと判例で定着したルールを法律に明記したものがあるとし、前者については、約款の規定の新設、法定利率の５％から３％への引き下げ・変動制の導入、連帯保証人制度における原則公証人による事前の意思確認の義務付け、債権の消滅時効の原則５年に統一を取り上げ、後者については、判断能力を持たずに行った契約の無効、賃貸住宅の敷金返還や現状回復のルールの明記を取り上げている。

　これらの改正事項のうち、消滅時効（時効期間が細分化されていたのが、主観的な起算点から５年間、客観的な起算点から10年間に統一された）は比較的大きな改正点であり、保証人（第三者が保証人になる場合には公証人による意思確認が義務付けられた）も軽視できない改正点であるが、法定利率（年５％から原則として年３％に引き下げられた）は約定金利で対応できるものであり、敷金はその内容の大半が従来の最高裁の判例で認められてきたものであり、約款は通常の事業者らでは既に対応ずみのものであるということができる。

　今回の民法の改正においては、個々の条文の規定の文言・内容、関係する条文の関係、使用されている用語等については法律の実務上十分に注意をすることが重要であるが、実質的な観点からみると、さほどの変更はないということができる。

第3章　賃貸借契約に関する改正民法の内容と今後の契約実務

1　概要

(1)　典型契約である賃貸借契約に関する現行民法の規定は、601条から622条までの22か条である。なお、現行民法622条は、内容が削除され、いわば空の状態にあったものである（もともと民法622条の規定は、使用貸借に関する民法600条の規定を準用する旨の規定であったが、平成16年の破産法の改正に伴う民法の改正に伴って、現行民法621条に移され、現行民法622条は削除されるに至ったものである）。

　改正民法における賃貸借契約の規定は、601条から622条の2であり、民法の賃貸借契約に関する現行民法の位置取りには変化はないが、前記のとおり、削除されていた現行民法622条にも規定が盛り込まれたこと、現行民法の規定に枝番を付した新たな規定として、605条の2、3、4、607条の2、616条の2、622条の2の6か条が設けられたことから、条文数が28か条に増加している（なお、削除されていた現行民法622条にも規定が盛り込まれた）。

(2)　賃貸借契約に関する現行民法601条から622条までの合計21か条の規定と改正民法601条から622条の2までの合計28か条の規定を改正の前後で比較対照してみると、まず、現行民法がそのまま維持されている規定としては、現行民法603条（短期賃貸借の更新に関する規定）、607条（賃借人の意思に反する保存行為に関する規定）、608条（賃借人による費用の償還請求に関する規定）、610条（減収による解除に関する規定）、612条（賃借権の譲渡及び転貸の制限に関する規定）、614条（賃料の支払時期に関する規定）、615条（賃借人の通知義務に関する規定）、617条（期間の定めのない賃貸借の解約の申入れに関する規定）、618条（期間の定めのある賃貸借の解約をする権利の留保に関する規定）がある。なお、現行民法621条は、現行民法616条とともに、使用貸借に関する規定を準用する旨の規定であり、現行民法621条は、600条、現行民法616条は、594条1項、597条1項、598条を準用するものであったところ、改正民

法においては、使用貸借に関する規定の準用規定として、改正民法616条、622条を位置付け（改正民法621条は、新たな内容に関する規定として使用されている）、改正民法616条は、594条1項、改正民法622条は、597条1項、599条1項及び2項を準用する旨の規定とされている。この意味で、現行民法621条は、条文は622条に移転したものの、現行民法の内容が基本的にそのまま維持されている規定であるということができる。

他方、現行民法につき何らかの改正が行われている規定としては、601条（賃貸借に関する規定）、602条（短期賃貸借に関する規定）、604条（賃貸借の存続期間に関する規定）、605条（不動産賃貸借の対抗力に関する規定）、606条（賃貸物の修繕等に関する規定）、609条（減収による賃料の減額請求に関する規定）、611条（賃借物の一部滅失による賃料の減額請求等に関する規定）、613条（転貸の効果に関する規定）、616条（使用貸借の規定の準用に関する規定）、619条（賃貸借の更新の推定等に関する規定）、620条（賃貸借の解除の効力に関する規定）、621条（損害賠償及び費用の償還の請求権についての期間の制限に関する規定）がある。なお、現行民法622条は、前記のとおり、削除されていたところ、その内容は使用貸借に関する一部の規定を準用する規定として利用されている。

さらに、新たな規定が設けられているものとしては、改正民法605条の2（不動産の賃貸人たる地位の移転に関する規定）、605条の3（合意による賃貸人たる地位の移転に関する規定）、605条の4（不動産の賃借人による妨害の停止の請求等に関する規定）、607条の2（賃借人による修繕に関する規定）、616条の2（賃借物の全部滅失等による賃貸借の終了に関する規定）、622条の2（敷金に関する規定）がある。

(3) 賃貸借契約に関する民法の改正は、このように改正の条文数、改正部分の規定の内容が多数であり、現行民法にはなかった内容の規定も新設されていることから、一見すると、大きな改正がされたかのような印象を与える。確かに、賃貸借契約に関する改正民法の規定を覚えることは、現行民法と比較すると、日常業務に忙しい読者諸氏にとっては大変なことのように思われないではない。

しかし、賃貸借契約に関する従来の最高裁の判例等や現行民法に関す

る一般の考え方に照らすと、実質的には見た目ほど大きな改正であるとはいえないし、その多くが賃貸借契約に関する任意規定の改正であり、契約自由の原則によって対応が可能である。また、賃貸借の分野において重要な位置を占める借地、借家については、大半が強行規定である借地借家法が重要な役割を果たしているところ、借地借家法は改正の対象になっていない。このように見ると、賃貸借契約に関する民法の改正は、実質的には賃貸借契約の実務に大きな影響があるとはいえない。賃貸借契約に関する改正民法の内容は、以下に紹介するとおりであるが、その主要な内容は、確定した判例、あるいはほぼ異論のない判例を明文化するもの、学説等において一般的で、ほぼ異論のない解釈であるもの、契約の実務上重要でない条項を変更するものが中心である上、借地借家法の改正はないことから、契約の実務に与える影響は極めて限定的であるということができる。もっとも、民法の規定自体が増加し、内容も変更されたことから、民法の条文の知識を正確に得るとの観点からは、読者諸氏もある程度の努力が必要であろう。

(4) 賃貸借契約に関する改正民法の内容は、条文ごとにその詳細を見ることにしたいが、改正前の賃貸借契約の交渉、締結、実行、訴訟等の紛争の各場面ごとに改正民法の内容、規定の文言、実質的な影響の有無・程度を検討することが重要である。改正民法の改正前後における実質的な影響については、賃貸借契約の実行、訴訟等の紛争の場面ではさほど大きな影響があるとはいえないものの、改正の内容、改正された文言、法的な責任の性質・位置づけによって、賃貸借契約の交渉、締結、契約書の規定・文言の選択の各場面においてはある程度の影響がある。

　また、賃貸借契約の交渉、締結は、契約自由の原則に従って行われるものであり、その効力も原則として契約自由の原則に基づいて判断されるものであるから（賃貸借契約に関する改正民法の多くの規定は、任意規定であり、これに反するとしても、原則として有効であると解される）、借地契約、借家契約の場合（借地借家法の適用を受けるものであり、その大半は強行規定である。なお、農地の賃貸借についても農地法の適用を受け、同法の制約の下にある）を除き、現行民法の内容が改正によって表面的には影響を受けるものであるとしても、仮に改正民法の内容に従って従前利用していた契約書の内容を改めなかった場合、従前

の契約書であるからといってその内容、規定が無効と解されるわけではない。もっとも、賃貸借契約に関する改正民法の規定は、契約書に規定がない場合、契約書の規定が不明確である場合等には、契約書を補充するものとして適用されることがあるし、改正民法の規定の中には、一部の規定が強行規定であると解されるものがある等、その趣旨、規定に反するものとして限定的に無効であると解される可能性のあるものもある。

さらに、民法の規定の中には、法律行為の無効、取消しに関する規定があり、賃貸借契約にもこれらの規定が適用される。賃貸借契約の中には、当事者の一方が消費者であり、他方が事業者である賃貸借契約があるが、この場合には、消費者契約法が適用され、同法による契約の無効、取消しに関する規定の適用を受けることになる。

なお、賃貸借契約、賃貸借に関与する不動産業者、賃貸管理業者に関する判例、裁判例（本書においては、法律実務において、最高裁の判決を「判例」、高裁、地裁等の下級裁判所の判決を「裁判例」と呼ぶのが通常であることから、この意味で、判例、裁判例の言葉を使用することにしている）は、従来、多数法律雑誌等に公表されているが、従来の判例、裁判例が改正後の民法に妥当するか、妥当するとしてどのように適用されるかも、説明することにしている。判例、裁判例は、個々の事案の解決のために裁判所が示した判断であり、民法等の法律とは同じではないものの、法律の規定、契約の条項の意味を解釈したり、適用の事例を提供したり、法的な効力・効果を明らかにしたりしたものであるから、他の事件にも参考になるものである（日本は、英米等のような判例法の国ではないから、判例、裁判例の先例としての拘束力はないと考えられるが、最高裁の判断である判例、特に法理論を明らかにした判例は、その性質上、他の事件にも事実上重要な影響力があることは否定できない）。

以下、改正民法の具体的な条文に従って、その条文の内容を紹介することとする。

2 改正民法601条（賃貸借）

(1) 改正民法601条は、現行民法601条に若干の文言を加える改正を行っているが、その内容は、次のとおりである。

【改正民法】

（賃貸借）
第601条　賃貸借は、当事者の一方がある物の使用及び収益を相手方にさせることを約し、相手方がこれに対してその賃料を支払うこと及び引渡しを受けた物を契約が終了したときに返還することを約することによって、その効力を生ずる。

(2) 現行民法601条は、次のように定めている。

【現行民法】

（賃貸借）
第601条　賃貸借は、当事者の一方がある物の使用及び収益を相手方にさせることを約し、相手方がこれに対してその賃料を支払うことを約することによって、その効力を生ずる。

(3) 改正民法は、現行民法の規定に「引渡しを受けた物を契約が終了したときに返還すること」を加えるものであり、これによって、賃貸借の相手方が賃貸物（賃借物）の使用・収益の対価である賃料の支払とともにその物の返還を約束することを明らかにするものである。

　改正民法601条、現行民法601条における「当事者の一方」は、賃貸人、貸主と呼ばれることが多く、「相手方」は、賃借人、借主と呼ばれることが多い。

　改正民法にしろ、現行民法にしろ、601条は、賃貸借契約の要素となる権利・義務を定めるものである。賃貸借契約は、賃貸人が賃借人に物を使用・収益させる義務を負うこと、他方、賃借人は賃貸人に対価である賃料を支払い、賃貸借契約が終了したときは当該物を返還する義務を負うことを基本的な内容とする契約である。改正民法601条は、このような賃貸借契約の基本的な内容を明らかにするものである。なお、現行民法601条においては、賃貸借契約が終了したときは当該物を返還する義務を負うことが明記されていなかったが、この義務は解釈上当然のことと解されていたものである。

改正民法601条は、この意味で、現行民法601条を実質的に変更するものではない。

(4) 改正民法601条は、賃貸借契約の基本的な規定である。賃貸借契約と同様に物を他人に貸す契約として使用貸借契約（現行民法・改正民法593条以下）があるが、両契約の違いは、有償であるか（賃貸借契約）、無償であるか（使用貸借契約）である。有償・無償の基準は、改正民法601条が明記するように、使用・収益の対価の有無である。対価の有無は、金銭の支払等の経済的な利益の提供の有無とは必ずしも同じではなく、使用・収益としての経済的な利益の提供によって判断されるものであり、取引通念に照らして低額の金銭の支払等につき対価性が認められないことがある。賃貸借契約か、使用貸借契約かは時々争われることがある。

改正民法601条は、賃貸借契約の目的（対象）として「物」であることを明記しているが（物は、有体物であると解される。民法85条参照）、無体物の有償の貸借契約の取扱いが一応問題になる。一般社会、取引社会においては、有体物の賃貸借だけでなく、無体物の賃貸借についても、例えば、権利、ノウハウ、電気、会社の経営、事業、価値、信用、名義等の賃貸借の事例が見られるところである。改正民法も、現行民法も、貸借の目的（対象）が物であることを前提とした規定になっているが、無体物を目的（対象）とする貸借についても、これに準じて取り扱うことは可能であり、このように解することが合理的である（法的な形式としては、民法の賃貸借契約の規定の類推適用ということになろう）。

(5) 賃貸借契約は、一般社会においても、取引社会においても、広く利用されている類型の契約であり、その締結の方式も、書面によることが多いものの（借地借家法22条所定の定期借地権設定契約、同法38条１項所定の定期建物賃貸借契約は、書面によることが必要である）、口頭によることもある。賃貸借契約は、勧誘、交渉、内容の確定、契約書の作成、契約の締結、内容の改定、内容の履行・不履行、終了、終了後の事務処理等という各段階・過程を経るものであり、契約の目的（対象）の種類・規模等の事情によって複雑な内容、複雑な段階・過程になる。

また、賃貸借契約は、契約の目的（対象）の種類・規模、契約期間の事情によっては継続的契約であることが多く、契約によっては長期にわ

たって継続することが予定される継続的契約であることがある。特に建物所有を目的とする土地の賃貸借契約（借地契約）、建物の賃貸借契約（借家契約）は、契約の内容、借地借家法の規定等に照らして、相当の年月継続することが予定され、あるいは相当の年月更新されるものであり、長期にわたる継続的契約としての性質を有するものである（借地契約の場合には、特に長期にわたる継続的契約としての性質を強く有するものである）。

　過去の事例を振り返って見ると、借地契約の場合であっても、口頭による契約の事例を見かけることがあったし、書面による契約であっても、数箇か条の簡単な内容の契約の事例を見かけることがあったが（借地借家法、あるいは民法の諸規定が補充的に適用されることになる）、長期間の安定的な法律関係を確保するためには相当に詳細な内容を交渉し、契約書上明記することが重要である。借家契約の場合についても、口頭の契約を見かけることがあるが、安定的な法律関係を確保し、紛争を防止するため等には、相当に詳細な内容を記載した契約書を取り交わすことが必要である。

(6)　仮に相当詳細な内容を交渉し、契約書に明記して賃貸借契約（借地契約、借家契約等）を締結したとしても、契約期間が継続する間には、契約締結時に想定した事情が変化し、契約書の内容を改定する必要が生じることがあるし、新たな内容を設ける必要が生じることがある。法理上は、事情変更の原則が最高裁の判例によって認められているが、その適用の要件が極めて厳格であり、賃貸借契約には実用的であるとはいえない。このような事態に対応するためには、賃貸借契約書において事情の変更に備えた特約（事情変更特約）を締結しておくことが重要であるが（事情変更特約の中には、賃料の増減額特約もあるが、借地、借家の場合には、借地借家法11条、32条の規定によって対応することもできる）、理論的にも、他の類型の契約の場合とは異なり、事情変更の要件を相当程度緩和し、事情変更の原則を適用し、契約内容の改定交渉、履行の拒否、契約内容の改定等の法的な効果を認めることが合理的である。

(7)　賃貸借契約のうち、借地契約、借家契約の締結に当たっては、賃借人が賃貸人に敷金、保証金、権利金、礼金等の名目の金銭を交付することが多い。これらの金銭の交付の要否、名目、性質、額等は、個々の契約

の内容、契約の目的、賃貸人・賃借人の属性等の事情のほか、地域の実情によって異なるところがある。敷金については、後に詳細に紹介するが、保証金については、敷金の性質を有するもの、貸金等の性質を有するもの等があり、個々の事案ごとに全額又は一部が敷金に当たるかどうかを判断することが必要である。権利金、礼金は、賃借人が賃借権の設定等につき賃貸人に対価として提供する金銭であると考えられている。

　なお、借地契約、借家契約の更新に当たっては、賃借人が賃貸人に更新料を交付する特約（更新料特約）が締結されたり、更新料特約がない場合であっても、賃貸人が更新料を請求することができるか等が問題になってきた。更新料特約は、消費者契約法10条の適用が争点になった複数の訴訟が提起され、地裁、高裁においては判断が分かれたが、最高裁において原則として同法10条に該当せず、原則有効であるとの判断が示されていることは後記のとおりである。

(8)　賃貸借契約は、有償契約、双務契約であり、売買契約に関する規定が準用されるほか（民法559条）、契約総則中の双務契約に関する規定（例えば、改正民法536条等）が適用される。

　　また、建物所有を目的とする土地の賃貸借、建物の賃貸借には、借地借家法が適用されるし、賃貸借契約が事業者と消費者との消費者契約に該当する場合には、消費者契約法が適用される。

(9)　契約実務、訴訟実務においては、時々、賃貸借契約が交渉される等し、賃貸借契約が成立したかどうか、契約は成立しなかったとしても、契約締結上の過失責任を負うか、貸借型の契約が締結されたとしても、賃貸借契約であるか（あるいは使用貸借契約であるか）、賃貸借契約が成立したとしても、建物の賃貸借契約に当たるか、借地借家法（あるいは借家法）が適用されるか等が問題になる事例が見られる。

　以下、これらの問題を取り扱った最高裁の判例、下級審の裁判例を紹介したい（なお、下級審の裁判例は、紙数の関係から、平成10年以降のもので借家をめぐる事件のものに限定したい）。

◨**まず、賃貸借契約の成否、効力が争点になった最高裁の判例としては、次のようなものがあり、いずれも改正民法においても妥当する。**

2 改正民法601条（賃貸借）

【参考判例】
①最二判昭和30年2月18日民集9巻2号179頁、判時48号18頁、判タ47号49頁

　　貸店契約（ケース貸）について、賃貸借の規定が適用されるかが問題になった事案について、次のとおり判示している。
「上告人等は被上告会社との契約に基き同会社の店舗（藤越デパートと称す）の1階の一部の場所において、商品什器を置いて、それぞれ営業を営んでいるものであるが、右契約の内容について、原判決が「疏明せられたもの」とするところによれば㊀　上告人等の使用する前示店舗の部分はあらかじめ被上告会社から示されて定められたものである。㊁　右部分は営業場として一定しているものではあるが、同時に、右営業場はデパートの売場で、従つて売場としての区劃がされているに過ぎず、これを居住に使用することは許されず、殊に被上告会社は店舗の統一を図るため商品の種類品質価格等につき上告人等に指示する等上告人等の営業方針に干渉することができるのは勿論、被上告会社経営のデパートたる外観を具備し、又はそのデパートの安全を図るため右売場の位置等についても被上告会社において適当の指示を与えることができるのであつて、例えば防火等の必要あるときは右売場の位置の変更を指示することができるものである。㊂　上告人等は自己の使用する営業場の設備を自己の費用で作り店舗の造作をなし得る約であるが、同時に、右設備は定着物でなく移動し得るものに限られ、且右造作等を設置する場合は必ず被上告会社の許可を要し、被上告会社の営業方針に従わなければならない。㊃　上告人等は当初定められた種類の営業をそれぞれ自己の名義で行い、従つてその租税も自己が負担するものであるが、同時に、右営業は名義の如何を問わず被上告会社の所有とされ、上告人等において営業権又は営業名義の譲渡賃貸書換をすることはできない。㊄　上告人等は自己の資本で営業し店員の雇入解雇給料支払は上告人等においてするものであるが、同時に、その営業方針は統一され、使用人の適否についても被上告会社の指示に従うべき定めである。㊅　上告人横幕は被上告会社に対し当初売上金の1割を支払うこととしたがその後昭和25年4月以後右支払金は月額4万円と改定され、その余の上告人等は被上告会社に対し2箇月分の権利金名義で上告人上原は金9万円、その他の上告人

等は金6万円宛支払う約である。(七)　上告人等は被上告会社に対し前示営業場1桝につき1日金100円宛支払う約であつたが、同時に、右権利金は出店料に対し権利金として支払うものであり右日掛金は右1桝分の出店料として維持費名義で支払う定めであつて、上告人横幕については右権利金の支払に代え前示のように売上金の歩合で支払うものである。なお前示契約は上告人横幕との間では期限の定めがなくその余の上告人等との間では2箇年の存続期間の定めがあつたものであるが、互に都合により1箇月の猶予期間をおいて契約解除をし得る定めであり、かつ、前示のように営業方針について、被上告会社が干渉するほか、包装用紙もこれを一定せしめ被上告会社において調製の上、上告人等に分譲する、というのである。

　以上の事実関係に徴すれば、上告人等は、被上告会社に対し、被上告会社の店舗の一部、特定の場所の使用収益をなさしめることを請求できる独立した契約上の権利を有し、これによつて右店舗の一部を支配的に使用しているものとは解することができないから、原判決が、上告人等は右店舗の一部につき、その主張のような賃貸借契約又は少くとも借家法の適用を受くべき賃貸借にもとずく占有権を有することの疎明十分ならずとしたのは相当であつて、これと反対の見解に立つて、右契約に対し民法賃貸借に関する規定又は借家法の適用ありと主張する論旨は採用することはできない。」

②最三判昭和31年5月15日民集10巻5号496頁、判時77号18頁、判タ59号60頁

　浴場用建物の賃貸借契約と浴場経営による営業利益の分配契約との混合契約につき借家法が適用されるかが問題になった事案について、次のとおり判示している。

「原判決は、本件当事者間に成立した浴場経営に関する契約は、浴場用建物並にこれに附属する物件の賃貸借契約と浴場経営による営業利益の分配契約とが不可分的に混合した一種特別の契約であつて、対価を支払つて本件建物並にこれに附属する物件の使用を目的とする趣旨においては賃貸借の色彩を多分に具有するものであるとして、その解約申入に関しては借家法1条ノ2の適用を認めながら、上告人の本件賃料の増額請求に関する主張に対しては、その増額は当事者協議の上これを決定すべ

きものであつて、上告人の一方的意思によりこれをなすことをえないものとしてその主張を排斥したのである。

　思うにいわゆる典型契約の混合する契約（混合契約）にいかなる法規を適用すべきかに関しては必ずしも議論がないわけではないけれども、その契約に或る典型契約の包含するを認め、これにその典型契約に関する規定を適用するに当つては、他に特段の事情の認むべきものがない限り右契約に関する規定全部の適用を肯定すべきであつて、その規定の一部の適用を認め他の一部の適用を否定しようとするためには、これを首肯せしめるに足る合理的根拠を明らかにすることを必要とするものといわなければならない。けだしいわゆる混合契約は数種の契約をその構成分子とするものであつて、その１つである契約の面においては当該契約に関する性質を帯有するものであり、従つてこれにその契約に関する規定の適用ありとする以上原則としその契約に関する規定全部の適用を肯定するを当然とするからである。ところで本件浴場経営に関する契約は前叙の如く賃貸借契約と浴場経営による営業利益の分配契約と混合したものであつて、浴場用建物及び附属物件の使用を目的とする趣旨において賃貸借の色彩を多分に具有するというのであるから、原判決がこれを一種特別の契約であると判示するにかかわらず、なおこれを混合契約の一種と認めたものと解するを妥当とし、従つてこれに賃貸借契約の解約申入に関する借家法１条ノ２の適用があるとする以上賃料増額請求に関する同法７条もまた特別の事情がない限りその適用を見るものとすべきであつて、右契約にその適用を否定しようとするにはその適用すべからざるゆえんを判示すべき必要があることは前段説明に徴し明らかというべきである。尤も原判決の確定するところによれば、本件契約においては、賃料名義の額については銭湯の騰落、経費の増減、浴客の多寡等に応じてこれを改訂するものとし、１年毎に両当事者協議の上これを決定すべき旨の約定があるというのであるが、かかる約定の存在は未だもつて借家法７条の適用を否定すべき特別の事情となすに足りない。けだし右約定によつては、賃料の増減につき当事者間に協定が成立しない場合にもなお当事者の右法条による賃料の増減請求権を否定すべきものとした趣旨が窺いえないのみならず、同条は契約の条件いかんにかかわらず借家契約にこれを適用すべき強行法規であることは疑なく、右の如き約

定によつてその適用を排除することをえないからである。原審は或いは上告人の賃料増額に関する主張をもつて右法条による賃料増額請求と解しなかつたかの疑があるが上告人は原審において本件浴場の賃料は他の浴場に比較し月5万円をもつて適正賃料とする（実際は月8万円と主張する）として被上告人に対し屡々その請求をしたと主張するのであつて（昭和26年11月12日附準備書面、同日の口頭弁論で陳述）、その主張はもとよりこれを借家法7条による賃料増額請求に関する主張と解すべきこと当然である。

然らば上告人の右主張に対し前示約定の存在を唯一の根拠として、単に本件契約においては、賃料の増額は当事者協議の上これを決定すべきであつて、上告人の一方的意思による増額は許されないとし借家法7条不適用の理由について何ら判断を示さなかつた原判決には理由不備の違法があり破棄を免れない（原判決は上告人の立証によつては増額を相当とする額を判断し難いと判示しているが、引用の鑑定の結果によれば一応客観的賃料額の立証があるのであり、もしその点の立証が不十分なれば釈明権を行使してその立証を促すべきである）。」

③最一判昭和37年3月15日裁判集民事59号321頁

　　後日協定すべき相当賃料を支払う旨の合意がある場合について、賃貸借契約の成立を認めたものである。

④最三判昭和38年1月22日裁判集民事64号121頁

　　建築基準法違反の建物の敷地についての賃貸借の効力が問題になり、地上の建物が建築基準法35条に違反するものであつても、その敷地の賃貸借契約の無効を来すことはないとしたものである。

⑤最三判昭和40年2月23日判時401号41頁

　　賃料は当分無料とするが、追って協議してその額を定める約定のある土地の賃貸借について、次のとおり判示している。

「所論は、原判決には採証法則を誤るか、そうでなければ経験則を無視した違法があるというが、原判決が丙一号証の「宅地賃貸借契約証」とある文字そのものに拘泥して本件契約を賃貸借であると認定したとの所論は、原判文を正解しないで独自の所見を述べるにすぎず、その余の論旨は、ひつきよう、原審の専権たる証拠の取捨判断、事実の認定について異論を唱えるに帰着し、採用のかぎりでない。

なお、原判決が判示認定の事実関係のもとで、上告会社と被上告人安斉との間に昭和26年4月1日本件宅地のうち原判示図面朱線表示の部分につき賃貸関係を同日より昭和36年4月30日までとし期間満了の際なお引続き賃貸するかどうかは双方協議のうえ定める約定で建物所有を目的とする賃貸借契約が成立したと判断したことは、正当として肯認できるところであり、右契約にあたつて賃料は当分無料とするが原判示のごとく当事者ならびに保証人において追つて協議してその額を定める約定が成立した以上、右契約の成立をもつて賃貸借契約の成立と判断した点に経験則違反等の違法はなく、これを上告人主張のように使用貸借契約の成立と判定しなかつたからといつて所論違法はないから、論旨はすべて採用できない。」

⑥最三判昭和41年5月31日裁判集民事665号665頁

　　土地の借主が無償使用に気がとがめ、盆暮に各1万円、その後各2万円ずつの現金またはギフトチェックを貸主に手渡していたものの、この金員が貸主との約定によるものでなく、借主側で一方的にその額と支払時期を定めたものであり、かつ、その金額は賃料額に比して些細なものであったことが認められる等の事情の下において、土地の賃貸借契約の成立を否定したものである。

⑦最二判昭和48年3月9日裁判集民事108号395頁

　　個人らが自動車の修理販売等を営む会社の共同経営をするため、土地および工場建物等を賃貸し、会社に土地等を使用させる、会社の代表取締役となってその経営にあたり利益を折半する、会社の取締役を辞任・退社するときは、未払賃料等を清算し乙が賃貸物件についてした増改築部分は鑑定価額をもって買い取る等を内容とする契約を締結した場合、自動車の修理販売等の共同事業に土地、建物の利用に関する内容が含まれているとしても、同契約は共同事業契約と解すべきであって、土地建物等の利用関係について借地・借家法の適用はないとしたものである。

◆**使用貸借と賃貸借の基本的な違いは、賃借物の使用・収益の対価の有無であるが、使用貸借の成否が問題になった最高裁の判例としては、次のものがあり、この判例は、改正民法においても妥当する。**

①最一判昭和41年10月27日民集20巻8号1649頁、判時464号32頁、判タ199

号129頁

　借主が建物の固定資産税を負担する建物の貸借関係が使用貸借であるか、賃貸借であるかが問題になった事案について、次のとおり判示している。

　「建物の借主がその建物等につき賦課される公租公課を負担しても、それが使用収益に対する対価の意味をもつものと認めるに足りる特別の事情のないかぎり、この負担は借主の貸主に対する関係を使用貸借と認める妨げとなるものではない。しかして、原審の事実認定は挙示の証拠によつて肯認し得、かかる事実関係の下においては、本件建物の借主たる上告人がその建物を含む原判示各不動産の固定資産税等を支払つたことが、右建物の使用収益に対する対価の意味をもつものと認めるに足りる特別の事情が窺われないから、上告人と建物の貸主たる訴外百合本亀一との関係を使用貸借であるとした原審の判断は相当として是認し得るところであり、その他、原判決には何等所論の違法はない。」

②最一判平成10年2月26日民集52巻1号255頁、判時1634号74頁、判タ969号118頁

　AとYは、長年、内縁関係にあり、自宅兼作業場で生活していたところ、昭和57年、Aが死亡し、その相続人XとYとの間で本件不動産の所有権をめぐる紛争が発生し、前訴において本件不動産がAとYの各2分の1の共有であることが確定したところ、XがYに対して本件不動産の賃料相当額の2分の1の支払を請求した。

　控訴審判決は、自己の持分を超える使用収益につき不当利得の成立を認め、請求を一部認容したため、Yが上告した。

　本判決は、内縁の夫婦がその共有する不動産を居住又は共同事業のために共同で使用してきたときは、特段の事情のない限り、両者の間でその一方が死亡した後は他方がその不動産を単独で使用する旨の合意が成立していたものと推認されるとし、原判決を破棄し、本件を差し戻した。

　「共有者は、共有物につき持分に応じた使用をすることができるにとどまり、他の共有者との協議を経ずに当然に共有物を単独で使用する権原を有するものではない。しかし、共有者間の合意により共有者の一人が共有物を単独で使用する旨を定めた場合には、右合意により単独使用を

認められた共有者は、右合意が変更され、又は共有関係が解消されるまでの間は、共有物を単独で使用することができ、右使用による利益について他の共有者に対して不当利得返還義務を負わないものと解される。そして、内縁の夫婦がその共有する不動産を居住又は共同事業のために共同で使用してきたときは、特段の事情のない限り、両者の間において、その一方が死亡した後は他方が右不動産を単独で使用する旨の合意が成立していたものと推認するのが相当である。けだし、右のような両者の関係及び共有不動産の使用状況からすると、一方が死亡した場合に残された内縁の配偶者に共有不動産の全面的な使用権を与えて従前と同一の目的、態様の不動産の無償使用を継続させることが両者の通常の意思に合致するといえるからである。

これを本件について見るに、内縁関係にあった上告人と勇とは、その共有する本件不動産を居住及び共同事業のために共同で使用してきたというのであるから、特段の事情のない限り、右両名の間において、その一方が死亡した後は他方が本件不動産を単独で使用する旨の合意が成立していたものと推認するのが相当である。」

◆世上、会社等に勤務する従業員のために社宅、従業員の寮等の住宅が利用されることがあるが、社宅等の利用関係について賃貸借に当たるか、借家法、借地借家法が適用されるかが問題になることがあり、次のような最高裁の判例が示されている。これらの最高裁の判例は、改正民法においても妥当する。

①最三判昭和29年11月16日民集 8 巻11号2047頁、判時40号 9 頁、判タ45号31頁

会社とその従業員との間における有料社宅の使用関係が賃貸借であるか、その他の契約関係であるかが問題になった事案について、次のとおり判示している。

「会社とその従業員との間における有料社宅の使用関係が賃貸借であるか、その他の契約関係であるかは、画一的に決定し得るものではなく、各場合における契約の趣旨いかんによつて定まるものと言わねばならない。原判決がその理由に引用した第一審判決の認定によれば、被上告人会社は、その従業員であつた上告人に本件家屋の一室を社宅として給与

し、社宅料として1ケ月金36円を徴してきたが、これは従業員の能率の向上を図り厚生施設の一助に資したもので、社宅料は維持費の一部に過ぎず社宅使用の対価ではなく、社宅を使用することができるのは従業員たる身分を保有する期間に限られる趣旨の特殊の契約関係であつて賃貸借関係ではないというのである。論旨は、本件には賃借権の存在を証明し得る証拠があるにかかわらず、原判決はこれを無視してその存在を否定し法律関係の認定を誤つた違法があるというのであつて、帰するところ原審の適法にした証拠の取捨判断、事実の認定を非難するにほかならないので採用することができない。」

②最二判昭和30年5月13日民集9巻6号711頁、判タ50号21頁

　　社宅の使用関係に借家法が適用されるかが問題になった事案について、次のとおり判示している。

　「原審認定の事実によれば、原判決が本件家屋の使用関係につき借家法の適用がないとした判断は正当であつて、所論は採用できない。」

③最二判昭和31年11月16日民集10巻11号1453頁、判タ66号55頁

　　従業員専用の寮の使用関係が賃貸借であるかが問題になった事案について、次のとおり判示している。

　「本件家屋の係争各6畳室に対する被上告人等の使用関係については、原判決は、判示各証拠を綜合して、その使用料は右各室使用の対価として支払われたものであり、被上告人等と訴外会社との間の右室に関する使用契約は、本件家屋が訴外会社の従業員専用の寮であることにかかわりなく、これを賃貸借契約と解すべきであるとしていることは原判文上明らかである。およそ、会社その他の従業員のいわゆる社宅寮等の使用関係についても、その態様はいろいろであつて必ずしも一律にその法律上の性質を論ずることはできないのであつて本件被上告人等の右室使用の関係を、原判決が諸般の証拠を綜合して認定した事実にもとづき賃貸借関係であると判断したことをもつて所論のような理由によつて、直ちにあやまりであると即断することはできない。」

④最三判昭和39年3月10日判時369号21頁

　　有料社宅の使用関係に借家法が適用されるかが問題になった事案について、次のとおり判示している。

　「そして原判決が本件家屋の使用関係についてなした各認定は、その挙

示の証拠関係からこれを肯認し得る。なお右認定せる事実関係によれば、原判決が本件家屋の使用関係は借家法の適用を受ける一般の賃貸借関係と異なり、判示の如き社宅使用に関する特殊の契約関係であつて、上告人は昭和34年3月3日その退職とともに右家屋を明渡す義務がある旨判示したことは正当として肯認し得られ、また当裁判所判例（昭和28年(オ)第797号、同30年5月13日第二小法廷判決、民集9巻6号711頁参照）の趣旨に合致するものというべく、所論は、原審の認定判示にそわない事実を主張し、かつ独自の見解に立つて原判決を非難し、或は原審の適法にした証拠の取捨判断、事実の認定を非難するに帰し、論旨は採るを得ない。」

⑤最三判昭和44年4月15日判時558号55頁

　社宅使用関係に借家法が適用されるかが問題になった事案について、次のとおり判示している。

「原審の認定した事実関係のもとにおいては、本件建物の利用関係は賃貸借ではなく、鉱員たる資格の存在をその使用関係存続の前提とする社宅に関する特殊な契約関係であつて借家法の適用はない旨の原審の判断は、正当として是認することができる。」

◆**賃貸借契約は、建物等の賃借物の使用・収益を要素とする契約であるが、使用・収益の内容・範囲は、契約の目的、賃借物の性質、契約の内容等によって個々の契約ごとに判断されるところ、最高裁の判例としては、次のようなものがあり、改正民法においても妥当する。**

・最一判昭和46年7月1日判時644号49頁、判タ269号187頁

　建物の賃貸借における賃借人の敷地利用が賃借建物及びその敷地のどの範囲に及ぶかが問題になった事案について、次のとおり判示している。

「家屋賃借人の賃借家屋の敷地利用が、民法616条、594条1項所定の使用収益権の範囲をこえるかどうか、また同法40条所定の保管義務に反するかどうかは、主として家屋賃貸人に対する関係において考察すべきものであつて、家屋賃貸人が敷地の所有者でない場合においても、原判示のように借地人の敷地所有者に対する保管義務違反になるかどうかを標準としてのみ決せられるべきものでないことは、論旨の指摘するとおり

である。
　しかしながら、原審が適法に確定した事実によれば、上告人が原判決添付目録第一(二)の家屋につき賃貸人たる地位を承継した昭和25年9月当時、すでに、被上告人は、右家屋の敷地の所有者であつた訴外太田重雄の黙示の承諾をえて右敷地の一部に約3坪の居宅兼物置を築造し、右賃借家屋の壁の一部を抜き、渡り廊下を設けて、これと右居宅兼物置とを接続させていたのであり、同目録第二の作業場は、昭和37年9月頃右居宅兼物置を撤去した跡にそれと面積、位置をほぼ同じくして新築されたものであつて、賃借家屋を毀損することなく容易に撤去ができる木造トタン葺板壁の簡単な構造の建物にすぎないばかりでなく、右作業場の建設に当つては、原判示のように右賃借家屋にさしたる損傷を与えたものではなく、また右作業場は、被上告人の家業である旗、幕の製造等のために使用されているにすぎず、賃借家屋や隣地に対して特段の障害や危険を与えるものでもないというのである。右事実関係のもとにおいては、作業場の建設が所論のように上告人側の制止にもかかわらずなされたものであるとしても、その建設を必要とした被上告人の原判示の事情を考慮するときは、被上告人の作業場の設置をもつて家屋賃借人として賃借家屋およびその敷地の使用収益権の範囲を逸脱し、その保管義務に反するものということはできない。また作業場が同目録第一の家屋に附合するに至つたかどうかは、本件においては、右判断を左右するものではない。論旨引用の各判例は、いずれも、本件と事案を異にし、本件に適切でない。」

◆**賃貸借は、契約によって認められるほか、取得時効によって賃借権を取得することができるが、この問題を取り扱った最高裁の判例としては次のようなものがあり、これらの判例は改正民法においても妥当する。**
①最三判昭和43年10月8日民集22巻10号2145頁、判時538号44頁、判タ228号96頁
　　土地賃借権の時効取得の要件が問題になった事案について、次のとおり判示している。
　　「次に、所論土地賃借権の時効取得については、土地の継続的な用益という外形的事実が存在し、かつ、それが賃借の意思に基づくことが客観

的に表現されているときは、民法163条に従い土地賃借権の時効取得が可能であると解するのが相当である。

しかるに、記録によれば、上告人が原審において、第一㈠㈡土地、第二土地、第三土地について仮定的に賃借権の時効取得を主張したこと、これに対し原審は第一㈠土地について賃貸借の成立を認め、第二、第三土地について時効取得を否定したが、第一㈡土地については賃貸借の成立を否定しながら、時効取得の主張に対してなんら判断を加えていないことが明らかである。論旨はこの点において理由があり、原判決は第一㈡土地について判断遺脱の違法あることを免れない。

また、原審は、第二土地について賃借権の時効取得を否定し、その判決理由一の㈢において「第一審原告（上告人）が第二土地については昭和22年4月頃以降現在までこれを占有していることは、さきに、みたとおりで……あるが、前認定の事実関係に徴すると、未だ、第一審原告はその主張の如き賃借権を享受する意思を以て右……土地を占有していたとは認め難い」云々と判示するが、これが先だつ原判決理由中のどこにも、原判決が「さきにみた」といい、また、「前認定」という、その判示に照応する事実の認定説示を発見することができない。しかも、占有開始の時期については、被上告人において、上告人が第一㈡土地および第二土地の一部の占有を始めたのは、昭和25年12月以降のことであると争つているところであり、また、第三土地はともかくとして、第二土地は、原審の認定によつても、賃貸借の成立した第一㈠土地と同時に占有を開始して現在に至り、また、上告人が土地使用の対価として被上告人に賃料を支払つて来たことは（土地の範囲は別として）争いがないというのであるから、原判示のように、上告人において賃借権享受の意思がなかつたとするには、当然なんらかの説明を要するところである。しかるに、原判決理由が「さきにみた」とする「前認定」事実の説示を欠くことは、前述のとおりであつて、原判決は第二土地につき賃借権の時効取得を否定した点において、審理不尽、理由不備の違法あることを免れず、論旨は、けつきよく、この点においても理由あるものといわなければならない。」

②最三判平成16年7月13日判時1871号76頁、判タ1162号126頁

取得時効による農地の賃借権の取得に当たって農地法3条の規定が適

用されるかが問題になった事案について、次のとおり判示している。
「3(1)　他人の土地の継続的な用益という外形的事実が存在し、かつ、それが賃借の意思に基づくものであることが客観的に表現されているときは、民法163条の規定により、土地賃借権を時効により取得することができるものと解すべきである（最高裁昭和42年(オ)第954号同43年10月8日第三小法廷判決・民集22巻10号2145頁）。他方、農地法3条は、農地について所有権を移転し、又は賃借権等の使用及び収益を目的とする権利を設定し、若しくは移転する場合には、農業委員会又は都道府県知事の許可を受けなければならないこと（1項）、この許可を受けないでした行為はその効力を生じないこと（4項）などを定めている。同条が設けられた趣旨は、同法の目的（1条）からみて望ましくない不耕作目的の農地の取得等の権利の移転又は設定を規制し、耕作者の地位の安定と農業生産力の増進を図ろうとするものである。そうすると、耕作するなどして農地を継続的に占有している者につき、土地の賃借権の時効取得を認めるための上記の要件が満たされた場合において、その者の継続的な占有を保護すべきものとして賃借権の時効取得を認めることは、同法3条による上記規制の趣旨に反するものではないというべきであるから、同条1項所定の賃借権の移転又は設定には、時効により賃借権を取得する場合は含まれないと解すべきである。

　以上によれば、時効による農地の賃借権の取得については、農地法3条の規定の適用はなく、同条1項所定の許可がない場合であっても、賃借権の時効取得が認められると解するのが相当である。

(2)　これを本件についてみると、前記事実関係によれば、Bにおいて本件土地の賃借権の時効取得の要件を満たすべき占有がされたことは明らかであるから、その相続人として時効を援用した被上告人は、本件土地の賃借権を時効取得したものというべきであり、当該賃借権に基づいて本件土地を占有するものと認められる。」

◆**下級審の裁判例において、賃貸借契約の成否が争点になったものとしては、次のようなものがある。**

【参考裁判例】
［1］　東京高判平成14年3月13日判タ1136号195頁

Yは、賃貸目的として建物の建築を計画していたところ、学習塾を経営するX株式会社は、本件建物の一部を賃借したいと希望し、不動産仲介業者であるA株式会社を介して賃貸借の交渉をしたが、契約書の締結に至らず、本件建物の一部を使用することができなかったため、XがYに対して賃貸借契約の成立を主張し、債務不履行に基づき損害賠償を請求した。

第一審判決は、賃貸借契約の成立を認めず、請求を棄却したため、Xが控訴し、予備的に契約締結上の過失を主張し、訴えを追加した。

本判決は、主位的請求に係る控訴を棄却したが、Xが本件賃貸借の様々な準備行為をし、Yが異議を述べなかった等とし、契約締結上の過失を認め、予備的請求を認容した（信頼利益の賠償として、民事訴訟法248条を適用し、50万円の損害賠償額を認めた）。

[2] 東京地判平成18年7月7日金融・商事判例1248号6頁

不動産業を営むX株式会社は、建物の一部につき賃借人を募集していたところ、金融業を営むAグループの一社であるY株式会社、B株式会社が賃貸借条件検討書を交付したり、貸室申込書を交付したり、特定の条件で賃借することを承諾する旨の承諾書を交付したが、その後、賃借しない旨を通知したため、XがYに対して主位的に賃貸借契約の成立を主張し、債務不履行に基づき損害賠償を、予備的に契約締結上の過失に基づき損害賠償を請求した。

本判決は、賃貸借契約の成立を否定し、主位的請求を棄却したが、その成立を信じて行動することが容易に予想されるに至っていた等とし、契約締結上の過失を認め（得べかりし利益も信頼利益に含まれるとし、逸失利益の損害を認めた）、予備的請求を認容した。

[3] 東京高判平成20年1月31日金融・商事判例1287号28頁

前記[2]東京地判平成18年7月7日金融・商事判例1248号6頁の控訴審判決であり、X、Yが控訴した。

本判決は、賃貸借契約の成立を否定し、契約締結上の過失を認め、Xの控訴を棄却し、Yの敗訴部分を取り消し、請求を一部認容した（他に賃貸する機会を失ったことによる損害を認めた）。

[4] 東京地判平成20年2月27日判時2011号124頁

X株式会社は、A株式会社とともに大型駅ビルの建設を計画し、敷地の一部を所有していたY株式会社に建設事業への参加を求め、昭和63年3月、建設事業への参加、敷地の提供、本件ビルに区分所有床の取得、一括賃貸等を内容とする合意をし、XがYに保証金、敷金を預託し、平成4年6月、本件ビルが竣

エし、Xが本件ビルの使用を開始し、転貸して百貨店が開店する等したが、Xは、Yに継続的に賃料を支払っており（平成14年3月、賃料減額請求をした）、この間、YがXに対して賃貸借契約確認請求訴訟を提起し、東京高裁が本件ビルの新規賃料の確認請求訴訟が法律上の争訟に当たらないとし、却下して（東京高判平成13年10月29日判時1765号49頁。なお、第一審判決は、東京地判平成13年3月6日判タ1077号218頁）、この判決が確定しているところ、XがYに対して主位的に賃料債務の弁済消滅による不存在確認、賃料額の確認、預託金返還請求権の確認、予備的に対価支払義務の確認等を請求した。

本判決は、本件では賃料についての具体的な合意は成立しておらず、賃貸借契約は成立していないとし、これを前提とする主位的請求を棄却し、予備的請求については、その一部が不適法であるとして却下し、預託金返還請求権を一定の範囲で認め、請求を一部認容した。

[5] 札幌地判平成20年5月30日金融・商事判例1300号38頁

X株式会社は、携帯電話の無線基地局を設置するため、Y管理組合（総会の議事を経て共用部分等の一部を第三者に使用させることができる旨の規定、共用部分等の変更につき組合員総数及び議決権総数の各4分の3以上の賛成によってすることができる旨の規定を含む管理規約が設定されていた）が管理するマンションを基地局の候補として選定し、Yの理事Aと交渉をし、本件マンションの屋上を基地局の設置のために賃貸期間10年間とする賃貸借契約を締結することとし、臨時総会が開催され、賛成が多数であったとされ、賃貸借契約が締結されたが、Yが賃貸借契約が理事個人と締結されたものであると主張したため、XがYに対して賃貸借契約による賃借権を有することの確認等を請求した。

本判決は、XとYとの間の賃貸借契約の成立を認めたものの、民法602条の期間を超えて賃貸借契約を締結するには共有者全員が行うことが必要であり、例外的に管理行為として行うことができるとした上、本件では、処分行為に当たるとし、請求を棄却した。

[6] 札幌高判平成21年2月27日判タ1304号201頁

前記[5]札幌地判平成20年5月30日金融・商事判例1300号38頁の控訴審判決であり、Xが控訴した。

本判決は、区分所有関係が成立している建物の共用部分の賃貸借については民法602条の適用が排除され、本件では管理規約に基づき普通決議で足りるとし、決議の要件を満たしていたものであり、決議が有効であるとし、賃貸借契

約の効力を肯定し、原判決を取り消し、請求を認容した。

[7] 東京地判平成21年4月7日判タ1311号173頁

X株式会社は、米国のA会社の日本の子会社であり、B株式会社は、Xの関連会社からライセンスを受けて東京ディズニーランドの施設を所有、運営するC株式会社の100％子会社であり、Xは、Bから東京ディズニーリゾート内に存するC所有の建物で、Bが管理する建物を賃借し、レストランを営業するY株式会社との間で双方とも米国の弁護士が関与し、平成12年9月、固定賃料、歩合賃料を支払う、顧客がディズニースタンダードを合理的に期待することを認める、Yが一定の範囲内で競業避止義務を負う、Xに自由終了権を認めるなどの内容の「サブリース・アグリーメント」の名称の契約を締結し、建物を引き渡し、Yがレストランを営業していたところ、Xは、平成19年8月、賃料の不払いを理由に本件契約を解除し、Yに対して建物の明渡し、賃料の支払等を請求したのに対し（Yは、本件契約が賃貸借ではなく、共同経営を目的とする業務執行参加型・非典型的匿名契約であると主張した）、Yが反訴としてディズニーブランディングを行う義務に違反したと主張し、債務不履行に基づき損害賠償を請求した。

本判決は、本件契約が賃貸借契約であると認めた上、転貸人・転借人間の賃料が賃貸人・賃借人間の賃料の7倍を超える転貸借契約の賃料支払の合意が公序良俗に違反しないとし、Yの主張を排斥し、Xの本訴請求を認容し、Yの反訴請求を棄却した。

[8] 東京高決平成21年7月8日判タ1315号279頁

Y株式会社は、A株式会社から区分所有建物を賃借し、他に賃貸していたところ、区分所有建物に根抵当権を設定していたX株式会社が物上代位権の行使として、Yの転借人に対する転貸料債権の差押えを申し立てたものである。原決定が差押えの申立てを認容したため、Yが執行抗告を申し立てた。

本決定は、賃貸借契約が仮装である等とし、抗告を棄却した。

[9] 東京地判平成26年5月29日判時2236号113頁

Yは、平成19年11月、A株式会社からマンションの一室を賃料月額14万1000円で賃借していたが、平成22年10月24日、本件建物から転居したところ、X株式会社が、平成21年2月、Aとの間で本件建物につき賃貸期間2年間とし、Xが本件建物の転借人から収受した賃料等から管理料（建物管理料）、管理組合へ支払う管理費、修繕積立金を差し引いた残金の60％を支払うなどの内容のサブリース契約を締結し、Aがその頃Yに賃貸人の地位をXに譲渡した旨を通知

し、Yがこれを承諾したことから（なお、Aは、本件建物を平成21年11月にB株式会社に信託譲渡し、所有権移転登記をし、Yは、平成22年3月、平成21年11月に遡って賃貸借契約を締結し、Bに賃料を支払ってきた）、XがYに対して平成22年2月から10月分の賃料の支払を請求した。

本判決は、本件サブリース契約は、契約の実質的な性質が借地借家法の適用を受ける建物の賃貸借ではなく、元の賃貸人が本件建物を含む物件をXに賃貸する契約ではなく、元の賃貸人がXに建物の管理と賃料の収受を委託し、賃料収受権を与えるとともに、収受した賃料から委託報酬として管理委託料の支払を受けることを合意したものであり、建物管理及び賃料収受の委託を内容とする委任契約であるとし、請求を棄却した。

[10] 横浜地判平成26年12月25日判時2271号94頁

Y住宅供給公社は、介護付有料老人ホームを運営しているところ、Aは、平成15年頃、Yとの間で、本件施設に入居する入居契約を締結し、入居金を支払ったが、平成23年5月、死亡し、Xらが共同相続したものの（Aは、全財産をXに相続させる自筆証書遺言をしていた）、X以外の者が相続放棄したところ、Yが入居契約上の入居金返還受取人に入居金残金等を返還したことから、XがYに対して、民法645条、656条に基づく顛末報告請求権の相続を理由に、照会事項の報告、事前の報告拒否に係る不法行為に基づき損害賠償を請求した。

本判決は、入居契約の法的性質は、主として賃貸借契約及び準委任契約であると解され、これらの性質を併せ持つ一個の無名契約であるとし、入居金は単に前払賃料としての性質を有するのみならず、準委任たる役務の提供の対価としての性質をも併せ持つ金員であるとし、入居金返還金額、返還の相手方等につき報告義務を負うとし、不法行為を否定し、報告請求を認容し、その余の請求を棄却した。

◆**借地借家法の適用がある賃貸借であるかが問題になった裁判例としては、次のようなものがある。**

【参考裁判例】

[11] 東京地判平成20年6月30日判時2020号86頁

X株式会社は、Y株式会社にJR駅構内に所有する営業施設（建物）の8階の一区画を賃貸し、Yは、西洋料理店を営業していたところ、平成8年、全館改装が行われ、同年3月、出店区画を移動させ、賃貸面積を増加させる、賃貸

期間を2年間とするなどの賃貸借契約を締結したが、Xは、期間満了による終了を主張し、Yに対して本件出店区画の明渡し等を請求した。

本判決は、出店区画自体が建物としての独立排他性を有すると認めることは困難である等とし、借地借家法の適用がある建物ではないとし、立退料3000万円の支払と引換えに請求を認容した。

◖**賃貸型の契約が成立したとしても、使用貸借か、賃貸借か等が問題になることがあり、使用貸借契約の成立を認めた裁判例として、次のようなものがある。**

【参考裁判例】

[12] 東京高決平成10年12月10日判時1667号74頁、判タ999号291頁、金融・商事判例1064号25頁

Xは、不動産競売手続においてマンション1棟を買い受けたが、1階車庫部分をY株式会社が占有していたため、使用貸借による占有であるなどと主張し、不動産引渡命令を申し立てたものである。執行裁判所は、この申立てを認容したため、Yが執行抗告を申し立てた。

本決定は、Yが貸し付けた150万円の金利部分が車庫使用の対価には当たらないとし、賃貸借であることを否定し、使用貸借であるとし、抗告を棄却した。

[13] 東京高判平成13年4月18日判時1754号79頁、判タ1088号211頁

Aは、B夫妻に育てられ、Bが昭和26年に建物を建築した後は、一時期を除き、Bと本件建物で同居していたところ、Aは、昭和45年、Y_1と婚姻をし、本件建物に同居していたが、平成5年、BとAらとの間で不仲になり、Bが本件建物を出て、娘X_1と同居することになり、平成8年、Bが死亡し、X_1、X_2らが共同相続をし、平成9年、Aが死亡し、Y_1、子Y_2が共同相続したため、X_1らがY_1らに対して本件建物の明渡し等を請求した。

第一審判決は、請求を認容したため、Y_1らが控訴した。

本判決は、黙示の使用貸借契約の成立を認め、実親子と同様な関係があり、長年同居してきたような場合には、民法599条は適用されない等とし、借主の地位の承継を認め、原判決を取り消し、請求を棄却した。

◖**契約締結上の過失責任（契約締結の交渉段階における信義則上の義務違反）については、あらゆる契約の締結交渉に当たって問題になり得る責**

任であるが、賃貸借の場合にもこの責任の成否が争点になったものとして、次のような裁判例がある。
【参考裁判例】

[14] 神戸地尼崎支部判平成10年6月22日判時1664号107頁

Xは、美容院を経営していたところ、Aが美容室を営業していたビルの一室が空くことになり、その所有者であるY株式会社に賃借を申し入れ、賃貸条件の説明を受け、契約書を送付する等の話になったことから、従業員を雇用し、什器備品を購入する等したものの、賃貸借契約の締結を拒否されたため、XがYに対して賃貸借契約の締結上の過失を主張し、不法行為に基づき損害賠償を請求した。

本判決は、賃貸借契約の締結の拒否が信義則上の注意義務違反に当たるとし、不法行為を認め、請求を認容した。

[15] 横浜地川崎支部判平成10年11月30日判時1682号111頁

X株式会社は、スーパー、小売店等の商業施設を賃貸する等の業を営んでいるところ、A株式会社が賃借していた部分が撤退することになり、B株式会社により、Y株式会社の紹介を受け、Yが出店の申込みをし、約4か月間交渉をし、概ね賃貸借契約の内容も合意されていたが、Yが賃貸借契約の締結を拒否したため、Xが賃貸予定の施設を第三者に賃貸することができず、賃料相当の得べかりし利益を喪失したなどと主張し、信義則違反、契約締結上の過失に基づき損害賠償を請求した。

本判決は、賃貸借契約の締結上の過失を認め、6か月分の賃料相当額の損害を認め、請求を認容した。

[16] 東京高判平成14年3月13日判タ1136号195頁

前記[1](30頁)参照

[17] 東京地判平成18年7月7日金融・商事判例1248号6頁

前記[2](31頁)参照

[18] 東京高判平成20年1月31日金融・商事判例1287号28頁

前記[3](31頁)参照

[19] 大阪地判平成20年3月18日判時2015号73頁

Y_1市(大阪市)は、電車車庫跡地の有効利用等を計画し、平成3年3月、信託銀行業を営むA株式会社、B株式会社、C株式会社、D株式会社との間で、都市型立体遊園地を建設し、施設を賃貸する等の土地信託契約を締結し、Aらは、Aを代表受託者として建物を建築し、施設の管理会社としてE株式会

社を設立し、テナントを募集し、平成9年7月、開業し、初年度は活況を呈したものの、2年目から来場者が激減したところ、F有限会社は、平成9年7月、Aとの間で本件建物の店舗部分（4階部分、5階部分）を期間を10年として賃借し、平成12年7月、4階部分の賃貸借契約を合意解除し、同日、2階部分につき同様に賃借し、赤字が累積したが、Fは、X株式会社に営業を全部譲渡し、Y_1は、平成16年9月、Aらと土地信託契約を合意解除する等したことから、XがY_1、Y_2（A、Bが合併等したもの）、Y_3（C、Dが合併等したもの）に対して本件施設が成算の見込みがないのにこれを告知しなかったとか、誇大な広告等で詐欺的勧誘をしたとか、営業努力を怠ったとか、背信的運営があった等と主張し、不法行為に基づき損害賠償を請求した。

本判決は、受託銀行らにおいて出店希望者に対して計画、実績などの情報であって、出店者の収支予測に重大な影響を与えるものを十分に説明・告知し、出店希望者が出店の可否の判断を誤ることのないように配慮すべき信義則上の義務があるとした上、本件では説明・告知義務違反があったとし、不法行為を認め、内装工事代金・什器備品代、その他の開業に要した費用、累積赤字の損害を認め（7割の過失相殺を認めた）、Y_2、Y_3に対する請求を認容し、Y_1に対する請求を棄却した。

[20] 東京地判平成21年8月31日判タ1327号158頁

Xは、おにぎりのテイクアウト販売を行う店舗の営業を企画し、平成19年8月、Y_2株式会社の仲介により、Y_1からビルの1階部分を賃貸期間を2年間とし、弁当店経営を目的として賃借したところ、本件建物に備わっている防火シャッター収納口が壁に塞がれ、正常に作動しないため、東京都建築安全条例8条に違反し、弁当店として使用することができないことが判明したことから、Xが本件賃貸借契約を解除し、Y_1に対して支払済みの賃料等の返還、Y_1、Y_2に債務不履行に基づき店舗改装の設計料等の損害賠償を請求した。

本判決は、東京都建築安全条例8条違反を認め、その是正を図る責任が賃貸人にある等とし、Y_1の債務不履行を認め、Y_2の説明義務違反等を否定し、Y_1に対する請求を認容し、Y_2に対する請求を棄却した。

[21] 大阪高判平成26年9月18日判時2245号22頁

Aは、マンションの一室を所有していたところ、不動産競売手続が開始され、弁護士Yが、平成23年5月、本件建物を競落し、平成24年8月、Xに賃料月額8万円で賃貸したところ、その後間もなく、Xが本件建物内で賃貸借の1年数か月前に居住者が自殺したことが判明したことから、同年9月、本件賃貸

借契約を解除し、退去した上、Yに対してYが自殺の事実を知りながら賃貸した等と主張し、債務不履行又は不法行為に基づき、契約の締結に伴って支払った金員、引っ越し費用、電気工事、慰謝料の損害につき損害賠償を請求した。
　第一審判決は、心理的瑕疵を認め、賃貸人が信義則上このことを告知すべき義務があるとし、義務違反を肯定し、104万円余の損害を認め、請求を一部認容したため、Yが控訴した。
　本判決は、Yが故意に自殺の事実を告げずに本件賃貸借契約を締結したことによる不法行為を認め、控訴を棄却した。

③ 改正民法602条（短期賃貸借）

(1) 改正民法602条は、現行民法602条に若干の文言を加える改正を行っているが、その内容は、次のとおりである。

【改正民法】

（短期賃貸借）

第602条　処分の権限を有しない者が賃貸借をする場合には、次の各号に掲げる賃貸借は、それぞれ当該各号に定める期間を超えることができない。契約でこれより長い期間を定めたときであっても、その期間は、当該各号に定める期間とする。

一　樹木の栽植又は伐採を目的とする山林の賃貸借　10年
二　前号に掲げる賃貸借以外の土地の賃貸借　5年
三　建物の賃貸借　3年
四　動産の賃貸借　6箇月

(2) 現行民法602条は、次のように定めている。

【現行民法】

（短期賃貸借）

第602条　処分につき行為能力の制限を受けた者又は処分の権限を有しない者が賃貸借をする場合には、次の各号に掲げる賃貸借は、それぞれ当該各号に定める期間を超えることができない。

一　樹木の栽植又は伐採を目的とする山林の賃貸借　10年
二　前号に掲げる賃貸借以外の土地の賃貸借　5年
三　建物の賃貸借　3年
四　動産の賃貸借　6箇月

(3) 改正民法602条は、現行民法602条から、本文柱書の「処分につき行為能力の制限を受けた者」を削除し、「契約でこれより長い期間を定めたときであっても、その期間は、当該各号に定める期間とする。」を付け加えるものである。

(4) 現行民法602条は、賃貸借をすることが財産の管理行為であると考えられているところ（長期の賃貸借は、財産の処分行為であるか、あるいは実質的にこれに当たるとも考えられていた）、財産の処分能力が制限されるか、処分の権限を有しない者が長期の賃貸借をすることができな

いとし、賃貸人の利害が大きいことから、長期の賃貸借に制限を設けるものである。現行民法のこの趣旨は、改正民法においても維持されている。

現行民法602条の「処分につき行為能力の制限を受けた者」とは、被保佐人、被補助人の一部の者が該当すると解されるところ（現行民法13条1項9号、17条1項）、未成年者、成年被後見人を含め、財産の管理行為、処分行為の制限は、一律に規定を設ける必要がないこと、それぞれの行為能力の制限として規定を設けることができること（現行民法5条、9条、17条、改正民法13条）等の事情から、「処分につき行為能力の制限を受けた者」の文言が削除されている。

改正民法602条において、「契約でこれより長い期間を定めたときであっても、その期間は、当該各号に定める期間とする。」を付け加えられたのは、現行民法602条の解釈上も通説的な理解であったことを踏まえたものである。処分の権限を有しない者が、改正民法602条1号から4号所定の期間を超える期間の賃貸借をした場合には、各号所定の期間を超える部分が無効になるわけである。この意味で、この規定は強行規定である。

改正民法602条による改正の内容は、以上のとおりであり、形式的には若干の変更があるが、実質的には変更がないということができる。

(5) ところで、現行民法・改正民法602条の見出しは、「短期賃貸借」であるが、これは、本条1号から4号の期間内の賃貸借をいうものである。この期間を超える賃貸借は、長期賃貸借と呼ばれることがある。

現行民法602条の下において、本条の前記の趣旨をめぐる紛争の事例を見聞したことはほとんどなく、実際上は、現在は削除されている民法395条所定の短期賃貸借の抵当権への対抗、抵当権者の解除請求をめぐって多数の紛争が発生したものであり、多数の判例、裁判例が公表されてきたところである。民法395条は、602条に定めた期間を超えない賃貸借は、抵当権者の登記後に登記したものであっても、これを抵当権者に対抗することができる、ただし、賃貸借が抵当権者に損害を及ぼすときは、裁判所は抵当権者の請求によってその解除を命ずることができる旨を定めたものであったが、短期賃貸借が抵当権に対する妨害として有効な手段として盛んに利用されてきたものである（なお、この場合におけ

る短期賃貸借は、賃貸人は、処分につき行為能力の制限を受けた者でもないし、処分の権限を有しない者でもなかったのである)。

　抵当権の実行等に対する妨害行為は、筆者の知る限りでも、様々な方法、手段を駆使して行われ、裁判所を含め実務上、妨害行為に対する排除の方法が行われ、ある妨害方法・手段の実用性が失われると、さらに新たな妨害行為が行われるといった鼬ごっこの様相を呈していた。このような状況において、短期賃貸借を利用した抵当権の妨害行為が執拗に行われ、バブル経済の崩壊の前後を通じて、下級審の裁判所も民法395条の解釈、運用を相当に柔軟に行い、多数の裁判例が公表され、理論的には妨害行為に対する相当に実効的な対策を立てることができるようになっていた。この間には、抵当権の実行等に対する妨害行為を排除するために民事執行法の改正も行われ、平成3年の最高裁の判決（最二判平成3年3月22日45巻3号268頁）、平成11年の最高裁大法廷の判決（最大判平成11年11月24日民集53巻8号1899頁）による平成3年の最高裁の判決の破棄等が見られる等の波乱の経過を見聞することができたのである。

　民法602条と同法395条をめぐる判例、裁判例は多数を数えるものであり、いずれも興味深いものであるが、現在は、現行民法395条は、当時とは異なる内容の規定であることから、これらの議論、判例、裁判例の紹介は省略したい。

◆**民法602条の適用が争点になった最高裁の判例としては、次のようなものがあり、いずれも改正民法においても妥当する。**

【参考判例】
・最三判昭和41年4月5日裁判集民事83号27頁
　　処分の権限を有しない者のした期間の定めのない建物賃貸借は、民法602条の期間を超えない、いわゆる短期賃貸借に該当すると解するのが相当であるとしたものである。

◆**処分の権限を有しない者が賃貸借をする場合、有効に賃貸借契約を締結するには、短期賃貸借に限られるが、不動産の共有者については、処分の権限は共有者全員の同意がある場合に限られるか等（民法251条、252**

条参照）が問題になった裁判例として、次のようなものがある。
【参考裁判例】
[22] 東京地判平成14年11月25日判時1816号82頁
　　AとB財団法人は、ビルを共有していることを確認していたところ（Aが4分の1、Bが4分の3）、C株式会社に本件ビルを賃貸し、Cは、銀行業を営むY株式会社らのテナントに転貸していたが、BがCとの間の賃貸借契約を解除し、Yと直接に賃貸期間を2年間とする賃貸借契約を締結したため、Aの相続人XがYに対してBの賃貸借契約の締結は処分行為であり、Xの同意がなく無効であると主張し、賃料相当損害金の支払を請求した。
　　本判決は、共有物を目的とする賃貸借契約の締結は、存続期間が民法602条所定の期間を超える場合には、共有者全員の同意が必要であり、その期間を超えない場合には、管理行為であり、共有者の過半数で決することができるところ、借地借家法が適用される賃貸借については更新が原則とされる等していることから、共有持分権の過半数によって決することが不相当とはいえない事情があるときを除き、共有者全員の同意が必要であるとし、本件については不相当とはいえない事情があるとし、BのYとの間の賃貸借契約の締結が有効であるとし、請求を棄却した。

[23] 札幌地判平成20年5月30日金融・商事判例1300号38頁
　　前記［5］（32頁）参照

[24] 札幌高判平成21年2月27日判タ1304号201頁
　　前記［6］（32頁）参照

4　現行民法603条（短期賃貸借の更新）

(1)　現行民法603条は、改正民法において改正されていない。
現行民法603条は、次のとおり定めている。

> 【現行民法】
>
> （短期賃貸借の更新）
> 第603条　前条に定める期間は、更新することができる。ただし、その期間満了前、土地については１年以内、建物については３箇月以内、動産については１箇月以内に、その更新をしなければならない。

(2)　現行民法・改正民法602条の短期賃貸借に関する規定は、処分の権限を有しない者が賃貸借する場合における賃貸借の期間を短期に限定することを強制するものである。短期賃貸借の更新を自由に認めることは、現行民法・改正民法602条の趣旨を損なうおそれがあることは自明である。

現行民法603条は、短期賃貸借の更新を認めるものの、その更新時期を本条の定める期間内に制限したものである。

現行民法603条の定める更新は、合意更新のことであるが、現行民法・改正民法619条の適用を否定するものではない。

なお、短期賃貸借契約の締結に当たって、期間満了のときに更新をする旨の特約（更新特約）は、現行民法603条の趣旨に照らし、無効と解するのが相当である。もっとも、更新特約には様々な内容のものがあり、例えば、現行民法603条所定の期間内に更新の協議、合意をすることが必要である旨のものは、本条の趣旨に反するものではないであろう。

5 現行民法・改正民法604条（賃貸借の存続期間）

(1) 改正民法604条は、現行民法604条に若干の文言の変更を加える改正を行っているが、その内容は、次のとおりである。

【改正民法】

（賃貸借の存続期間）

第604条　賃貸借の存続期間は、50年を超えることができない。契約でこれより長い期間を定めたときであっても、その期間は、50年とする。

2　賃貸借の存続期間は、更新することができる。ただし、その期間は、更新の時から50年を超えることができない。

(2) 現行民法604条は、次のとおり定めている。

【現行民法】

（賃貸借の存続期間）

第604条　賃貸借の存続期間は、20年を超えることができない。契約でこれより長い期間を定めたときであっても、その期間は、20年とする。

2　賃貸借の存続期間は、更新することができる。ただし、その期間は、更新の時から20年を超えることができない。

(3) 現行民法も、改正民法も、604条は、賃貸借の存続期間を定めるものであるが、改正民法は、現行民法の「20年」を「50年」に変更するものである。

現行民法・改正民法604条は、法律上特段の定めがある場合を除き、一般的に賃貸借の存続期間を制限するものである。

従来、賃貸借契約の存続期間については、建物所有を目的とする借地の場合には、借地法、借地借家法において長期の存続期間の法定、保障が認められていたものであり（借地法2条、4条、5条、6条、借地借家法3条、4条、5条、7条）、現行民法604条の適用がなかったところである。他の賃貸借契約には現行民法604条の適用があったが、建物の賃貸借（借家）につき同条の適用が問題になり、借地借家法の平成11年の改正によって（平成11年法律第153号）、同法29条2項が新設され、建物の賃貸借については民法604条の適用が排除される旨の規定が設けら

れている。借地借家法29条2項は、改正民法の下においても適用される。

(4) 現行民法604条が存続期間を制限してきたのは、賃貸物を長期にわたって賃貸していると、所有者が利用する場合と比べて、利用が不適当になり、社会経済上問題であると考えられてきたからであるが、最近は、所有者の利用も問題になる事例がある等、事情が変化している。賃貸借の存続期間を現行民法よりも長期にすべきであるとの見解はもっともであるが、現行民法の「20年」を、改正民法が「50年」に改正したことの判断基準は必ずしも明らかではなく（民法278条の永小作権の存続期間が20年以上50年以下とされているが、この50年に必ずしも合理的な理由があるわけではない）、借地借家法、農地法の特別法がある現在、この存続期間が実際上意味を持つ事例は、事業用の施設・設備・機械等が想定される（なお、農地法19条は、50年の存続期間、更新期間の上限を定めている）。

改正民法604条は、現行民法604条所定の20年の存続期間（賃貸期間）を50年に改正するものであるが、借地借家法、農地法には影響を与えないものであり、事業用の施設等の賃貸借を除き、契約の実務にさほどの影響を与えるものではないであろう。

(5) 賃貸借の存続期間（契約の実務においては賃貸期間とか、契約期間という文言が利用されることが多い）については、50年を上限として定めることができ、契約でこれより長い期間を定めたときであっても、その期間は、50年とするとされているから、この規定は強行規定である。

(6) 現行民法・改正民法604条2項の定める更新は、合意更新のことであるが、現行民法・改正民法619条の適用を否定するものではない。

なお、短期賃貸借契約の締結に当たって、期間満了のときに更新をする旨の特約（更新特約）は、改正民法604条の趣旨に照らし、無効と解するのが相当である。

◆**現行民法604条の解釈が問題になった判例は見当たらないが、「永久貸与」の文言が問題になった判例として、次のものがあり、改正民法においても妥当する。**

【参考判例】

・最一判昭和27年12月11日民集6巻11号1139頁、判タ27号55頁

建物賃貸借契約書に「永久貸与」という文言がある場合において文言の解釈等が問題になった事案について、次のとおり判示している。

「しかし、原判決は、甲第四号証（乙第一号証）に「永久貸与」というのは、「長くお貸しいたしましよう、長くお借りしましよう」という合意をあらわすもので、賃貸借の存続期間を定めたものではないと解するのが相当である旨判示したものである。そして、原判決が右のごとく判示したのは、人が物品の売買、家屋の貸借のような日常の生活関係において永久という言葉を使用する場合には確定的な長さを意味しないこと並びに証人波田才次郎の原審における証言によつて判示のごとき作成の経緯を知ることのできる甲第五号証（乙第二号証）の各条を検討し、ことにその第11条等に留意して本件賃貸借の期間に関する当事者間の意思表示の内容を判断したものであること原判決の判示に照し明瞭であつて、その判断には論理又は経験則に反する点は認められないし、また、特別の事由なくして何等の効果を生じない意義に解したものともいえない。されば、原判決は所論(二)引用の契約解釈の準則に関する大審院の判例に違反したものとはいえないし、また、所論(四)引用の地上権に関する同判例は、本件には適切であるということはできない。次に、本件賃貸借成立の日時に関する原判決の判示が所論のごとく誤認であるとしても、原判決の本質的な判断に影響を及ぼすものとは思われないし、爾余の論旨は、いずれも民事上告特例法各号のどれにも当らないし、法令の解釈に関する重要な主張を含むものとも認められない。

……

原判決は、論旨第一点で説明したように本件賃貸借の期間に関しては、判示のような漠然たる合意をしただけで、確定的な存続期間についてはその合意がなかつたもの、すなわち、20年より長い期間を以て賃貸借をしたものでないと認定したものであること明らかである。されば、所論は結局原判決の認定非難に帰し民事上告特例法各号のどれにも当らないし、また、その法令解釈に関する重要な主張でもないから、採用できない。」

◆現行民法604条の意義が問題になった裁判例としては、次のようなものがある。

【参考裁判例】

[25] 東京地判平成26年9月17日金融・商事判例1455号48頁

東京都のY特別区（練馬区）は、地域医療の中核となる総合病院の誘致を計画し、地元の医師会に病院用地として取得した土地を無償で貸与し、医師会は、融資を受けて土地上に建物を建築し、昭和61年11月、医師会病院を開設したが、経営が悪化したことから、Yが新たな運営主体を公募し、医学部、病院を運営するX学校法人を事業主体として内定し、平成3年4月、X医学部附属病院の設置運営に関する、期間を30年間とする等の内容の基本協定書を締結し、Xは保証金50億円を交付したところ、本件病院の経営が悪化し、Xは、平成22年2月、平成23年3月末をもって本件病院の運営を終了し、本件建物の返還を申し出、Yと協議の上、平成24年3月末日まで運営を継続することとなり、Yは、同年3月、同月末日をもって基本協定、貸付契約を解除し、A公益社団法人が本件病院の運営を引き継いだことから、XがYに対して基本協定等の終了を理由として保証金の返還を請求した。

本判決は、平成11年法律第153号による借地借家法の施行前に締結された建物賃貸借契約において、民法604条1項により短縮された当初合意に係る存続期間が、借地借家法29条2項により、短縮されなかったことになることはなく、返還請求が信義則に反するとはいえない等とし、請求を認容した。

6 現行民法・改正民法605条（不動産賃貸借の対抗力）

(1) 改正民法605条は、現行民法605条に若干の文言の変更を加える改正を行っているが、その内容は、次のとおりである。

【改正民法】
（不動産賃貸借の対抗力）
第605条　不動産の賃貸借は、これを登記したときは、その不動産について物権を取得した者その他の第三者に対抗することができる。

(2) 現行民法605条の内容は、次のとおりである。

【現行民法】
（不動産賃貸借の対抗力）
第605条　不動産の賃貸借は、これを登記したときは、その後その不動産について物権を取得した者に対しても、この効力を生ずる。

(3) 改正民法605条は、見た目には、現行民法605条とその内容が異ならないとの印象があり、実際にもその適用には変更がないということができるが、現行民法605条の改正とともに新設された改正民法605条の2、3とともに、現行民法605条の解釈、適用をより明確かつ詳細に定めるものである。

(4) 改正民法605条は、まず、現行民法605条の「その後その不動産について物権を取得した者」を「その不動産について物権を取得した者その他の第三者」に変更し、次に、現行民法605条の「効力を生ずる」を「対抗することができる」に変更している。

　現行民法605条については、不動産の賃借人がその不動産につき所有権等の物権等を取得した者等の利害関係人に対して賃借権を主張する対抗問題と、賃貸人の地位の譲渡・移転の問題が取り上げられ、議論されてきたが、改正民法の下においては、前者の問題は605条、後者の問題は605条の2、3で取り扱い、これらの規定を適用することになっている。なお、現行民法605条の下においては、不動産の賃借権に基づく不動産の占有者、占有妨害者等に対する妨害排除請求権をめぐる問題も議論されてきたが、この問題については、改正民法は、605条の4の規定を新設している。

　改正民法605条は、現行民法605条の下におけるこのような議論を分析

し、第三者に対する賃借権の対抗問題を定める規定として整理したものである。この意味で、前記のように「その後」の文言を削除し、「第三者」を付加したのは、賃貸借の登記の前の第三者との間の優劣も対抗要件の具備の先後で判断することとし、物権の取得者だけでなく、賃借権を争う第三者との関係を同様に規律することとしているものである。

(5) 改正民法・現行民法605条は、不動産の賃貸借について規定するものであり、船舶、航空機の特殊な動産、権利等に関する特別法がある場合を除き、動産その他の財産の賃貸借についてはこのような規定は設けられていない。

　改正民法・現行民法605条の賃借権の登記は、不動産登記法によって認められているところであるが（登記がされるためには、賃貸人と賃借人の合意が必要である）、登記の実務上実際に登記される事例は稀であったということができる。建物の賃貸借については、建物の引渡し、建物所有を目的とする土地の賃貸借については、借地上の建物の登記による対抗要件の具備が認められてきたところであり（借地借家法10条、31条、建物ノ保護ニ関スル法律1条、借家法1条）、取引の需要の大半を満たしてきたということができる。

　しかし、不動産の賃借権について登記された事例は、契約の実務、抵当権の実務において短期賃貸借等の賃貸借につき本登記、仮登記がされたものを見かけることがあり、その背景には、抵当権の妨害とか、逆に抵当権の妨害の排除のために一時期盛んに利用されるということがあった。このような賃貸借の濫用事例、あるいは本来使用・収益を目的としない賃貸借の事例をめぐる裁判例、判例が法律雑誌に公表されたことがあったが、現在は、事態が一応落ち着き、このような事例を見かけなくなったところである。

7　改正民法605条の2（不動産の賃貸人たる地位の移転）

(1)　改正民法605条の2は、現行民法605条の改正に当たって、前記の趣旨で新設されたものであり、その内容は、次のとおりである。

【改正民法】

（不動産の賃貸人たる地位の移転）

第605条の2　前条、借地借家法（平成3年法律第90号）第10条又は第31条その他の法令の規定による賃貸借の対抗要件を備えた場合において、その不動産が譲渡されたときは、その不動産の賃貸人たる地位は、その譲受人に移転する。

2　前項の規定にかかわらず、不動産の譲渡人及び譲受人が、賃貸人たる地位を譲渡人に留保する旨及びその不動産を譲受人が譲渡人に賃貸する旨の合意をしたときは、賃貸人たる地位は、譲受人に移転しない。この場合において、譲渡人と譲受人又はその承継人との間の賃貸借が終了したときは、譲渡人に留保されていた賃貸人たる地位は、譲受人又はその承継人に移転する。

3　第1項又は前項後段の規定による賃貸人たる地位の移転は、賃貸物である不動産について所有権の移転の登記をしなければ、賃借人に対抗することができない。

4　第1項又は第2項後段の規定により賃貸人たる地位が譲受人又はその承継人に移転したときは、第608条の規定による費用の償還に係る債務及び第622条の2第1項の規定による同項に規定する敷金の返還に係る債務は、譲受人又その承継人が承継する。

(2)　取引の実務においては、契約上の地位の譲渡、承継が認められており、例えば、契約上の地位は売買等の原因によって譲渡され、譲受人に移転するものであるし（賃貸借契約は、賃貸物の所有者が締結することが通常であるが、賃貸権原を有する者であれば、有効に賃貸借契約を締結することができる）、相続、合併等によって承継され、相続人等に移転する。なお、債権・権利の譲渡と契約上の地位の譲渡は、異なる概念であり、契約上の地位は、権利・義務の総体、これを含む法律関係であるということができ、取引の実務上、賃貸借の実務上、賃借権の譲渡という用語が使用されることがあるが、これは、債権・権利のみの譲渡で

はなく、賃貸借契約上の賃貸人の地位の譲渡の意味で使用されていることが多い。

　改正民法605条の2は、賃貸借の目的物である不動産が譲渡された場合（より正確にいえば、不動産の所有権が譲渡された場合である）を前提とする規定である。不動産につき賃貸借契約が締結され、当該不動産の所有権が他に譲渡された場合、賃貸借契約は、契約上の他の当事者である賃借人の同意・承諾等を要することなく、賃貸人（譲渡人）から譲受人に移転するかどうかが議論され、判例、通説は、これを肯定してきたし、現在、取引の実務上も当然のことと解されている。

　賃貸不動産の所有権の譲渡に伴う賃貸人の地位の当然移転が認められるためには、賃貸人は、当該賃貸不動産につき賃貸借の対抗要件を備えていることが必要である。改正民法605条の2第1項が「前条、借地借家法（平成3年法律第90号）第10条又は第31条その他の法令の規定による賃貸借の対抗要件を備えた場合」と定めているのは、この趣旨である。

　なお、賃貸人の地位の移転は、契約上の地位の移転であり、移転時までに発生していた具体的な権利・義務の移転を当然に伴うものではない。賃貸人の地位の移転時に既に発生していた権利・義務の移転のためには、個々の権利・義務の性質、内容ごとに移転・承継の手続をとることが必要である。

(3)　賃貸不動産の所有権の譲渡に伴う賃貸人の地位の当然移転の法理が判例等によって形成されてきたが、契約当事者等の契約の自由にも配慮すべきことは当然であり、従来、賃貸不動産の所有権が譲渡された場合、賃貸人の地位を移転しない合意（賃貸不動産の譲渡人及び譲受人が、賃貸人たる地位を譲渡人に留保する旨の合意）をしたときに、この合意の効力を認めるべきかが議論され、最高裁の判例も登場するに至り、議論が続いていた。契約の実務においては、このような留保の合意を少ないながらも見聞することがあるが、取引上の必要性があることは否定できない。

　改正民法605条の2第2項は、このような合意を一定の要件の下で認めるとともに、この合意が終了した場合の効果を定めるものである。改正民法605条の2第2項は、賃貸不動産の所有権が譲渡される場合、こ

の合意を認める要件として、不動産の譲渡人及び譲受人が、賃貸人たる地位を譲渡人に留保する旨及びその不動産を譲受人が譲渡人に賃貸する旨の合意をすることを定め、この場合には、賃貸人たる地位は、譲受人に移転しないとするものである。

また、このような効果が認められる場合、譲渡人と譲受人又はその承継人との間の前記合意に係る賃貸借が終了したときには、譲渡人に留保されていた賃貸人たる地位は、譲受人又はその承継人に移転するとしている。

これらの規定は、改正民法によって新設されたものである。

ところで、改正民法605条の2の前提となる賃貸不動産の所有権の移転に関する取引は、売買等の所有権を真に移転する契約である場合のほか、譲渡担保、代物弁済等もあり、このような契約が同条所定の場合に当たるかには議論があろう。これは、譲渡担保等の性質、効果をめぐる議論にも関係するが、実質的には担保権の設定であると考えることができ、否定的に解するのが合理的である。

(4) 改正民法605条の2第3項は、前記のように賃貸人の地位が移転する場合（同条1項、2項後段の場合）における賃借人に対する対抗要件を定めるものであり、賃貸人の地位の移転について、賃貸不動産の所有権の移転登記の具備が必要であると定めている。また、この場合、賃借人の承諾は必要でないが、このことも明らかにされている。

従来から、賃貸不動産の所有権の移転に伴う賃貸人の地位を賃借人に対して主張するための要件について議論があったところであり、最高裁の判例は、賃貸不動産につき所有権の移転の登記を経由することが必要であると解しており、改正民法は、この法理を採用したものである。

賃貸不動産の所有権が譲渡され、所有権の移転登記を経て賃貸人の地位が移転した場合、賃貸管理上、当面重要なことは、賃借人に対する賃料の支払を求めることであるが、譲受人が所有権の移転登記を経たとしても、賃借人がその事実を自ら知ることはほとんどないから、登記を経て対抗要件を具備したとしても、直ちに譲受人が賃料の支払を受けられるわけではない（そもそも賃貸借契約上、賃料の支払につき賃貸人の預金口座に振り込む旨の特約が利用されていることが多いが、このような場合、賃借人としては、賃貸人たる地位の移転を知らないから、そのま

ま、従前の賃貸人・譲渡人の預金口座に払い込み続けることが通常である）。賃貸不動産の譲受人としては、賃借人に自己の預金口座に払い込むよう通知をすることが事実上必要である（この通知は、債権譲渡の際の債務者に対する対抗要件（民法467条）としての通知とは異なる）。

なお、賃貸不動産の譲渡について譲受人の登記が必要になるのは、対抗要件としてであるから、登記がされる前であっても、賃借人が自ら譲受人に賃貸人たる地位が移転したものと考え、賃料を支払うことは、有効にすることができる。

(5) 改正民法605条の2は、賃貸不動産の譲渡に伴う賃貸人の地位の移転に関する法律問題を分析し、整理し、規定したものであるが、同条4項は、移転する賃貸借契約の特約の承継を定めるものである。

賃貸借契約は、建物にしろ、土地にしろ、他の財産であれ、様々な特約が盛り込まれていることが多く、建物の賃貸借契約、建物所有を目的とする土地の賃貸借契約等の場合には、賃貸期間、更新、使用目的、使用・収益の方法・範囲、賃料の支払方法（銀行の預金口座への払込み、クレジットカードによる引き落とし、取立等）、賃料の前払い、共益費用の支払、敷金、保証金、更新料、模様替え、造作、解除、途中解約、修理・修繕、必要費・有益費、原状回復義務、原状回復費用、賃借権の譲渡・転貸、違約金、損害賠償責任等、様々な内容の特約が利用され、契約書に規定が盛り込まれている。また、賃貸借契約によっては、契約自体が口頭による場合があるだけでなく、特約の全部又は一部が口頭による場合もある。賃貸不動産が譲渡され、賃貸人の地位が譲受人に移転する場合、これらの特約が譲受人に承継されるか、承継されるとしても、どのような特約がどの範囲で承継されるかが問題になり、判例、裁判例として法律雑誌に公表されたものもある。

これらの各種の特約は、賃貸不動産の賃貸借契約の要素そのものではなく、賃貸借契約との関連性の程度も様々であり、同じ類型の特約であってもその内容が様々であるため、一律に賃貸人たる地位の移転に伴って特約が承継されるともいい難いものである。

改正民法605条の2第4項は、このような問題状況において、前記のように賃貸人の地位が移転する場合（同条1項、2項後段の場合）における特約のうち特定の類型の特約について明文の規定によって、賃貸不

動産の譲受人又はその承継人が承継することを認めるものである。この規定は、実質的には、改正民法に新設されたものというよりは、判例等によって認められていた法理を採用したものである。

改正民法605条の２第４項によって承継が認められる特約は、現行民法608条の規定（必要費・有益費に関する規定であり、同条は改正民法による改正の対象になっていない）による費用の償還に係る債務と、改正民法622条の２第１項の規定（敷金に関する規定であり、同条は改正民法によって新設された）による同項に規定する敷金の返還に係る債務である。

ところで、不動産の賃貸借契約において利用されている特約には、必要費・有益費の特約、敷金の特約以外にも、前記のとおり多様な特約が利用されているところであり（なお、敷金については、賃貸借契約の特約と解すべきであるのか、賃貸借契約とは別個の敷金契約に基づくものであるかの議論もあり、後者の見解に立つ最高裁の判例もある）、これらの特約が賃貸不動産の譲渡に伴う賃貸人の地位の移転の場合に承継されるか、どのような特約がどの範囲で承継されるかが問題になるが、今後の解釈に委ねられているというべきである。改正民法605条の２第４項が同項所定の特約に限って承継を認めると解するのは相当ではないし、そのように解すべき根拠もない。また、改正民法605条の２第４項所定の特約も、実際には様々な内容のものがあるが、その内容を問わず、一律に承継を認めると解するのは相当ではないし、そのように解すべき根拠もない（従来、敷金の特約は様々なものがあり、承継の当否、承継される特約の範囲等が裁判例において重要な争点になってきたところであり、いくつかの異なる内容の裁判例が法律雑誌に公表されている）。

(6) 改正民法605条の２は、賃貸不動産の譲渡に伴う賃貸人の地位の移転の場合を前提とした規定であるが、賃貸人が交替するのは、賃貸不動産の譲渡に限られるわけではない。

まず、賃貸不動産につき強制競売、不動産競売（抵当権の実行）が実施され、事情によっては、当該不動産の買受人が賃貸借関係を引き受けることがあるが、従来、買受人に賃貸人の地位が移転するものとして取り扱われてきたものであり、改正民法605条の２もこの取扱いを否定す

るものではないであろう。

　また、賃貸不動産が相続、遺言によって相続人、受遺者にその所有権が移転することがあるが、相続、包括遺贈、相続させる旨の遺言の場合には、相続の法理によって判断することになる（対抗要件としての相続登記が必要になるかも、相続の法理によることになる）。

◆**賃貸不動産の所有権の譲渡に伴う賃貸人の地位の移転、移転の要件・手続をめぐる最高裁の判例としては、次のようなものがあり、改正民法においても妥当する。**

【参考判例】

①最一判昭和33年9月18日民集12巻13号2040頁

　借家法1条による賃貸借の承継とその通知の要否が争点になった事案について、次のとおり判示している。

「借家法1条により建物の所有権取得と同時に当然賃貸借を承継するものであつて、その承継の通知を要しない旨の原判決の判断並びに被上告人の所為が信義則に反しない旨の原判示は、いずれも当裁判所の正当として是認できるところである。されば、所論は要するに独自の見解を以て原判決の正当な判断を論難するか、又は、原審の専権に属する証拠の取捨判断及び自由な事実認定を非難するものに過ぎないから採用しがたい。」

②最二判昭和39年8月28日民集18巻7号1354頁、判時384号30頁、判タ166号117頁

　賃貸不動産の所有権の移転による賃貸人の地位の承継により、前賃貸人が解除権を行使することができるかが争点になった事案について、次のとおり判示している。

「記録によれば、上告人が昭和35年2月16日午前10時の原審最終口頭弁論期日において、被上告人は昭和34年9月28日本件家屋を訴外中島繁次に売り渡したからその実体的権利はすでに右訴外人に移転し被上告人はこれを失つている旨主張したのに対して、原審は右売却およびこれによる所有権喪失の有無につき被上告人に対して認否を求めないまま弁論を終結したことが明らかであり、原判決が、被上告人の本訴請求は賃貸借の消滅による賃貸物返還請求権に基づくものであるから仮に上告人主張

のように被上告人が本件建物の所有権を他に譲渡してもこの事実は右請求権の行使を妨げる理由とはならないとして、被上告人の右請求を認容していることは、論旨のとおりである。

　しかし、自己の所有建物を他に賃貸している者が賃貸借継続中に右建物を第三者に譲渡してその所有権を移転した場合には、特段の事情のないかぎり、借家法１条の規定により、賃貸人の地位もこれに伴って右第三者に移転するものと解すべきところ、本件においては、被上告人が上告人に対して自己所有の本件建物を賃貸したものであることが当事者間に争がないのであるから、本件賃貸借契約解除権行使の当時被上告人が本件建物を他に売り渡してその所有権を失つていた旨の所論主張につき、もし被上告人がこれを争わないのであれば、被上告人は上告人に対する関係において、右解除権行使当時すでに賃貸人たるの地位を失つていたことになるのであり、右契約解除はその効力を有しなかつたものといわざるを得ない。しかるに、原審が、叙上の点を顧慮することなく、上告人の所論主張につき、本件建物の所有権移転が本訴請求を妨げる理由にはならないとしてこれを排斥したのは、借家法１条の解釈を誤まつたか、もしくは審理不尽の違法があるものというべく、右違法は判決に影響を及ぼすことが明らかであるから、論旨は理由がある。」

③最二判昭和46年４月23日民集25巻３号388頁、判時634号35頁、判タ263号210頁

　賃貸不動産の所有者がその所有権とともにする賃貸人たる地位の譲渡の場合、賃借人の承諾の要否が争点になった事案について、次のとおり判示している。

「ところで、土地の賃貸借契約における賃貸人の地位の譲渡は、賃貸人の義務の移転を伴なうものではあるけれども、賃貸人の義務は賃貸人が何ぴとであるかによつて履行方法が特に異なるわけのものではなく、また、土地所有権の移転があつたときに新所有者にその義務の承継を認めることがむしろ賃借人にとつて有利であるというのを妨げないから、一般の債務の引受の場合と異なり、特段の事情のある場合を除き、新所有者が旧所有者の賃貸人としての権利義務を承継するには、賃借人の承諾を必要とせず、旧所有者と新所有者間の契約をもつてこれをなすことができると解するのが相当である。

叙上の見地に立つて本件をみると、前記事実関係に徴し、被上告人と上告人間の賃貸借契約関係は高橋昭三途上国人間に有効に移行し、賃貸借契約に基づいて被上告人が上告人に対して負担した本件土地の使用収益をなさしめる義務につき、被上告人に債務不履行はないといわなければならない。」

④最二判昭和46年12月3日判時655号28頁、判タ272号222頁

　賃貸不動産が他に譲渡され、所有権移転登記が未了である場合、賃借人がこの事実を認めて譲受人に支払った賃料の弁済の効力が争点になった事案について、次のとおり判示している。

「一般に、家屋の賃貸人である所有者が右家屋を他人に譲渡し、所有権が譲受人に移転した場合には、これとともに賃貸人たる地位も譲受人に移転し、譲受人は、以後、賃借人に対し、賃料請求権を取得するものと解すべきである。この場合、譲受人がいまだその所有権移転登記を経由していないときは、同人は、賃借人に対して自己が所有権を取得し、したがつて、賃貸人たる地位を承継したことを主張しえないものと解すべきであるが、逆に、賃借人がこの事実を認め、譲受人に対して右承継後の賃料を支払う場合には、右賃料の支払は、かりに右承認前に遡つて賃料を支払う場合においても、なお債権者に対する弁済として有効であり、譲渡人は、賃借人に対し、右賃料の支払を妨げることができないものといわなければならない。けだし、右譲渡後賃借人がその事実を認める以上、譲渡人は、もはや賃貸人の地位を有せず、したがつて、賃料債権を有しないものであつて、自らこれを取得しうべきいわれはないからである。

　ところで、原審の確定するところによれば、被上告人の補助参加人は、昭和38年2月20日訴外中岡に対し、本件建物に対する代物弁済予約完結の意思表示をして右建物の所有権を取得したもので、その後、右両者間に裁判上の和解が成立してはいるが、これも、右補助参加人の前記所有権移転を前提としたものにすぎないというのであり、被上告人は、昭和41年6月24日右補助参加人に対し、同人が賃料債権を有するものとして、本件建物の昭和40年6月1日から翌41年6月末日までの賃料を支払つたというのである。そうであれば、昭和38年2月20日以後の本件建物の賃料債権は、他に特段の事情の認められない本件においては、右補

助参加人が取得していたものであり、被上告人は同人に対して右債務を認めてこれを支払つたものというべきであるから、同人の右賃料の支払は、債権者に対する弁済として有効であり、これによつて、本件賃料債権は消滅したものといわなければならない。

　以上説示のとおりであるから、原判決中、右賃料の支払を債権の準占有者に対する弁済として有効と認めた点は、法令の解釈適用を誤つたものというべきであるが、右弁済が有効であつて、本訴請求債権が、その譲渡通知前に消滅した旨の原審の判断は相当である。」

⑤最三判昭和49年３月19日民集28巻２号325頁、判時741号74頁、判タ309号251頁

　賃貸不動産を譲り受けた者が賃貸人たる地位を主張するための対抗要件が争点になった事案について、次のとおり判示している。

「原判決は、訴外小場勘一は昭和25年４月原審控訴人前田ハツから第一審判決添付目録第一記載の宅地（以下本件宅地という。）を買い受けたがその所有権移転登記をしなかつたところ、昭和29年３月本件宅地を被上告人に売り渡したが、その所有権移転登記は中間を省略して前田ハツから直接被上告人に対してされる旨の合意が右三者間に成立し、被上告人は同年９月12日主文第一項記載の仮登記を経由したこと、一方、上告人は本件宅地上に右目録第二記載の建物（以下本件建物という。）を所有しているが、そのうち家屋番号67番の２、３木造瓦葺２階建店舗１棟床面積１階７坪６合９勺、２階７坪９勺については昭和27年７月４日これを他から買い受けるとともに、当時本件宅地の所有者であつた小場勘一から本件宅地を建物所有の目的のもとに賃借し、右建物につき同月５日所有権移転登記を経由したこと、被上告人は昭和46年６月15日到達の書面をもつて上告人に対し昭和29年９月14日以降昭和46年５月末日までの賃料を４日以内に支払うよう催告し、上告人がこれに応じなかつたので、同年６月21日到達の書面をもつて上告人に対し賃貸借契約を解除する旨の意思表示をしたことを、それぞれ確定したうえ、右賃貸借契約は同日解除されたとして、被上告人が土地所有権に基づき主文第一項の所有権移転登記完了と同時に上告人に対して本件建物の収去を求める本訴請求を認容したものである。

　しかしながら、本件宅地の賃借人としてその賃借地上に登記ある建物

を所有する上告人は本件宅地の所有権の得喪につき利害関係を有する第三者であるから、民法177条の規定上、被上告人としては上告人に対し本件宅地の所有権の移転につきその登記を経由しなければこれを上告人に対抗することができず、したがつてまた、賃貸人たる地位を主張することができないものと解するのが、相当である（大審院昭和8年(オ)第60号同年5月9日判決・民集12巻1123頁参照）。

ところで、原判文によると、上告人が被上告人の本件宅地の所有権の取得を争つていること、また、被上告人が本件宅地につき所有権移転登記を経由していないことを自陳していることは、明らかである。それゆえ、被上告人は本件宅地につき所有権移転登記を経由したうえではじめて、上告人に対し本件宅地の所有者であることを対抗でき、また、本件宅地の賃貸人たる地位を主張し得ることとなるわけである。したがつて、それ以前には、被上告人は右賃貸人として上告人に対し賃料不払を理由として賃貸借契約を解除し、上告人の有する賃借権を消滅させる権利を有しないことになる。そうすると、被上告人が本件宅地につき所有権移転登記を経由しない以前に、本件宅地の賃貸人として上告人に対し賃料不払を理由として本件宅地の賃貸借契約を解除する権利を有することを肯認した原判決の前示判断には法令解釈の誤りがあり、この違法は原判決の結論に影響を与えることは、明らかである。」

⑥最三判平成10年3月24日民集52巻2号399頁、判時1639号45頁、判タ973号143頁

Aが建物を所有していたところ、X株式会社がAに対する債務名義に基づき、本件建物の賃借人であるBら（4名）を第三債務者として、Aが有する賃料債権につき債権差押えをした後、Aに対して債権を有していたY株式会社がAから建物の代物弁済を受け、真正な登記名義の回復を原因とする所有権移転登記を経て、Bらに対して賃料の支払を求めたところ、Bらが債権者の不確知を理由に供託したため、XがYに対して供託金の還付請求権を有することの確認を請求した。

第一審判決（浦和地判平成6年11月29日金融・商事判例1047号12頁）が請求を認容したため、Yが控訴した。

控訴審判決（東京高判平成6年7月14日金融・商事判例1047号13頁）が控訴を棄却したため、Yが上告した。

本判決は、建物所有者の債権者が賃料債権を差し押さえ、その効力が発生した後に、その所有者が建物を他に譲渡し賃貸人の地位が譲受人に移転した場合には、その譲受人は、建物の賃料債権を取得したことを差押債権者に対抗することができないとし、上告を棄却した。
「自己の所有建物を他に賃貸している者が第三者に右建物を譲渡した場合には、特段の事情のない限り、賃貸人の地位もこれに伴って右第三者に移転するが（最高裁昭和35年(オ)第596号同39年８月28日第二小法廷判決・民集18巻７号1354頁参照）、建物所有者の債権者が賃料債権を差し押さえ、その効力が発生した後に、右所有者が建物を他に譲渡し賃貸人の地位が譲受人に移転した場合には、右譲受人は、建物の賃料債権を取得したことを差押債権者に対抗することができないと解すべきである。けだし、建物の所有者を債務者とする賃料債権の差押えにより右所有者の建物自体の処分は妨げられないけれども、右差押えの効力は、差押債権者の債権及び執行費用の額を限度として、建物所有者が将来収受すべき賃料に及んでいるから（民事執行法151条）、右建物を譲渡する行為は、賃料債権の帰属の変更を伴う限りにおいて、将来における賃料債権の処分を禁止する差押えの効力に抵触するというべきだからである。」
　これを本件について見ると、原審の適法に確定したところによれば、本件建物を所有していた矢野孝夫は、被上告人の申立てに係る本件建物の賃借人４名を第三債務者とする賃料債権の差押えの効力が発生した後に、本件建物を上告人に譲渡したというのであるから、上告人は、差押債権者である被上告人に対しては、本件建物の賃料債権を取得したことを対抗することができないものというべきである。」
⑦最一判平成11年３月25日判時1674号61頁、判タ1001号77頁
　　Ａ株式会社は、ビル（地下２階、地上10階建て）を建築し、Ｂ株式会社に売却するとともに、賃借し、Ｘ株式会社は、Ａから本件ビルのうち６階から８階部分を賃借し、保証金を交付した後、Ａは、Ｂから本件ビルを買い戻し、本件ビルにつき、譲受人をＣらとする売買契約、譲渡人をＣら、譲受人を信託銀行業を営むＹ株式会社とする信託譲渡契約、賃貸人をＹ、賃借人をＤ株式会社とする賃貸借契約、賃貸人をＤ、賃借人をＡとする賃貸借契約がそれぞれ締結され、賃貸人をＡに留保する旨の合意もされたが、その後、Ａが破産宣告を受けたため、ＸがＹに対して

Yが賃貸借契約上の賃貸人の地位を否定することを理由に賃貸借契約を解除し、本件建物部分から退去し、保証金の返還等を請求した。

第一審判決（東京地判平成5年5月13日判時1475号95頁）は、信託譲渡を受けたYが賃貸人の地位を承継した等とし、請求を認容したため、Yが控訴した。

控訴審判決（東京高判平成7年4月27日金融法務事情1434号43頁）は、同様に解し、控訴を棄却したため、Yが上告した。

本判決は、建物の所有権を第三者に譲渡した場合には、特段の事情のない限り、賃貸人の地位もこれに伴って移転し、敷金関係も承継されるところ、新旧所有者間に従前からの賃貸借契約における賃貸人の地位を旧所有者に留保する旨の合意をしてもこれをもって直ちに特段の事情があるということはできないとし、上告を棄却した。

「一　本件は、建物所有者から建物を賃借していた被上告人が、賃貸借契約を解除し右建物から退去したとして、右建物の信託による譲渡を受けた上告人に対し、保証金の名称で右建物所有者に交付していた敷金の返還を求めるものである。

二　自己の所有建物を他に賃貸して引き渡した者が右建物を第三者に譲渡して所有権を移転した場合には、特段の事情のない限り、賃貸人の地位もこれに伴って当然に右第三者に移転し、賃借人から交付されていた敷金に関する権利義務関係も右第三者に承継されると解すべきであり（最高裁昭和35年(オ)第596号同39年8月28日第二小法廷判決・民集18巻7号1354頁、最高裁昭和43年(オ)第483号同44年7月17日第一小法廷判決・民集23巻8号1610頁参照）、右の場合に、新旧所有者間において、従前からの賃貸借契約における賃貸人の地位を旧所有者に留保する旨を合意したとしても、これをもって直ちに前記特段の事情があるものということはできない。けだし、右の新旧所有者間の合意に従った法律関係が生ずることを認めると、賃借人は、建物所有者との間で賃貸借契約を締結したにもかかわらず、新旧所有者の合意のみによって、建物所有権を有しない転貸人との間の転貸借契約における転借人と同様の地位に立たされることとなり、旧所有者がその責めに帰すべき事由によって右建物を使用管理する等の権原を失い、右建物を賃借人に賃貸することができなくなった場合には、その地位を失うに至ることもあり得るなど、不

測の損害を被るおそれがあるからである。もっとも、新所有者のみが敷金返還債務を履行すべきものとすると、新所有者が、無資力となった場合などには、賃借人が不利益を被ることになりかねないが、右のような場合に旧所有者に対して敷金返還債務の履行を請求することができるかどうかは、右の賃貸人の地位の移転とは別に検討されるべき問題である。

　三　これを本件についてみるに、原審が適法に確定したところによれば㈠　被上告人は本件ビル（鉄骨・鉄骨鉄筋コンクリート造陸屋根地下２階付10階建事務所店舗）を所有していたアーバネット株式会社（以下「アーバネット」という。）から、本件ビルのうちの６階から８階部分（以下「本件建物部分」という。）を賃借し（以下、本件建物部分の賃貸借契約を「本件賃貸借契約」という。）、アーバネットに対して敷金の性質を有する本件保証金を交付した、㈡　本件ビルにつき、平成２年３月27日、⑴　売主をアーバネット、買主を中里三男外38名（以下「持分権者ら」という。）とする売買契約、⑵　譲渡人を持分権者ら、譲受人を上告人とする信託譲渡契約、⑶　賃貸人を上告人、賃借人を芙蓉総合リース株式会社（以下「芙蓉総合」という。）とする賃貸借契約、⑷　賃貸人を芙蓉総合、賃借人をアーバネットとする賃貸借契約、がそれぞれ締結されたが、右の売買契約及び信託譲渡契約の締結に際し、本件賃貸借契約における賃貸人の地位をアーバネットに留保する旨合意された、㈢　被上告人は、平成３年９月12日にアーバネットが破産宣告を受けるまで、右㈡の売買契約等が締結されたことを知らず、アーバネットに対して賃料を支払い、この間、アーバネット以外の者が被上告人に対して本件賃貸借契約における賃貸人としての権利を主張したことはなかった、㈣　被上告人は、右㈡の売買契約等が締結されたことを知った後、本件賃貸借契約における賃貸人の地位が上告人に移転したと主張したが、上告人がこれを認めなかったことから、平成４年９月16日、上告人に対し、上告人が本件賃貸借契約における賃貸人の地位を否定するので信頼関係が破壊されたとして、本件賃貸借契約を解除する旨の意思表示をし、その後、本件建物部分から退去した、というのであるが、前記説示のとおり、右㈡の合意をもって直ちに前記特段の事情があるものと解することはできない。そして、他に前記特段の事情のあることがうか

がわれない本件においては、本件賃貸借契約における賃貸人の地位は、本件ビルの所有権の移転に伴ってアーバネットから持分権者らを経て上告人に移転したものと解すべきである。以上によれば、被上告人の上告人に対する本件保証金返還請求を認容すべきものとした原審の判断は、正当として是認することができる。」

◆賃貸不動産の譲渡に伴う賃貸人の地位が移転する場合、賃貸借契約の特約の承継が問題になった最高裁の判例としては、次のようなものがあり、改正民法においても妥当する。

【参考判例】

①最二判昭和38年1月18日民集17巻1号12頁、判時330号36頁、判タ142号49頁

建物の賃借人が賃料前払の効果を賃借建物につき所有権を取得した新賃貸人に主張できるかが争点になった事案について、次のとおり判示している。

「借家法1条1項により、建物につき物権を取得した者に効力を及ぼすべき賃貸借の内容は、従前の賃貸借契約の内容のすべてに亘るものと解すべきであつて、賃料前払のごときもこれに含まれるものというべきである（民訴法643条1項5号、658条3号、競売法29条1項は、賃料前払の効果が、競落人に承継されることを前提にして、これを競売の際の公告事項としているのである）。されば、原判決には、借家法1条1項を誤解した違法はなく、所論憲法14条違反の主張も、その実質は原判決の借家法1条に関する解釈が誤であることを主張するに帰するから、前提を欠き採用しえない。」

②最一判昭和38年9月26日民集17巻8号1025頁、判時353号26頁、判タ154号59頁

転貸許容の特約が承継されるかが争点になった事案について、次のとおり判示している。

「所論は、所論のいわゆる概括的転貸許容の特約は賃貸借契約の本来的（実質的）事項でないから、その登記なくしては、家屋の新所有者に対抗できないと主張して、これと異る原判決の判断を攻撃する。しかし、借家法1条1項の規定の趣旨は、賃貸借の目的たる家屋の所有権を取得

したる者が旧所有者たる賃貸人の地位を承継することを明らかにしているのであるから、それは当然に、旧所有者と賃借人間における賃貸借契約より生じたる一切の権利義務が、包括的に新所有者に承継せられる趣旨をも包含する法意である。右と同趣旨の原判決の判断は正当であり、所論は独自の見解であつて、採用できない。」

③最二判昭和39年6月26日民集18巻5号968頁、判時380号69頁、判タ164号93頁

　建物賃貸借における賃料の取立債務の約定が承継されるかが争点になった事案について、次のとおり判示している。

「つぎに、所論は、上告人が賃貸人の地位を承継したから賃料の取立債務とする特殊事情はなくなり持参債務に変更した旨主張する。

　しかし、不動産の所有者が賃貸人の地位を承継するのは従前の賃貸借の内容をそのまま承継するのであるから、賃料の取立債務もそのまま承継されると解すべきである。所論のように賃料の取立債務が当然に持参債務に変更するものではない。」

④最一判昭和44年7月17日民集23巻8号1610頁、判時569号39頁、判タ239号153頁

　賃貸不動産の譲渡に伴って敷金関係が承継されるかが争点になった事案について、次のとおり判示している。

「原判決が昭和36年3月1日以降同39年3月15日までの未払賃料額の合計が543750円である旨判示しているのは、昭和33年3月1日以降の誤記であることがその判文上明らかであり、原判決には所論のごとき計算違いのあやまりはない。また、所論賃料免除の特約が認められない旨の原判決の認定は、挙示の証拠に照らし是認できる。

　しかして、上告人が本件賃料の支払をとどこおっているのは昭和33年3月分以降の分についてであることは、上告人も原審においてこれを認めるところであり、また、原審の確定したところによれば、上告人は、当初の本件建物賃貸人訴外亡谷口徳次郎に敷金を差し入れているというのである。思うに、敷金は、賃貸借契約終了の際に賃借人の賃料債務不履行があるときは、その弁済として当然これに充当される性質のものであるから、建物賃貸借契約において該建物の所有権移転に伴い賃貸人たる地位に承継があつた場合には、旧賃貸人に差し入れられた敷金は、賃

借人の旧賃貸人に対する未払賃料債務があればその弁済としてこれに当然充当され、その限度において敷金返還請求権は消滅し、残額についてのみその権利義務関係が新賃貸人に承継されるものと解すべきである。したがつて、当初の本件建物賃貸人訴外亡谷口徳次郎に差し入れられた敷金につき、その権利義務関係は、同人よりその相続人訴外谷口トシエらに承継されたのち、右トシエらより本件建物を買い受けてその賃貸人の地位を承継した新賃貸人である被上告人に、右説示の限度において承継されたものと解すべきであり、これと同旨の原審の判断は正当である。」

◖**賃貸不動産の譲渡に伴う賃貸人の地位が移転する場合、有益費の償還義務の負担者が誰であるかの問題については、次のような最高裁の判例があり、改正民法においても妥当する。**

【参考判例】
①最二判昭和46年2月19日民集25巻1号135頁、判時622号76頁、判タ260号207頁

　建物の賃借人が有益費を支出した後、建物の賃貸人が交替した場合と有益費の償還義務者が争点になった事案について、次のとおり判示している。

「建物の賃借人または占有者が、原則として、賃貸借の終了の時または占有物を返還する時に、賃貸人または占有回復者に対し自己の支出した有益費につき償還を請求しうることは、民法608条2項、196条2項の定めるところであるが、有益費支出後、賃貸人が交替したときは、特段の事情のないかぎり、新賃貸人において旧賃貸人の権利義務一切を承継し、新賃貸人は右償還義務者たる地位をも承継するのであつて、そこにいう賃貸人とは賃貸借終了当時の賃貸人を指し、民法196条2項にいう回復者とは占有の回復当時の回復者を指すものと解する。そうであるから、上告人が本件建物につき有益費を支出したとしても、賃貸人の地位を訴外下田千代に譲渡して賃貸借契約関係から離脱し、かつ、占有回復者にあたらない被上告人に対し、上告人が右有益費の償還を請求することはできないというべきである。」

◆下級審の裁判例においても、特約の承継が問題になることがあるが、このような裁判例のうち、敷金特約（敷金関係）の承継が問題になった裁判例は多数を数えるが、まず、それ以外の特約等の承継が問題になったものとして、次のようなものがある。
【参考裁判例】
[26] 東京地判平成18年8月31日金融・商事判例1251号6頁
　Xは、平成元年11月、Y株式会社が建築予定のビルの共有持分を取得し、Yに賃貸し、転貸事業の収益を取得する等の合意をし、平成2年9月、本件ビルの一部の共有持分をYから購入するとともに、Yに目的を転貸収益事業、賃料を転借料の70％相当額に改定する等の特約で賃貸し、平成16年7月、受領する転借料に増減が生じた場合にはその時点から連動して賃料を改定する、空室が生じた場合には転借料の60％を空室の賃料とする等の内容の変更契約を締結していたところ、YがA、Bにフリーレント（一定の期間、賃料を零円とする特約）で転貸し、その分の賃料を支払わなかったため、XがYに対して未払いの賃料の支払を請求した。
　本判決は、フリーレントの特約は賃貸人に対抗することができないが、本件では賃貸人に著しい不利益が生じない特段の事情があるとし、賃貸人に対抗することができるとし、請求を棄却した。

[27] 福島地いわき支部判平成24年2月17日金融・商事判例1428号59頁
　大型小売店を経営するX株式会社は、平成11年3月、借地上の建物について、A株式会社から賃貸期間を20年間とし、土地、建物の賃貸借契約を締結し、Aに建設協力金、テナント解約貸付金、建築準備保証金合計5億6000万円余を差し入れ、賃貸期間20年間の分割で償還する旨の合意をするとともに、償還金と賃料の一部につき相殺合意を締結したが、Aは、平成22年7月、特別清算開始を命じられ、同年8月、契約内容をよく知るY株式会社に本件建物の所有権、本件土地の借地権を売却し、売買契約において敷金返還債務はXが承継し、建設協力金等の支払義務はAが負担することとしたところ、Yの賃料の支払請求に対して、Xが2か月分は建設協力金等の償還金を控除することなく支払ったものの、その後、償還分の支払を拒否し、XがYに対して前記償還分を超えて賃料の支払義務のないことの確認、支払済みの建設協力金等につき不当利得の返還を請求した。
　本判決は、賃貸人の地位の移転は将来賃料の債権譲渡という側面も有しているから、債権譲渡の場合と同様に、新賃貸人が対抗要件を具備するまでに賃料

債権について旧賃貸人に対して対抗することができた事由を、新賃貸人にも対抗できる等とし、Xの請求を一部認容した。

[28] 仙台高判平成25年2月13日判タ1391号211頁、金融・商事判例1428号48頁

前記[27]福島地いわき支部判平成24年2月17日金融・商事判例1428号59頁の控訴審判決であり、Yが控訴した。

本判決は、賃借人の賃貸人に対する建設協力金等償還金と賃料の一部を相殺する合意が賃貸人の地位を承継した者にも及ぶとし、控訴を棄却した。

◨ **次に、敷金特約の承継が問題になった裁判例としては、次のようなものがある。なお、契約の実務においては、保証金名目の金銭についても、その全部又は一部が実質的に敷金の性質を有することがあり、保証金特約につき承継の有無が問題になることがある。**

【参考裁判例】

[29] 東京地判平成11年1月21日金融・商事判例1077号35頁

X株式会社は、A株式会社と店舗を目的として建物の一部を賃借し、Aに支払停止、支払不能等があったときは、預託金の返還につき期限の利益を失い、預託金全額を直ちに返還する旨の特約で預託金1億8000万円を交付したところ、Aが支払不能になり（Xは、未払賃料と預託金返還請求権を相殺した）、本件建物の抵当権者であるB株式会社により物上代位に基づきAの賃料債権が差し押さえられる等し、抵当権が実行され、Y有限会社が不動産競売手続において本件建物を買い受けたため、XがYに対して敷金関係を承継したと主張し、預託金の残額の返還を請求したのに対し、Yが反訴として未払いの賃料等の支払を請求した。

本判決は、預託金が敷金と仮定した上で、本件では前記特約によって敷金返還請求権が具体的に発生していたものであり、不動産競売手続における買受けによって承継するものではないとし、Xの本訴請求を棄却し、Yの反訴請求を認容した。

[30] 東京高判平成11年8月23日金融・商事判例1077号30頁

前記[29]東京地判平成11年1月21日金融・商事判例1077号35頁の控訴審判決であり、Xが控訴した。

本判決は、前記特約があり、相殺がされた場合には、賃借人は、新賃貸人に預託金残額の返還請求をすることはできないとし、控訴を棄却した。

[31] 津地判平成11年10月22日金融・商事判例1108号48頁

　Aは、昭和51年、Yとの間で、保証金1130万円（月額賃料の75.3か月分）を交付してビルの賃貸借契約を締結したところ、Aが平成7年に死亡し、X_1ないしX_3が相続したが、X_1らが保証金は10年据え置き後、10か年の分割払いの約定があったと主張し、Yに対して保証金の返還を請求し、Zが保証金返還請求権の譲渡を受けたと主張し、訴訟に参加し、Yに対して保証金の返還、Xに対して保証金返還請求権を有することの確認を請求した。

　本判決は、敷金と建設協力金の性格を併有しているとし、分割払いの約定があった等とし、Zが保証金返還請求権を譲り受けたことから、Xの請求を棄却し、Zの請求を認容した。

[32] 東京地判平成12年10月26日金融・商事判例1132号52頁

　Aは、ビルを建築し、Y_1にビルの一部を賃料月額14万8000円、敷金1078万円の約定で賃貸し（ラーメン店として賃貸）、Y_2にビルの一部を賃料月額12万1000円、敷金480万円の約定で賃貸したところ（美容室として賃貸）、Aは、本件ビルをB株式会社に売却し、Bは、Y_1、Y_2とそれぞれ賃貸借契約を締結し、敷金は預託したものとされたが、Aの抵当権者の申立てにより競売開始決定がされ、X株式会社が本件ビルを買い受け、Y_1らに対して承継すべき敷金返還債務は賃料月額の7か月分が相当であると主張し、Y_1らに対してそれを超える債務の不存在の確認を請求した。

　本判決は、本件敷金が敷金と権利金の性質を併有しているとした上、敷金と権利金の性質を併有するものであり、建物の明渡後に償却分を控除して返還されることが明確に合意されているときは、新賃貸人は金員全体につき承継するとし、請求を棄却した。

[33] 東京地判平成13年10月29日金融法務事情1645号55頁

　Aは、ビルを所有し、その地下1階部分をY_1有限会社、Y_2に賃貸期間を2年間とし、賃料月額39万9600円とし、保証金を1554万円とする等の内容で賃貸し、合意更新を繰り返していたが、本件ビルに設定された抵当権に基づき不動産競売手続が開始され、X株式会社が本件ビルを買い受けたところ、Xに対抗することができる賃借権を有するY_1らとの間で敷金額をめぐる紛争が生じたため、XがY_1らに対して保証金返還債務の不存在確認を請求した。

　本判決は、本件保証金は月額賃料の38か月分以上のものであり、建設協力金、敷金の性質を併せもつものであり、執行裁判所の評価の記載に敷金としての性格を有する金額が10か月分であると記載されていること等を考慮し、10か

月分の賃料相当額の限度においてＸが承継するとし、請求を一部認容した。

[34] 東京地判平成13年10月31日判タ1118号260頁

　Ａが所有ビルの一部をＹ株式会社に賃料月額48万円、敷金300万円、保証金5500万円等の内容で賃貸し、Ｙは、本件建物部分で焼肉店を営業していたところ、本件ビルにつき不動産競売手続が開始され、Ｘ株式会社が競落したことから、ＸがＹに対して保証金返還債務の不存在、賃料額の確認等を請求した。

　本判決は、賃貸建物の所有権移転に伴う賃貸人の地位の移転があった場合、賃借人が前賃貸人に預託していた保証金は、敷金と同じく賃貸借契約に密接不可分に関連し、その発生、存続、終了に際して賃貸借契約に随伴し、これを離れて独立に存在する意義を有しないとし、新所有者への承継を認め、賃料額の確認請求を認容し、その余の請求を棄却した。

[35] 東京地判平成13年12月３日金融・商事判例1156号28頁

　Ａ株式会社は、所有建物をＹ有限会社に敷金20万円の交付を受けて賃貸し、その後、Ａは、本件建物の所有権をＢ株式会社に譲渡していたところ、本件建物につき不動産競売手続が開始され（抵当権設定の前に賃貸借契約が締結されていた）、Ｘが本件建物を買い受け、買受後の賃料不払いを理由に賃貸借契約を解除し、Ｙに対して建物の明渡しを請求したのに対し、Ｙが反訴として敷金（従前の敷金に加えて、差し押さえの後に増額し、敷金を250万円としたと主張した）を含む賃借権の確認を請求した。

　本判決は、信頼関係を破壊するに足りない特段の事情を否定し、本訴請求を認容し、敷金の増額を認めたものの、賃貸借契約の解除を認めたことから反訴請求を棄却した。

[36] 東京高判平成14年９月19日金融法務事情1659号47頁、金融・商事判例1156号16頁

　前記[35]東京地判平成13年12月３日金融・商事判例1156号28頁の控訴審判決であり、Ｙが控訴した（反訴請求は、敷金の返還請求に変更された）。

　本判決は、賃貸不動産が差し押さえられた後に賃借人が敷金を増額したとしても、敷金に名を借りた貸金その他の金銭であり、敷金として承継されないとし、原判決を変更し、本訴請求を一部認容し、反訴請求を棄却した。

[37] 東京高判平成14年11月７日金融・商事判例1180号38頁

　Ｙ株式会社は、平成４年５月、ビルの所有者Ａから店舗部分（ビルの１階部分）につき賃料として売上げの９％相当額（最低保証額210万円）、敷金２億3500万円、倉庫部分（ビルの地下部分）につき賃料20万円、保証金1000万円と

し、賃貸期間を10年間として賃借していたところ、Aは、平成4年12月、本件ビルにつきB銀行のために根抵当権を設定したが、平成6年7月、競売開始決定がされ、X株式会社が本件ビルを買い受け、物件明細書に記載された金額を超える部分は敷金に当たらないと主張し、Yに対して敷金返還債務不存在の確認を請求した。

第一審判決は、本件敷金、本件保証金には建設協力金などの敷金以外のものも含まれているとし、本来の敷金はXの主張する金額を超えるものではないとし、請求を認容したため、Yが控訴した。

本判決は、同様の判断を示し、控訴を棄却した。

[38] 東京地判平成16年6月30日金融・商事判例1201号46頁

A有限会社は、昭和62年6月、Y有限会社に建物を賃貸し、10年間据え置き、11年目から10年間均等で保証金額の70％を分割し、30％は敷金に振り替える旨の合意で保証金6000万円の預託を受けたが、その後、平成9年6月、保証金額の30％である1800万円を敷金に振り替え、70％である4200万円につき毎年420万円を均等分割返済する旨を合意したものの、Aが分割返済を怠っていたところ、平成14年7月、X株式会社が本件建物を不動産競売手続において買い受けたため、XがYに対して賃料の不払いを理由に賃貸借契約を解除し、建物の明渡しを請求した（Yは、保証金返還請求権と賃料支払債務の相殺を主張した）。

本判決は、本件の保証金は賃貸借契約とは別個の清算を予定している等とし、競落人の承継を否定し、Yの相殺の抗弁を排斥し、請求を認容した。

[39] 大阪地判平成17年10月20日金融・商事判例1234号34頁

X株式会社は、昭和53年12月、賃貸期間を20年間とし、Aから建物を賃借し、敷金1億1000万円（月額賃料の55か月分）を交付したところ、Aが一昨年2月に死亡し、B、C、Dが共同相続し、同年11月、BらがE有限会社に本件建物を売却し、Eが本件建物にF株式会社のために根抵当権を設定したが、平成12年3月、Fが不動産競売を申し立て、平成13年1月、Y株式会社が競売手続で本件建物を買い受け、Yが平成14年11月に賃貸借契約を解除し、Xが平成15年2月に本件建物から退去したため、XがYに対して賃貸人の地位を承継したと主張し、敷金の返還を請求したのに対し、Yが反訴として未払いの賃料の支払、原状回復費用の支払等を請求した。

本判決は、月額賃料の55か月分全体が敷金であるとし、競売手続における買受人が敷金返還義務を承継するとし、未払い賃料、賃料相当損害金、原状回復

費用を控除しても敷金の残額が認められるとし、本訴請求を一部認容し、反訴請求を棄却した。

[40] 東京地判平成18年１月20日金融法務事情1782号52頁

銀行業を営むＸ株式会社は、Ａ株式会社に対して貸金債権を有していたところ、ＡがＢ保険相互会社から建物を賃借し、敷金を交付していたことから、敷金返還請求権につき仮差押えをしたが、Ｙ有限会社がＢから賃貸建物を譲り受け、賃貸人たる地位を承継し、賃貸借契約を合意解約した後、ＣがＡを債務者として敷金返還請求権を差し押さえ、Ｃに弁済金交付がされたため（配当手続においてＸの仮差押えの存在が記載されなかった）、ＸがＹに対して不法行為等に基づき損害賠償を請求した。

本判決は、敷金返還請求権に仮差押えがされた後目的不動産が譲渡された場合、敷金返還請求権は仮差押債権者との関係でも新所有者に移転するとしたが、新所有者は債権執行手続において競合する仮差押えを報告する義務を負わないとし、請求を棄却した。

8 改正民法605条の3（合意による賃貸人たる地位の移転）

(1) 改正民法605条の３は、現行民法605条の改正、改正民法605条の２の新設に当たって、新設されたものであり、その内容は、次のとおりである。

> 【改正民法】
>
> （合意による賃貸人たる地位の移転）
> 第605条の３　不動産の譲渡人が賃貸人であるときは、その賃貸人たる地位は、賃借人の承諾を要しないで、譲渡人と譲受人との合意により、譲受人に移転させることができる。この場合においては、前条第３項及び第４項の規定を準用する。

(2) 改正民法605条の３は、賃貸人の地位の移転に関する規定であるが、移転の原因が、改正民法605条の２所定の賃貸不動産の所有権の譲渡に伴う当然の移転によるものではなく、賃貸不動産の譲渡がされた場合における譲渡人と譲受人との合意による賃貸人の地位の移転を定めるものである。

　賃借権につき対抗要件を備えた賃貸不動産が譲渡され、所有権の移転登記が経由された場合には、賃貸人の地位は、改正民法605条の２に基づき当然に新所有者に移転するものとして取り扱われる。これに対し、賃借権の対抗要件の具備の有無を問わず、賃貸不動産が譲渡され、譲渡人が賃貸人であるときは、譲渡人と譲受人との合意によって、賃貸人たる地位の移転を認めるのが、改正民法605条の３である。契約上の地位の譲渡に関する法理によると、契約上の地位の譲渡が認められるためには、一般的には賃借人の承諾・同意が必要であると考えられるが（改正民法においては、この旨を明記する規定が新設されている。改正民法539条の２）、賃貸不動産が譲渡される場合には、この賃借人の承諾を要しないことが相当であると考えられ（判例もこの趣旨であると解される）、改正民法605条の２はこれを前提としているものである。

　改正民法605条の３は、適用される要件、前提となる事実が改正民法605条の２の場合と重なるところがあり、対抗要件を備えた不動産の賃貸借の場合にも適用されるが、その適用の実益があるのは、不動産の賃貸借のうち対抗要件の具備が認められない場合である。

(3) 改正民法605条の3により合意による賃貸人たる地位の移転が認められるためには、改正民法605条の2第3項、4項が準用されている。

改正民法650条の3による賃貸人たる地位の移転は、賃貸物である不動産の所有権移転の登記をしなければ、賃借人に対抗することができないし、この場合には、現行民法608条の規定による費用の償還に係る債務と改正民法622条の2第1項の規定による同項に規定する敷金の返還に係る債務は、譲受人又その承継人が承継するものである（改正民法605条の3後段による同法605条の2第3項、4項の準用）。

◪賃貸不動産の所有者がその所有権とともにする賃貸人たる地位の譲渡の場合、一般的には、契約上の地位の譲渡においては譲渡人以外の当事者の承諾が必要であると考えられているところ、賃貸借契約について賃借人の承諾が必要であるかが問題になり、最高裁の判例としては、次のようなものがあり、改正民法においても妥当する。

【参考判例】
・最二判昭和46年4月23日民集25巻3号388頁、判時634号35頁、判タ263号210頁

賃貸不動産の所有者がその所有権とともにする賃貸人たる地位の譲渡の場合、賃借人の承諾の要否が争点になった事案について、次のとおり判示している。

「ところで、土地の賃貸借契約における賃貸人の地位の譲渡は、賃貸人の義務の移転を伴なうものではあるけれども、賃貸人の義務は賃貸人が何びとであるかによつて履行方法が特に異なるわけのものではなく、また、土地所有権の移転があつたときに新所有者にその義務の承継を認めることがむしろ賃借人にとつて有利であるというのを妨げないから、一般の債務の引受の場合と異なり、特段の事情のある場合を除き、新所有者が旧所有者の賃貸人としての権利義務を承継するには、賃借人の承諾を必要とせず、旧所有者と新所有者間の契約をもつてこれをなすことができると解するのが相当である。

叙上の見地に立つて本件をみると、前記事実関係に徴し、被上告人と上告人間の賃貸借契約関係は高橋正三と上告人間に有効に移行し、賃貸借契約に基づいて被上告人が上告人に対して負担した本件土地の使用収

益をなさしめる義務につき、被上告人に債務不履行はないといわなければならない。」

9 改正民法605条の4（不動産の賃借人による妨害の停止の請求等）

(1) 改正民法605条の4は、現行民法605条の改正に当たって、新設されたものであり、その内容は、次のとおりである。

> 【改正民法】
> （不動産の賃借人による妨害の停止の請求等）
> 第605条の4　不動産の賃借人は、第605条の2第1項に規定する対抗要件を備えた場合において、次の各号に掲げるときは、それぞれ当該各号に定める請求をすることができる。
> 一　その不動産の占有を第三者が妨害しているとき　その第三者に対する妨害の停止の請求
> 二　その不動産を第三者が占有しているとき　その第三者に対する返還の請求

(2) 改正民法605条の4は、新設の規定であるが、対抗要件を具備した不動産の賃借権に基づく妨害排除等の請求に関する確定した判例による法理を明文の規定として認めるものである。

(3) 不動産が賃貸借中第三者によって占有が奪われたり、妨害されたりした場合、賃借人が第三者（侵害者）に対してどのような権利を行使し、自己の権利行使を回復することができるかは、取引の実務上も、訴訟の実務上も重要な問題であり、従来から議論されてきたところである。

　この場合、1つ目の方法は、債権者代位権（民法423条）を行使し、賃貸不動産の賃貸人（所有者）が妨害者に対して有する物権的請求権（返還請求権、妨害排除請求権、妨害予防請求権。なお、これらの物権的請求権は、民法上明記されている権利であるとはいい難いが、判例、通説によって認められている）を、賃貸人の債権者として代位行使するという方法がある（このような債権者代位権の行使は、確定した判例によって認められている）。

　また、2つ目の方法は、賃借人の有していた賃貸不動産の占有によって認められる占有訴権（現行民法198条所定の占有保持の訴え、同法199条所定の占有保全の訴え、同法200条所定の占有回収の訴え）を利用する方法である。

前記の問題については、賃借権そのものによって妨害排除等の請求権を認めるべきであるとの見解もあるが、判例は、賃借権が対抗要件を具備した場合に、賃借権に基づき妨害排除等の請求権を認めることができるとの見解を採り、複数の判例によってこの法理を繰り返し確認している。これが３つ目の方法である。

改正民法605条の４は、この３つ目の方法である、対抗要件を具備した賃借権に基づく妨害排除等の請求に関する確定した判例を明文の規定としたものである。

なお、改正民法605条の４の新設によって、前記の従来認められてきた方法が否定されるわけではない。

(4) 改正民法605条の４に基づき不動産の賃借人が権利行使をする場合には、不動産の賃借権につき対抗要件を備えていることが必要である。

また、この場合、賃借人が行使することができる権利の内容は、当該不動産の占有を第三者が妨害しているときは、第三者（妨害者）に対する妨害の停止の請求であり、当該不動産を第三者が占有しているときは、第三者（妨害者）に対する返還の請求である。

賃貸不動産の妨害の停止の請求は、前記の物権的請求権のうち妨害排除請求権に当たるものであり、賃貸不動産の占有が奪われていない程度に妨害されている場合に認められるものである。

賃貸不動産の返還の請求は、前記の物権的請求権のうち返還請求権に当たるものであり、賃貸不動産の占有が奪われている場合に認められるものである。例えば、土地の賃貸借において、賃貸土地上に建物、設備等が設置されている場合には、建物の収去、設備等の撤去も請求することができる。

賃貸不動産の占有の妨害が予想される場合、妨害予防の請求が認められるかは、改正民法605条の４は沈黙しているところであり、解釈に委ねられているということができる。

◆不動産の賃借権に基づき不動産の使用・収益等を侵害する者に対して妨害排除等を請求することができるかが賃貸借の実務、訴訟の実務において長年問題にされてきたが、次のような最高裁の判例があり、改正民法においても妥当する。

【参考判例】

①最二判昭和28年12月18日民集7巻12号1515頁、判時19号20頁、判タ36号41頁

　　対効力ある賃借権の妨害排除請求権が認められるかが争点になった事案について、次のとおり判示している。

「民法605条は不動産の賃貸借は之を登記したときは爾後その不動産につき物権を取得した者に対してもその効力を生ずる旨を規定し、建物保護に関する法律では建物の所有を目的とする土地の賃借権により土地の賃借人がその土地の上に登記した建物を有するときは土地の賃貸借の登記がなくても賃借権をもつて第三者に対抗できる旨を規定しており、更に罹災都市借地借家臨時処理法10条によると罹災建物が滅失した当時から引き続きその建物の敷地又はその換地に借地権を有する者はその借地権の登記及びその土地にある建物の登記がなくてもその借地権をもつて昭和21年7月1日から5箇年以内にその土地について権利を取得した第三者に対抗できる旨を規定しているのであつて、これらの規定により土地の賃借権をもつてその土地につき権利を取得した第三者に対抗できる場合にはその賃借権はいわゆる物権的効力を有し、その土地につき物権を取得した第三者に対抗できるのみならずその土地につき賃借権を取得した者にも対抗できるのである。従つて第三者に対抗できる賃借権を有する者は爾後その土地につき賃借権を取得しこれにより地上に建物を建てて土地を使用する第三者に対し直接にその建物の収去、土地の明渡を請求することができるわけである。

　　ところで原審の判断したところによると本件土地はもと訴外鴨井ハルの所有に係り同人から被上告人の父平蔵が普通建物所有の目的で賃借し、平蔵の死後その家督相続をした被上告人において右賃貸借契約による借主としての権利義務を承継したが、昭和13年6月を以て賃貸借期間が満了となつたので、右ハルと被上告人との間で同年10月1日被上告人主張の本件土地賃貸借契約を結んだのであるが、その後昭和15年5月17日本件土地所有権はハルからその養子である訴外鴨井佳哉に譲渡され、ハルの右契約による貸主としての権利義務は佳哉に承継された。ところが被上告人が右借地上に所有していた家屋は昭和20年3月戦災に罹り焼失したが被上告人の借地権は当然に消滅するものでなく罹災都市借地借

家臨時処理法の規定によつて昭和21年7月1日から5箇年内に右借地について権利を取得した者に対し右借地権を対抗できるわけであるところ、上告人は本件土地に主文掲記の建物を建築所有して右土地を占有しているのであるがその理由は上告人は土地所有者の鴨井佳哉から昭和22年6月に賃借したというのであるから上告人は被上告人の借地権をもつて対抗される立場にあり上告人は被上告人の借地権に基く本訴請求を拒否できないというのであるから、原判決は前段説示したところと同一趣旨に出でたものであつて正当である。」

② 最二判昭和29年2月5日民集8巻2号390頁、判タ38号56頁

賃借権に基づく妨害排除請求が認められるかが争点になった事案について、次のとおり判示している。

「土地の賃借権について、登記その他、その賃借権を以て第三者に対抗し得る要件を具備した場合は、その賃借権はいわゆる物権的効力を有し、その土地につき賃借権を取得した者に対しても妨害排除の請求をなし得ることは当裁判所の判例の示すところである（昭和28年12月18日言渡昭和27年(オ)第883号第2小法廷判決）。原判決が土地の賃借権は債権であるからというだけの理由で、賃借権に基いて、第三者に対しその侵害の排除を求めることはできない旨判示したのは、如上の法理を誤つたものであつて、上告は理由あり、原判決は破棄を免れない。」

③ 最一判昭和29年6月17日民集8巻6号1121頁、判タ41号31頁

罹災都市借地借家臨時処理法2条に基づく賃借権の場合、妨害排除請求が認められるかが争点になった事案について、次のとおり判示している。

「罹災都市借地借家臨時処理法は、昭和21年9月15日から施行されたものであつて、同法2条1項所定の建物の借主は、同法の施行によりはじめてその敷地又は換地を賃借することができるようになつたものであるから、原判決の確定した本件事実関係の下においては、被上告人は権利の上に眠つていた者といえないし、その他原判決が上告人原田新蔵の本件拒絶に正当事由あることを認められないとした判示並びに被上告人の本件請求が民法1条に違背し又は社会秩序を破壊する不当な請求といえない旨の判示は、すべて正当であると認めるから、論旨は、いずれも、採用できない。

……

　当裁判所は、本件賃借権をその設定されたときに当然対抗力をそなえこれを侵害するものに対しては妨害排除を求めうる物権的な効力を帯有せしめた特殊な性格の賃借権であると解した原判決の判示を正当とするから（なお、昭和27年(オ)883号同28年12月18日言渡、同26年(オ)685号同29年2月5日言渡当裁判所第二小法廷判決参照）、論旨は採用することができない。」

④最三判昭和29年7月20日民集8巻7号1408頁、判タ45号45頁

　土地の賃借人が賃借権侵害を理由として第三者に対し土地明渡しを請求することができるかが争点になった事案について、次のとおり判示している。

「よつて案ずるに原判決の趣旨は上告人は本件バラックを所有することにより、その敷地たる本件被上告人等の賃借地を占有し、よつて被上告人等の賃借権を侵害するものなること明であるから、上告人は被上告人等に対して右バラックを収去してその敷地を明渡さなければならぬ、というにあること原判文上明である、しかし債権者は債務者に対して行為を請求し得るだけで第三者に対して給付（土地明渡という）を請求し得る権利を有するものではない。（物権の如く物上請求権を有するものではない）。それ故被上告人は土地の賃借人であるというだけで（何等特別事由なく）当然上告人に対し明渡という行為を請求し得るものではない。このことは原判示の如く上告人が被上告人の賃借権を侵害して居るからといつて異る処はない。それ故この点に関する論旨は理由があり、原判決は破棄を免れない。しかして原審は被上告人の予備的請求に対して何等判断をして居ないから、此点において本件は原審に差戻すべきものである。」

⑤最三判昭和30年4月5日民集9巻4号431頁、判タ50号20頁

　罹災都市借地借家臨時処理法10条により第三者に対抗できる賃借権を有する場合、妨害排除を請求することができるかが争点になった事案について、次のとおり判示している。

「しかし原審の確定した事実関係によれば、被上告人の借地権は罹災都市借地借家臨時処理法10条により第三者に対抗できるものであることが明らかである。そうしてかかる賃借権に基いて第三者に対し建物の収去

土地の明渡を請求し得ること、当裁判所の判例（昭和27年(オ)883号同28年12月18日第二小法廷判決、昭和27年(オ)306号同29年6月17日第一小法廷判決等）の示すとおりであるから、原判決には所論のような違法はない。」

⑥最三判昭和45年11月24日判時614号49頁

　対抗力を有する土地賃借権に基づく妨害排除請求が認められるかが争点になった事案について、次のとおり判示している。

「所論の点に関し原判決が適法に確定した事実関係、右事実関係のもとにおいてした判断は次のとおりである。すなわち、被上告人は、昭和29年5月6日訴外小山幸三郎からその所有する原判決別紙目録三記載の家屋（本件家屋）を買い受けるとともに、小山が本件家屋の敷地として訴外金子故彦から賃借していた同人所有の同目録二記載の土地（本件係争地）を含む同目録一記載の土地（本件宅地）の賃借権を金子の承諾をえて譲り受け、同年9月1日頃から本件家屋に居住して本件宅地を占有し、同年10月11日本件家屋につき所有権移転登記手続を経由したもので、被上告人は、本件家屋の右登記により本件宅地についての賃借権をもつて第三者に対する対抗力を有するに至つたものというべく、一方小山は、昭和28年4月頃同人が金子から賃借していた本件係争地附近の土地の賃借権をその範囲を定めず上告人ら被承継人永嶌励に譲渡し、金子もこれを承諾し、励は、昭和29年6月頃本件係争地上に右目録四記載の建物（本件倉庫）を建築所有してその敷地部分の占有を開始し、その後金子から本件係争地を含む右目録一記載の(三)の212番地の6の土地を譲り受け、昭和39年7月3日その所有権移転登記手続を経由したものであるが、前記のとおり被上告人が本件宅地の賃借権につき第三者に対する対抗力を取得した以前に励が小山から譲り受けた本件係争地の賃借権につき第三者に対する対抗力を備えるに至つたことについてはなんら主張・立証がないから、結局、励は、本件係争地の賃借権またはその所有権をもつて被上告人に対抗できず、したがつて、被上告人は、その有する右賃借権に基づく妨害排除請求権によつて、励に対し、本件倉庫を収去してその敷地部分を明け渡すことを求めることができるというのである。原審のした右判断は正当として首肯するに足り、原判決に所論違法の点はなく、論旨は採用することができない。」

10　改正民法606条（賃貸人による修繕等）・現行民法606条（賃貸物の修繕等）

(1)　改正民法606条は、そのうち1項について、現行民法606条1項にただし書を加える改正を行っているが、その内容は、次のとおりである。

> 【改正民法】
> （賃貸人による修繕等）
> 第606条　賃貸人は、賃貸物の使用及び収益に必要な修繕をする義務を負う。ただし、賃借人の責めに帰すべき事由によってその修繕が必要になったときは、この限りでない。
> 2　（略）

(2)　現行民法606条の内容は、次のとおりである。

> 【現行民法】
> （賃貸物の修繕等）
> 第606条　賃貸人は、賃貸物の使用及び収益に必要な修繕をする義務を負う。
> 2　賃貸人が賃貸物の保存に必要な行為をしようとするときは、賃借人は、これを拒むことができない。

(3)　現行民法606条1項は、賃貸借契約においては、賃貸人が賃借人に賃貸物を適切に使用・収益をさせる義務、見方を変えると、賃借人が賃貸物を適切に使用・収益することができる状態に置く義務を負うことを背景にして（民法601条）、賃貸人が賃貸物の使用・収益に必要な修繕義務を負うことを明らかにしているが、改正民法606条本文もこの趣旨、内容を維持するものである。

　賃借人が賃貸物を使用・収益中、賃貸物が物理的に損傷し、あるいは機能的に障害が生じて使用・収益が困難になる事態が生ずることがある。例えば、建物の賃貸借契約において台風で屋根の一部が損傷し、雨戸が吹き飛んだり、壁の一部に亀裂が入り、室内に雨漏りが生じたり、建物の使用・収益に様々な内容・態様の不具合の事態が生じることがある（建物の賃貸借だけでなく、賃貸物の性質・使用目的等によって様々な不具合の事態が生じる）。また、例えば、賃貸物の設備である電気設備、水道設備等が故障し、賃貸物の使用に不具合の事態が生じることも

ある。このような不具合の事態が賃借人の主観的な認識・基準によるものか、あるいは通常人にとって支障になるものか等の問題が生じるし、支障になるとしても、賃貸物の使用・収益の支障になるのか、著しい支障が生じるのか等の問題も生じる。

　賃貸物の物理的な損傷、機能的な障害が賃借人による賃貸物の使用・収益に支障が生じた場合であっても、直ちに賃貸人の修繕義務が生じるのか、著しい支障が生じた場合に賃貸人の修繕義務が生じるのかが問題になる。逆に、賃貸人の修繕義務の成否、範囲をめぐって紛争が生じた場合、賃借人が修繕をすることができるかも問題になることがある。

　また、賃貸人の修繕義務が認められる場合であっても、賃貸物の使用年数、現状、損傷等の内容・程度、修繕費用等の事情にかかわらず、どのような修繕を要する状態であっても修繕義務を負うか、修繕義務に限界があるかが問題になる。

　後記の判例に照らすと、賃貸物の使用・収益に著しい支障が生じた場合において賃貸人の修繕義務が適切な使用・収益が可能になる程度に生じるとともに、修繕費用が過大になるなど大規模な修繕義務まで負うものではないと解することができる。

(4)　賃貸物につき修繕が必要な事態が賃借人の責めに帰すべき事由によって生じた場合、現行民法の下においては、修繕義務等をめぐって議論があり、この場合でも賃貸人が修繕義務を負うとの見解があるが、公平、妥当性の観点からみて、賃貸人の修繕義務を否定するのが通説的見解である。

　改正民法606条に前記内容のただし書は、この通説的見解を採用し、明文の規定として新設されたものである。

　改正民法606条1項により賃貸人の修繕義務が認められるのは、修繕の原因が賃貸人の責めに帰すべき事由による場合と賃貸人・賃借人の責めに帰することができない事由による場合であることになる。

　改正民法606条1項に基づき、賃借人は、賃貸人に対して賃貸物の修繕を請求することができるが、この場合、賃借人は、同項本文所定の要件につき立証責任を負い、賃貸人は、同項ただし書所定の要件を立証して、修繕義務を免れることができる。

(5)　賃貸人による賃貸物の修繕義務が問題になるとしても、賃貸物は賃借

10 改正民法606条（賃貸人による修繕等）・現行民法606条（賃貸物の修繕等）

人の占有の下、賃借人が使用・収益しているから、賃貸人が自ら賃貸物の使用・収益に修繕が必要な事態が生じていることを知ることは困難であり、仮に知ることができたとしても、偶然の事情によることが多い。現行民法615条は、賃借人が賃借物につき修繕を要する事態を知ったときは、遅滞なく、その旨を賃貸人に通知しなければならないとし、賃借人の通知義務を定めている（現行民法615条のこの規定は、改正民法の改正の対象になっていない）。賃貸人は、賃借人のこの通知を受けて、賃借物に修繕が必要な事態を知ることができるのが通常であり、自らその事態を知った場合を除き、賃借人の通知を受けた場合に現実に修繕義務を負っていることを知ることになる。

賃貸人に具体的に修繕義務が生じた場合、事情によっては、賃貸人が修繕義務を履行しないときは、賃借人に損害賠償責任を負うことがあるし、賃借人が賃貸借契約を解除することができることがある。

(6) 賃貸人による賃貸物の修繕義務の成否、範囲が問題になる場合には、まず、修繕が必要になった原因が何か、賃貸人・賃借人の責めに帰すべき事由か等の判断が必要である。修繕が必要な事態の内容・態様と賃借人の使用・収益の支障の有無・程度等の事情によるが、修繕が必要になった原因、修繕の要否・程度、修繕費用の負担者、修繕費用の額、賃貸人の修繕義務の不履行等をめぐって賃貸人、賃借人らの間で紛争が生じることがある。修繕をめぐる紛争が長期化するおそれが生じると、賃貸人、賃借人らとの間で暫定的な合意により修繕を実施することがあるが、このような合意が成立しないままになると、賃借人が自ら修繕を実施することがあり（この場合には、賃貸物の所有権を侵害するおそれがある。このほか、賃借人が賃料の支払の全部又は一部の支払を拒絶することもある）、新たな紛争の種を蒔くことになり（現行民法608条本文参照）、紛争が拡大する。

賃貸人の修繕義務をめぐるこれらの紛争は、建物の賃貸借の場合には発生することが多く、特に建物が老朽化しているような場合には日常的に見られるものである。

(7) 賃貸物の使用及び収益に修繕が必要な事態が生じたが、これが賃借人の責めに帰すべき事由による場合には、改正民法606条1項によると、賃貸人が修繕義務を負わないことは明らかである。

ところで、この事例の場合、賃貸人が賃貸物の修繕を行うことができるか、あるいは逆に賃借人が賃貸物の修繕を行うことができるか、また、賃借人が修繕義務を負うかが問題になり、建物の賃貸借契約の場合には、このような問題をめぐって深刻な紛争に発展する可能性があることもある。この事例の場合には、一見すると、賃貸人が修繕義務を負わないのであるから、賃借人が賃貸物につき必要な修繕義務を負うか、あるいは賃借人自ら必要な修繕を、自らの負担によって行うことができると解することができ、この解釈が合理的であるように考えられないではない。しかし、賃借人が賃貸物の修繕を行う場合、賃貸物の所有権を侵害するとの指摘を受けるおそれがあるし、賃借人が賃貸人の意思を無視して修繕を行うと、修繕の範囲・仕方をめぐる紛争が生じやすい上、大規模な修繕が行われると、賃貸借の存続期間に影響を与えるおそれがあり、賃貸人との紛争を誘発しやすい。例えば、建物の賃貸借契約において賃借人が自らの責めに帰すべき事由によって賃貸建物が大規模に損傷したような場合、賃貸人が賃貸建物の滅失による賃貸借の終了を主張したり、賃借人の債務不履行を理由として賃貸借契約を解除したりすることがあるが、建物の修繕が実施され、これを放置すると、建物の滅失が認められないだけでなく、建物の耐用年数が延び、賃貸借契約の解除も、期間満了による終了も、解約申入れも認められなくなる可能性が高まる。

　また、この事例の場合、賃貸人が修繕をしないままに放置すると、賃借人の生活、事業に損害が発生し、人格権の侵害、営業権の侵害等をめぐる紛争に発展するおそれもある。

　さらに、賃借人としては、修繕を要する事態が誰の責めに帰すべき事由であるかにかかわりなく、自ら修繕を行い、その費用を必要費、有益費として賃貸人に償還請求することも考えられ（現行民法608条。賃借人のこのような対応は、賃借人の修繕権そのものを認めるものではないが、間接的に修繕権を認めたのと同様な効果が生じることがある）、実際にそのような対応をした賃借人がいるが、この場合にも必要費、有益費の償還等をめぐる紛争が生じることがある。

　このような事態に備え、改正民法は、607条の2を新設し、賃借人による修繕を認めているが、賃借人による修繕が認められる場合であって

も、修繕の必要性・可能性、修繕の範囲・相当性、賃借人の債務不履行、賃貸人による賃貸借の解除の当否、賃借人の賃借物の所有権侵害、賃貸借の終了の有無等をめぐる諸問題は別途生じることになる。

　改正民法606条1項ただし書は、現行民法の下においても当然のことと解されてきた理論を明文化したものであるが、この規定の適用をめぐる問題の諸相は複雑であり、個々の事案ごとに検討すべき課題が多々ある。

(8)　賃貸物の修繕をめぐる紛争を未然に防止するためには、修繕義務の要件、修繕義務者の所在、修繕の範囲・内容、修繕費用の負担・決定手続等につき明確にする特約（修繕特約とか、修理特約と呼ばれている）を締結することが重要であり、建物の賃貸借契約の場合には、その内容は様々であるが、修繕特約が広く利用されている。

　建物の賃貸借契約における修繕特約は、契約の目的、建物の種類・構造・建築年等の事情によって様々な内容の特約が利用されているが、居住用の建物の賃貸借契約の場合には、原則として賃借人が修繕義務を負う、原則として賃貸人が修繕義務を負う、躯体部分の修繕を除き、賃借人が修繕義務を負う、大規模な修繕を除き、賃借人が修繕義務を負うとか、帰責事由によって修繕義務を負うなどの内容の特約が見られる。

　改正民法の下においては、前記のとおり、賃借人の責めに帰すべき事由によってその修繕が必要になった場合を除き、賃貸人が修繕義務を負うのが原則であることに照らすと、個人とか、消費者が賃借人である建物の賃貸借契約については、賃借人に過大な負担を負わせる修繕特約は、公序良俗違反（現行民法90条）、あるいは消費者契約法10条により無効とされる可能性がある。

　なお、建物の賃貸借契約における修繕特約は、原状回復に関する様々な内容の特約（原状回復特約）に関連するところがあり、これと併せて特約が締結されることがある（原状回復特約をめぐる判例、裁判例については、後記の改正民法621条の解説参照）。

(9)　改正民法606条2項は、改正民法の改正の対象になっておらず、現行民法606条2項の内容がそのまま維持されている。改正民法606条2項の解釈は、従来のままである。

　賃貸人が賃貸物の保存に必要な行為をしようとするときは、これは、

賃貸人の権利でもあり（賃貸人の義務でもある）、賃借人がこれを拒絶することはできず、受忍義務を負うものである。この規定は、わざわざ明文で定めるほどの内容ではないとも思われるが、前記のとおり、賃貸物、特に賃貸建物の修繕をめぐる紛争が発生した場合には、賃貸物が賃借人の占有下にあることを考慮すると、明文で定める意味があると考えられる。

◆修繕義務の成否、範囲そのものが問題になった最高裁の判例が見当たらないが、その考え方を窺うことができる判例としては、次のようなものがあり、改正民法においても妥当する。
【参考判例】
①最二判昭和29年6月25日民集8巻6号1224頁、判時31号5頁、判タ41号33頁
　映画館用建物及びその附属設備の賃貸借における「雨漏等の修繕は賃貸人においてこれをなすも、営業上必要なる修繕は賃借人においてこれをなすものとする」との特約の意味が問題になった事案について、次のとおり判示している。
「原審は、本件賃貸借契約に存する「雨漏等の修繕は賃貸人においてこれをなすも、営業上必要なる修繕は賃借人においてこれをなすものとする」との条項は、単に賃貸人たる上告人の修繕義務の限界を定めたもので、賃借人たる被上告人中村にその営業上必要な修繕の義務を負わしめた趣旨のものではないと判断し、もつて中村が右約旨に基づく修繕義務を怠つたことを理由とする上告人の解除の主張を排斥した。しかしながら、原判決が右判断の理由として判示したところは、(1)賃借人の営業上必要な修繕を賃借人の賃貸借契約上の義務として負担させることはそれ自体道理に合わないこと、及び(2)本件賃貸借については賃料以外に減価消却金をも支払う旨の条項があるので、その上更に前記修繕義務までも賃借人に負担させることは通常人間の取引では考えられないこと、の2点につきるものである。けれども、本件賃貸借の目的たる建物2棟がともに映画館用建物で、これに備付の長椅子その他の設備一切をも貸借の目的としたものであることは、原判決の確定するところであつて、これら賃貸借の目的物がその使用に伴い破損等を生じた場合、これに適切な

⑩ 改正民法606条（賃貸人による修繕等）・現行民法606条（賃貸物の修繕等）

修繕を加えて能う限り原状の維持と耐用年数の延長とをはかることはもとより賃貸人の利益とするところであるから、たとい右修繕が同時に賃借人の営業にとり必要な範囲に属するものであつても、その範囲においてこれを貸借人の賃貸人に対する義務として約さしめることは、何ら道理に合わないこととなすべきではない。また、いわゆる減価消却金とはいかなる趣旨のものかにつき原判決は何ら説示するところがないので、賃料の外右減価消却金をも支払う旨の条項があるからといつて、なぜ修繕義務を賃借人に負担させることが通常人間の取引においては考えられないのか、その理由を首肯せしめるに足らない。要するに原判決は、理由をつくさずして上告人の解除の主張を排斥した違法あるに帰するものであつて、この点においてすでに破棄を免れない。」

②最三判昭和35年4月26日民集14巻6号1091頁、判時223号19頁、判タ105号51頁

朽廃時期の迫った賃貸家屋に対する大修繕の必要がある場合に借家法1条ノ2所定の正当事由があるかが直接に問題になったものであるが、その前提として修繕義務の限界が問題になった事案について、次のとおり判示している。

「論旨は、原判決が、家屋保存の必要上その修繕のため、その家屋の賃貸借を解約し得ると判断したのは、民法606条、借家法1条の2の解釈を誤つたもので、違法であると主張する。

しかし、賃借家屋の破損腐朽の程度が甚しく朽廃の時期に迫まれる場合、賃借人たる家屋の所有者は、その家屋の効用が全く尽き果てるに先立ち、大修繕、改築等により、できる限りその効用期間の延長をはかることも亦、もとより所有者としてなし得る所であり、そのため家屋の自然朽廃による賃貸借の終了以前に、意思表示によりこれを終了せしめる必要があり、その必要が賃借人の有する利益に比較衡量してもこれにまさる場合には、その必要を以つて家屋賃貸借解約申入の正当事由となし得るものと解すべきを相当とするのであつて、かかる場合にまで常に無制限に賃貸借の存続を前提とする賃貸人の修繕義務を肯定して賃借人の利益のみを一方的に保護しなければならないものではない。

本件についてみるに、原審認定の事実関係によれば、本件家屋は、原判示の如く腐朽破損が甚しいため姑息な部分的修繕のみで放置するとき

は、天災地変の際倒壊の危険すら予想せられ、改築にも等しい原判示程度の大修繕を施さない限り早晩朽廃を免れないものとせざるを得ない。而して本件家屋賃貸借の実状殊にその賃料の額に徴し、また前記の如き大修繕の必要と被上告人が解約を申入れるに至つた原判示経過とをも併せて考慮するときは、上告人が本件家屋賃貸借により有する利益を比較衡量しても、被上告人が上告人に対し本件家屋賃貸借の解約を申入れるにつき正当事由のあることを肯定すべきものとするのが相当である（昭和28年㈺第1408号同29年7月9日第二小法廷判決、民集8巻7号1338頁、昭和32年㈺1180号同33年7月17日第一小法廷判決参照）。」

③最一判昭和43年1月25日判時513号33頁

　賃貸借契約書中に記載された「入居後の大小修繕は賃借人がする」旨の条項の解釈が問題になった事案について、次のとおり判示している。

　「所論の点に関する原審の事実認定は、原判決挙示の証拠関係に照らして首肯でき、その認定の過程に所論違法はない。右認定による原判示の事実関係のもとにおいては、所論賃貸借契約書中に記載された「入居後の大小修繕は賃借人がする」旨の条項は、単に賃貸人たる上告人が民法606条1項所定の修繕義務を負わないとの趣旨であつたのにすぎず、賃借人たる被上告人が右家屋の使用中に生ずる一切の汚損、破損個所を自己の費用で修繕し、右家屋を賃借当初と同一状態で維持すべき義務があるとの趣旨ではないと解するのが相当であるとした原判決の判断は、正当である。原審が右判断をなすにつき、所論乙第六号証の二に記載された約旨をも考慮していることは、その判文に照らして明らかであつて、原判決には、所論違法はない。」

◪賃貸物に修繕が必要な事態が生じた場合、賃借人の賃料支払義務との関係が問題になることがあるが、この問題を取り扱った最高裁の判例としては、次のようなものがあり、改正民法においても妥当する。

【参考判例】

①最二判昭和34年12月4日民集13巻12号1588頁

　賃借土地の使用に事実上の支障がある場合における賃料支払義務の有無が争点になった事案について、次のとおり判示している。

　「原審が適法に確定した事実によれば、本件で問題となつた昭和22年7

月から昭和23年6月までの間本件土地に対する上告人の使用収益が全面的に不能であつたものとは認められないから、上告人が右期間における賃料の支払義務を当然に免れたものということはできない。」
② 最二判昭和37年8月10日裁判集民事62号123頁
　　賃借家屋に生じた腐敗損傷を理由に修繕義務と賃料支払義務の同時履行関係又は賃料の当然減額を主張できないとしたものである。
③ 最一判昭和38年11月28日民集17巻11号1477頁、判時363号23頁、判タ157号57頁
　　賃貸家屋の修繕義務の不履行を理由に賃料支払を拒絶できないかが問題になった事案について、次のとおり判示している。
「本件家屋につき、昭和29年7月以降においては、その破損、腐蝕等の状況は、居住の用に耐えない程、あるいは、居住に著しい支障を生ずる程に至つていないとした原審の認定は、挙示の証拠に照らし是認できないことはなく、また、その賃料が地代家賃統制令の統制に服するものであることは原審の確定するところである。以上の事実関係の下においては、被上告人の修繕義務の不履行を理由に、賃料全部の支払を拒むことを得ないとした原審の判断は正当と認められ、所論民法606条1項の解釈を誤つた違法ありとすることはできない。」
④ 最二判昭和40年9月10日裁判集民事80号251頁
　　賃借人が賃貸人の賃貸家屋修繕義務の不履行を理由に賃料支払を拒絶できないとしたものである。

11 現行民法607条（賃借人の意思に反する保存行為）

(1) 現行民法607条は、改正民法の改正の対象になっておらず、従前の解釈がそのまま維持される。

(2) 現行民法607条の内容は、次のとおりである。

【現行民法】

（賃借人の意思に反する保存行為）
第607条　賃貸人が賃借人の意思に反して保存行為をしようとする場合において、そのために賃借人が賃借をした目的をすることができなくなるときは、賃借人は、契約の解除をすることができる。

(3) 現行民法607条は、前記の改正民法606条2項を受けたものであり、賃貸人が賃貸物の保存に必要な行為をしようとした際、賃借人は、その意思に反するとしても、これを拒むことはできないところ、賃借人がこれによって不利益を受けることがある。現行民法607条は、保存行為が賃借人の意思に反するものであり、しかもそのために賃借人が賃借をした目的をすることができなくなるときは、賃借人は、賃貸借契約を解除することができるとし、賃借人を保護しようとするものである。

12 改正民法607条の2（賃借人による修繕）

(1) 改正民法607条の2は、新設された規定であるが、その内容は、次のとおりである。

> 【改正民法】
>
> （賃借人による修繕）
> 第607条の2　賃貸物の修繕が必要である場合において、次に掲げるときは、賃借人は、その修繕をすることができる。
> 　一　賃借人が賃貸人に修繕が必要である旨を通知し、又は賃貸人がその旨を知ったにもかかわらず、賃貸人が相当の期間内に必要な修繕をしないとき。
> 　二　急迫の事情があるとき。

(2) 改正民法607条の2は、改正民法606条1項の賃貸人による修繕等に関する規定に関連するものである。

　改正民法606条1項について説明したが、前記のとおり、賃貸物に修繕が必要な事態が生じた場合、賃貸人は、賃借人の責めに帰すべき事由によってその修繕が必要になったときを除き、修繕義務を負うことになる。賃貸人が修繕義務を履行しない場合、賃借人が修繕をすることができるかの問題が生じ、現行民法の下においては、これを肯定する見解が多いところ（これは、賃借人に修繕する権限を認めるものであるが、この見解を前提として修繕の要件、範囲、手続につき議論がある）、改正民法607条の2は、このような見解を背景として新設されたものである。

　なお、改正民法607条の2の柱書である「賃貸物の修繕が必要である場合」の要件のうち、修繕が必要であるかは、賃借人の賃貸物の使用・収益に支障が生じている状態のことであるが、著しい支障の程度であることを要するか等の問題がある。

(3) 改正民法607条の2は、賃借人が賃貸物の修繕が必要な事態が生じた場合に修繕をすることができる権限、権利を認めるものであるが、本条にいう「賃貸物の修繕が必要である場合」には、賃貸人の責めに帰することができない事由による場合だけでなく、「賃借人の責めに帰すべき事由によってその修繕が必要になったとき」も含まれるかである。

　改正民法607条の2の柱書の「賃貸物の修繕が必要である場合」は、

修繕を必要とする事態の原因が賃貸人、賃借人の責めに帰すべき事由を問わない文言になっていることに照らすと、「賃借人の責めに帰すべき事由によってその修繕が必要になったとき」も含まれると解することができる。

　もっとも、賃借人の責めに帰すべき事由によって賃貸物の修繕が必要になった場合においては、賃貸人が賃貸借契約の終了を希望し、賃借人の責任を問い、修繕に反対する等の事例が生じることが少なくなく、賃借人の修繕をめぐる紛争が生じやすく、賃借人が自ら修繕を行うとしても、賃貸人との協議、合意を図ることに配慮すべきであるが、修繕の必要性が残ることは否定できないこと、緊急の事情があるときは、賃借人が修繕をすることもやむを得ないこと、賃借人が修繕を必要とする事態を生じさせ、修繕を自ら行ったことに伴う賃借人の損害賠償責任、賃貸借契約の解除、賃貸借契約の終了等の諸問題は別途検討し、解決することができることにも留意することも必要である。

(4)　改正民法607条の2柱書所定の賃借人による修繕が認められる場合の要件をめぐって予想される議論は前記のとおりであるが、同条は、さらに賃借物につき修繕が必要な場合に広く賃借人による修繕を認めるものではない。賃借人が修繕をすることによる法的な問題の諸相は前記のとおりであり、賃借人による修繕を広く認めるべき根拠を欠くだけでなく、深刻な紛争が発生するおそれもある。

　改正民法607条の2の各号は、賃借人による修繕を認める要件を相当に厳格な場合に限定しているものである。

　1号は、賃借人が賃貸人に修繕が必要である旨を通知し、又は賃貸人がその旨を知ったにもかかわらず、賃貸人が相当の期間内に必要な修繕をしないときを要件とするものである。

　2号は、急迫の事情があるときを要件とするものである。2号の急迫の事情は、賃貸人の責めに帰すべき事由、不可抗力等の賃貸人・賃借人の責めに帰することができない事由、賃借人の責めに帰すべき事由によって生じ得るが、賃借人による賃貸物の使用・収益に著しい支障が生じ、緊急にその支障を除去する等し、適切な使用・収益ができる状態に復旧すべき緊急の必要性が高い場合であることが必要である。しかし、注意すべきことは、賃貸人にしろ、賃借人にしろ、賃貸物の修繕が認め

られるためには、修繕の必要性だけでなく、修繕の可能性・相当性が認められることが必要であり、例えば、賃借物がほとんど損傷し、滅失したとか、修繕に多額の費用が必要である等の事情がある場合には、賃借人が自ら修繕する権利は否定されるべきである。

(5) 改正民法606条について説明したところであるが、賃貸借契約において賃貸物の修繕・修理に関する特約が設けられることがあり、特に建物の賃貸借契約においては利用されることが多い。修繕特約の内容は多様であるが、建物の種類・構造・用途、賃貸借の目的・経緯、当事者の属性等の事情に即して、合理的で具体的な内容の特約を定め、利用することが重要である。このような修繕特約の内容を検討し、締結するに当たっては、賃借人の修繕権限、改正民法607条の2の内容にも配慮することが相当である。

13　現行民法608条（賃借人による費用の償還請求）

(1) 現行民法608条は、改正民法の改正の対象になっておらず、従前の解釈がそのまま維持される。
(2) 現行民法608条の内容は、次のとおりである。

【現行民法】

（賃借人による費用の償還請求）
第608条　賃借人は、賃借物について賃貸人の負担に属する必要費を支出したときは、賃貸人に対し、直ちにその償還を請求することができる。
2　賃借人が賃借物について有益費を支出したときは、賃貸人は、賃貸借の終了の時に、第196条第２項の規定に従い、その償還をしなければならない。ただし、裁判所は、賃貸人の請求により、その償還について相当の期限を付与することができる。

(3) 現行民法608条は、改正民法によって改正されていないから、従前の解釈、判例、裁判例がそのまま妥当する。
　　最高裁の判例においては、必要費、有益費の定義、判断基準を明確にしたものは見当たらない。
　　現行民法608条は、占有者による費用償還請求に関する同法196条と同趣旨の規定であり、これを賃貸借の特性に合わせて定められているものである。
(4) 現行民法608条１項の必要費は、賃貸物の原状を保存し、維持し、あるいは原状に回復するために必要な費用であるということができる。賃貸物の原状については、物理的な観点だけをいうのか、機能的な観点によるものも含むかが問題になるが、後者の観点からの必要な費用も必要費に含まれ得るということができる。
　　賃借人が賃借物につき必要費を支出した場合、その必要な事態を生じさせた原因が賃借人の責めに帰することができるときは、賃借人が費用を負担すべきであるし、賃借人の負担とする特約があるときも、同様であり、これらの場合には、賃借人は、賃貸人に必要費の償還を請求することができない。
　　賃借人が償還を請求することができるのは、賃借物につき必要費を支

出し、その費用が賃貸人の負担となる根拠がある場合であり、賃借人が必要費を支出したら、事情を問わず、償還を請求することができるわけではない。

　賃借人が賃借物につき賃貸人の負担に属する必要費を支出した場合、賃貸借契約の終了を待たず、いつでも必要費の償還を請求することができる。

　必要費の償還請求権については、通常の消滅時効の適用を受けるほか、使用貸借における費用償還請求の期間の制限に関する規定が準用され（改正民法622条による同法600条1項の準用。なお、改正民法600条は、2項が新設され、1項そのものは改正されていない）、徐斥期間の対象になっている。

(5)　現行民法608条2項所定の有益費は、賃借物に改良を加え、効用を高め、価値を増すために要した費用であるということができるが、同条項は、賃借人に賃貸人に対するその増加価値又は費用の償還請求をすることを認めるものである。現行民法608条2項を適用するに当たっては、同法196条2項に従うことが必要であるから、同法196条も適用されるものである。

　現行民法608条2項によって賃借人が有益費の償還請求をすることができるためには、賃借人が賃借物につき有益費を支出したこと、賃借物の改良によって価格の増加が現存することが要件になる。

　賃借人は、有益費を支出した場合には、支出した金額又は増加額のどちらかを選択し、賃貸人に償還を請求することができる。

　賃借人が有益費の償還を請求することができる時期は、賃貸借契約の終了時であるが（現行民法608条2項本文）、賃貸人は、裁判所に、その償還につき相当の期限を付与することを請求することができ、裁判所は、相当の期限を付与することができることになっている（同条項ただし書）。

　有益費の償還請求権については、通常の消滅時効の適用を受けるほか（消滅時効の起算日は、賃貸借契約の終了時又は相当の期限の到来時である）、使用貸借における費用償還請求の期間の制限に関する規定が準用され（改正民法622条による同法600条1項の準用）、徐斥期間の対象になっている。

(6) 必要費・有益費の償還請求権については、留置権（現行民法295条）、先取特権が認められている（同法307条、321条、326条）。
　また、建物所有を目的とする土地の賃貸借における建物買取請求権（借地借家法13条）、建物の賃貸借における造作買取請求権（同法33条）も費用償還請求権と同旨の制度である。
(7) 必要費、有益費をめぐる問題は、前記の修繕をめぐる問題と重複するところがあるが、賃借人が賃貸人の承諾を得ることなく、賃貸物に手を加えた場合には、賃貸物の所有権侵害とか、賃借人の賃貸借契約上の用法違反、保存違反等に係る善管注意義務違反の問題が生じることがある。これらの問題は、賃貸借契約の解除の問題に発展しがちであることも賃貸借の実務の実情である。

◆**必要費・有益費等に関する最高裁の判例としては、次のようなものがあり、改正民法においても参考になる。**
【参考判例】
①最一判昭和29年3月11日民集8巻3号672頁、判タ39号53頁
　建物の賃借人が借家権及び造作代又は造作権利増金の名義で賃貸人に交付した金員は賃貸借終了後その返還を求めることができるかが問題になった事案について、次のとおり判示している。
　「上告人が大正13年10月1日本件建物を借受け同年同月27日借家権及び造作代名義で14,000円、昭和2年12月5日及び同年同月19日の2回に造作権利増金名義で各1,250円宛計2,500円を被上告人の前主に交付したこと並びに上告人がその後昭和16年7月18日まで十数年間本件建物を賃借使用したことは、原判決が適法に確定したところである。従つて、右金員が原判決の認定したように、本件賃貸借の設定によつて賃借人の享有すべき建物の場所、営業設備等有形無形の利益に対して支払われる対価の性質を有するものである限り、上告人が前述のように既に十数年間も本件建物を賃借使用した以上は、格段な特約が認められない本件では、賃貸借が終了しても右金員の返還を受け得べきものでないというまでもないものといわなければならない。……
　……
　借家法5条にいわゆる造作とは、建物に附加せられた物件で、賃借人

の所有に属し、かつ建物の使用に客観的便益を与えるものを云い、賃借人がその建物を特殊の目的に使用するため、特に附加した設備の如きを含まないと解すべきであつて、これと同趣旨に出でた原判示は正当であり、論旨は異る見解の下に原判決の事実認定を非難するものであつて、採用することはできない。」

②最一判昭和49年3月14日裁判集民事111号303頁

　賃貸建物に関して支出する必要費、有益費の償還請求権を予め放棄する旨の特約は、借家法6条に抵触しないとしたものである。

14 現行民法・改正民法609条（減収による賃料の減額請求）

(1) 改正民法609条は、現行民法609条に若干の改正を行っているが、その内容は、次のとおりである。

【改正民法】

（減収による賃料の減額請求）
第609条　耕作又は牧畜を目的とする土地の賃借人は、不可抗力によって賃料より少ない収益を得たときは、その収益の額に至るまで、賃料の減額を請求することができる。

(2) 現行民法609条の内容は、次のとおりである。

【現行民法】

（減収による賃料の減額請求）
第609条　収益を目的とする土地の賃借人は、不可抗力によって賃料より少ない収益を得たときは、その収益の額に至るまで、賃料の減額を請求することができる。ただし、宅地の賃貸借については、この限りでない。

(3) 改正民法609条は、現行民法の「収益を目的とする」を「耕作又は牧畜を目的とする」に変更すること、現行民法のただし書である「ただし、宅地の賃貸借については、この限りでない。」を削除することとするものである。

現行民法609条は、最近問題となることがほとんどなかった規定であり、民法改正の審議においてもその廃止が提案されたほどである。また、土地の賃貸借のうち重要な賃貸借である建物所有を目的とする土地の賃貸借（借地）については、借地法12条、借地借家法11条の適用によって対応することができ、現行民法609条ただし書も、宅地の賃貸借を同条の適用から除外していたところである。

(4) もっとも、土地の賃貸借は、宅地の賃貸借、借地に限られるものではなく、農地の賃貸借も広く利用され、重要な賃貸借であることに異論がないところであり、農地の賃貸借においてはその収益が自然等による不可抗力に大きく影響を受けることがあるから、現行民法609条を適用すべき根拠があるということができる。

改正民法609条は、このような背景から、耕作又は牧畜を目的とする

土地の賃貸借について、現行民法と同様な減収による賃料の減額請求制度を維持しているものである。

　もっとも、改正民法609条による改正の影響は、従来、実際上、適用されることの少ない条文であったことに照らすと、改正の影響は極めて限定的であるということができる。

15　現行民法610条（減収による解除）

(1)　現行民法610条は、改正民法の改正の対象になっておらず、従前の解釈がそのまま維持されるが、実質的には、現行民法610条の適用の前提となる現行民法609条が前記のとおり改正されているため、これに伴った変更がある。

(2)　現行民法610条の内容は、次のとおりである。

【現行民法】

（減収による解除）
第610条　前条の場合において、同条の賃借人は、不可抗力によって引き続き2年以上賃料より少ない収益を得たときは、契約の解除をすることができる。

(3)　現行民法610条は、最近問題となることがほとんどなかった規定であり、その規定の合理性に対する批判が強く、民法改正の審議においてもその廃止が提案されたほどである。

　　前記のとおり、現行民法609条が廃止の提案から特定の分野に限定した規定として存続したことに伴い、現行民法610条も、同様な分野に限定して存続したものである。

(4)　現行民法610条が適用されるのは、「前条の場合において」であり、文言の変更はないが、前条である現行民法609条が「収益を目的とする」土地の賃貸借から「耕作又は牧畜を目的とする」土地の賃貸借に変更されたため、実質的には、現行民法610条も変更されているものである。

16 現行民法611条(賃借物の一部滅失による賃料の減額請求等)・改正民法611条(賃借物の一部滅失等による賃料の減額等)

(1) 改正民法611条は、現行民法611条に若干の改正を行っているが、その内容は、次のとおりである。

【改正民法】

(賃借物の一部滅失等による賃料の減額等)
第611条　賃借物の一部が滅失その他の事由により使用及び収益をすることができなくなった場合において、それが賃借人の責めに帰することができない事由によるものであるときは、賃料は、その使用及び収益をすることができなくなった部分の割合に応じて、減額される。
2　賃借物の一部が滅失その他の事由により使用及び収益をすることができなくなった場合において、残存する部分のみでは賃借人が賃借した目的を達することができないときは、賃借人は、契約の解除をすることができる。

(2) 現行民法611条の内容は、次のとおりである。

【現行民法】

(賃借物の一部滅失による賃料の減額請求等)
第611条　賃借物の一部が賃借人の過失によらないで滅失したときは、賃借人は、その滅失した部分の割合に応じて、賃料の減額を請求することができる。
2　前項の場合において、残存する部分のみでは賃借人が賃借した目的を達することができないときは、賃借人は、契約の解除をすることができる。

(3) 改正民法611条は、まず、1項において、現行民法611条1項の「賃借物の一部が……滅失したとき」を「賃借物の一部が滅失その他の事由により使用及び収益をすることができなくなった場合」に変更している。なお、現行民法611条1項の「賃借人の過失によらないで」の部分は、改正民法611条1項の「それが賃借人の責めに帰することができない事由によるものであるとき」に該当するものであり、表現振りは変更されているが、その意味は同じである。

次に、改正民法611条2項は、現行民法611条2項の「前項の場合において」を「賃借物の一部が滅失その他の事由により使用及び収益をすることができなくなった場合において」に変更している。

改正民法611条1項、2項によるこのような改正は、現行民法611条1項が賃借人の減額請求を認めていたのに対し、改正民法の下においては当然減額の効果が生じること、現行民法611条2項の賃借人の解除権が賃借人に帰責事由がある場合には認められなかったのに対し、改正民法の下においては賃借人の解除権が認められることの違いがあるものの、賃貸借の実務にさほどの影響を及ぼす改正ではない。

(4) 賃貸借契約の継続中、賃貸借の目的物(民法においては、賃貸物とか、賃借物と呼ばれている)が全部又は一部滅失する事態が生じることがある。例えば、建物の賃貸借契約においては、建物が全焼、倒壊等によって滅失する事態が生じることがあるが、建物所有を目的とする土地の賃貸借契約においては、敷地である土地が海に沈下することが滅失した事例になるものの、このような事態は極めて稀であろう。土地の賃貸借契約において敷地上の建物が滅失することは、賃貸借の目的物の滅失には該当しないが、傾斜地が賃貸借の目的物であった場合、傾斜地が崩壊する等した場合、復旧の可能性があることから、滅失に該当するかは微妙であり、事案ごとに判断するほかはない。

賃貸借の目的物が全部滅失した場合、賃貸借契約は、賃貸人の履行不能となり、終了することになる。滅失の原因によっては、賃貸人又は賃借人が損害賠償責任を負うことがあるが、賃貸借契約の終了とは、別途検討すべき問題である。

賃貸借の目的物の滅失は、従来、物理的な意味における滅失と解されることが多かったが、その後、機能的に目的物を全く使用・収益できない状態になった場合にも、滅失と理解する見解が広がってきた。特に阪神・淡路大震災において被災地の建物の被災の状況に照らし、物理的に全部滅失ということができないものの、機能的に全部滅失したと解することが合理的であると考え、様々な被災の事態に対応してきたところである(なお、筆者は、阪神・淡路大震災の際、民法の財産法を所管する法務省民事局参事官を務めており、この問題を担当していた)。

賃貸借契約の目的物の全部滅失が生じた場合の法的な効果について、

民法には明文の規定がないが、理論的に前記の法理によることが当然であると解されている。

これに対し、賃貸借契約の目的物が一部滅失したにとどまる場合、賃貸借契約にどのような影響が及ぶかを取り扱ったのが、民法611条である。なお、賃貸借の実務上は、全部滅失か、一部滅失かの判断が容易でない事例は多々あり（全部滅失といっても、賃貸借の目的物が跡形もなく存在しなくなるという限定的な意味ではない）、この判断によって賃貸人、賃借人らに与える影響が異なることから、全部滅失・一部滅失をめぐる紛争が生じる事例も少なくないし、特に大震災等の際には紛争になる事例が多数を数えることもある。

また、賃貸借の実務においては、一部滅失の場合には、修繕義務、修繕費用の負担等の修繕をめぐる問題が生じることが少なくないし、建物の賃貸借契約の場合には、借地借家法32条所定の賃料減額請求をめぐる事情の一つとして問題が生じることもある。

(5) 改正民法611条1項により賃料の減額の効果が認められる要件は、賃借物の一部が滅失その他の事由により使用及び収益をすることができなくなったこと、それが賃借人の責めに帰することができない事由によるものであることである。これらの要件については、賃料減額の効果を享受する賃借人が立証責任を負うものである。

前記のとおり、現行民法611条1項の下においては、賃借物が一部滅失したことと賃借人の過失によらないことが要件であり、賃借物の使用及び収益をすることができなくなったことが明示されていなかったが、賃料が賃借物の使用・収益の対価であることから賃料減額請求権が認められていたことに照らすと、使用・収益の支障も当然のことであろう。

賃借物の一部滅失は、物理的な意味で解されがちであるため、改正民法611条1項は、賃借物の一部がその他の事由により使用及び収益をすることができなくなった場合も明示して、賃料減額の効果が生じる事由としているものである。この場合、「その他の事由」の意義が問題になることが多いと予想されるが、前記のとおり賃借物の使用・収益に機能的な観点から影響を与える場合が該当すると解することができる。

「使用及び収益をすることができなくなった場合」についても、その該当性をめぐる問題が生じることがあるが、単に賃借人が主観的な認識で

使用・収益の不能を判断するだけでは足らず、通常人を基準として賃借人の使用・収益不能が相当であると判断されるか、賃借人の使用・収益の不能に合理的な根拠があると判断されることが必要である。

(6) 賃借人が賃借物の一部が滅失その他の事由により使用及び収益をすることができなくなったと考えた場合、賃料減額をめぐる問題とともに、賃貸人の修繕等をめぐる問題が併せて生じることがある。例えば、建物の賃貸借契約の場合には、修繕の要否・程度、賃貸人の修繕義務の有無等をめぐる問題が紛争になったような場合には、従来は、特に建物の修繕が放置される等したときは、賃借人によって借家法7条、あるいは借地借家法32条に基づく賃料の減額請求がされることがあったし、逆に建物の修繕が行われたときは、賃貸人によって賃料の増額請求がされることがあった。現行民法の下において、建物の一部滅失があるとし、建物の賃借人から賃料の減額請求がされることもあれば、建物の一部滅失の有無が判然とせず、一部滅失の有無が争われ、修繕の要否等が併せて問題になるような場合には、借家法7条、借地借家法32条による賃料の減額請求がされる等し、現行民法611条1項の適用をめぐる問題状況は単純ではなかったものである。このような問題状況は、改正民法611条1項の下においても、さほど異なることはないと予想される。

(7) 改正民法611条1項所定の要件が認められる場合、その効果は、賃料が、その使用及び収益をすることができなくなった部分の割合に応じて、減額されるというものであり、当然に減額の効果が生じることである。

　現行民法611条の下においては、同条1項所定の要件が認められる場合には、賃借人が減額請求をすることが必要であったことに対し、現行民法611条1項は、減額請求をすることなく、当然に減額の効果が生じるとしたところに特徴がある。

　賃料が減額される減額幅は、賃借物の使用・収益をすることができなくなった部分の割合に応じた額であるが、個々の賃借物につき減額幅を判断することは必ずしも容易ではないどころか、相当に困難であることが少なくない。建物の賃貸借契約の場合には、賃貸建物の滅失等による使用・収益の不能といっても、建物の駆体、各種の設備等、使用・収益の不能の箇所が異なり、建物の使用・収益全体における不能になった箇

所の範囲・程度も異なり、使用・不能の期間も異なるし、その使用・収益の不能の賃料全体に占める割合も異なるものである。このような使用・不能の状態と賃料に対する割合を判断する基準を明確にする努力を続けることは重要であるが、容易ではない。

　なお、改正民法611条1項は、賃借物の滅失等の前記の要件が認められる場合の賃料の減額の問題を取り扱うだけであり、賃借物の滅失等の原因につき責任を負う者（賃貸人、賃借人ら）の損害賠償責任は別途検討し、判断することが必要であるが、賃料減額をめぐる紛争に併せて問題になることがある。

(8)　改正民法611条2項は、同条1項と同様な「賃借物の一部が滅失その他の事由により使用及び収益をすることができなくなった場合」における賃借人の解除権を取り扱うものである。

　改正民法611条2項は、現行民法611条2項と比較すると、賃借物の使用・収益の不能の事態が賃借人の責めに帰することができない事由によるものである場合、現行民法611条2項は、賃借権の解除権を認めないのに対し、改正民法611条2項は、この解除権を認めるという違いがある。

　また、改正民法611条2項は、現行民法611条2項と同様に、賃借人の解除権を認める要件として、さらに、「残存する部分のみでは賃借人が賃借した目的を達することができないとき」であることが必要であるとしている。

17 現行民法612条（賃借権の譲渡及び転貸の制限）

(1) 現行民法612条は、改正民法の改正の対象になっておらず、従前の解釈がそのまま維持される。

【現行民法】

（賃借権の譲渡及び転貸の制限）
第612条　賃借人は、賃貸人の承諾を得なければ、その賃借権を譲り渡し、又は賃借物を転貸することができない。
2　賃借人が前項の規定に違反して第三者に賃借物の使用又は収益をさせたときは、賃貸人は、契約の解除をすることができる。

(2) 現行民法612条は、賃貸物の賃借権の譲渡、賃貸物の転貸借をめぐる諸問題のうち、賃貸人との関係における適法な要件を定めるものである。

賃借権の譲渡、転貸が行われると、賃貸物の使用・収益者が交代し、使用者の信用、使用・収益の仕方が変化するおそれがあるため、賃貸人の承諾が必要であるとされている。

賃借権の譲渡がされると、譲渡した賃借人は賃貸借関係から脱退し、譲渡を受けた者が新たな賃借人になり、賃貸借関係は、同一性を維持して新賃借人に承継されることになる。

賃借人が転貸すると、賃貸物を転借人が使用・収益することになり、賃貸人と賃借人との間の賃貸借契約のほかに、賃借人（転貸人）と転借人との間の賃貸借契約（転貸借契約）が締結され、転貸借の法律関係が別途成立することになる。この場合、賃貸人・賃借人との間の賃貸借が原賃貸借、賃借人兼転貸人・転借人との間の賃貸借が転貸借と呼ばれることが多い。なお、原賃貸借・転貸借をめぐる紛争が生じた場合、サブリースの法律問題であるなどと表現されることがあるが、原賃貸借・転貸借をめぐる法律問題の一部がサブリースとして取り上げられていること、サブリースが原賃貸借を示す用語として使用されていることに注意が必要である。

賃借権の譲渡、転貸借の場合、賃貸物の使用・収益を行う者が当初の賃貸借の賃借人以外の者であることが特徴であるが、法律関係の内容は全く別個である。

(3) 現行民法612条1項は、賃借人が、賃貸人の承諾を得なければ、賃借権の譲渡、賃借物の転貸をすることができない旨を定めるが、賃貸人の承諾のない賃借権の譲渡に係る契約、転貸借契約が無効となるものではない。譲受人、転借人らは、賃貸人の承諾がなければ、賃貸人に対し賃借権の譲渡、転貸借を主張することができないとの意味であり、賃貸人との関係における適法要件というべきである。

　賃貸人の承諾を得る時期は、賃借権の譲渡、転貸の前後を問わないが、賃借権の譲渡等の後に賃借人の承諾が得られた場合には、賃借人の承諾のない時期は、原則として違法な賃借権の譲渡等が行われていたことになる。

　賃借人の承諾は、書面・口頭、明示・黙示を問わないが、賃貸借の実務においては紛争の予防の観点から書面による承諾が必要であるとの特約が設けられることが多い。

　また、建物の賃貸借の実務においては、賃借人が不動産業者である等の場合、譲渡・転貸自由の特約がされることが通常であり、賃借人が自己の判断と責任で転借人を募集し、選択することが多い。

(4) 賃貸人は、賃借人が賃借権の譲渡等をした場合、賃借人との間の合意がなければ、承諾をする義務を負うものではない。他方、賃借人は、賃借権の譲渡等をした場合、譲受人、転借人に対して賃貸人から承諾を得る義務を負うものであり、この義務違反による損害賠償責任、契約の解除が認められることがある。

(5) 転貸借契約が締結される場合、転貸借はその存続の基礎が原賃貸借にあるから、原賃貸借が終了した場合には、原則として転貸借も終了するが、この法理には例外があるから（後記の判例によっていくつかの例外となる事例が明らかにされている）、個々の事案の内容を検討して判断することが必要である。

(6) 原賃貸借と転貸借の関係は、別個の契約、法律関係であるが、前記の終了に関する法理が適用されるほか、原賃貸借契約、転貸借契約の双方において相互の関係が定められている等の場合には、各契約の解釈、あるいは合理的な解釈を介して、相互に影響を及ぼすものと解することができ、あるいはこのように解する必要があることがある。このような場合、直接的には契約関係のない賃貸人と転借人との間に、前記の解釈を

通じて特定の事項につき合意に係る法律関係が認められることがある。
(7) 現行民法612条2項は、通常、無断譲渡・転貸を理由とする賃貸借契約の解除と呼ばれる解除権を認めるものである。

現行民法612条2項に基づき賃貸人が解除権を得るには、第三者に賃借物の使用又は収益をさせたことが要件である。賃借権の譲渡に係る契約、転貸借契約が締結されたとしても、賃借人が賃貸物の使用・収益を継続している場合には、この要件を満たさないことになる。

現行民法612条2項は、同条1項に違反した場合に解除権が発生する旨を定めており、賃貸人の承諾のないことをも要件としているが、この承諾は、第三者の使用・収益を適法にする要件であることに照らすと、賃貸借の解除の効力を争う第三者（賃借権の譲受人、転借人等）、賃借人が立証責任を負う事項であると解するのが合理的である。

(8) 現行民法612条2項所定の解除をめぐる紛争は、多数の判例、裁判例として公表されており、様々な事例が見られるところである。

第三者の使用・収益を理由とする賃貸借契約の解除がされた場合、前記のとおり、第三者としては、賃貸人の承諾の存在を抗弁として主張することができるほか、判例上、信頼関係を破壊するに足りない特段の事情があることを抗弁として主張することができるとの法理が形成されている。この法理は、信頼関係の破壊の理論とか、背信性の理論と呼ばれることがあるが、特段の事情の存在について第三者、賃借人が立証責任を負うものである。この特段の事情の存否が争点になった判例は、後記のとおり、多数公表されている。

賃借人が賃借権の譲渡、転貸をし、譲受人等が賃貸物を使用・収益し、譲渡等が終了した後、賃貸人が現行民法612条2項に基づき賃貸借契約を解除した場合、使用・収益の終了によって信頼関係の破壊が否定されるものではない。

また、判例の中には、現行民法612条2項所定の「第三者」に該当するかが争点になった事例もあり、例えば、賃借人の同居の家族が使用・収益した場合、個人事業者が法人成りした場合等について第三者に該当することが否定され、賃貸人の解除の効力が否定されることもある。

◆転貸借の法律関係が問題になった最高裁の判例としては、次のようなものがあり、改正民法においても妥当する。
【参考判例】
①最一判昭和31年4月5日民集10巻4号330頁、判タ59号57頁
　賃貸借の合意解約により転借権が当然消滅するかが問題になった事案について、次のとおり判示している。
　「原審の認定した事実によれば、被上告人は、近く予想せられた今村秀之助の本件家屋退去に至るまでの間を限つて、その家屋の一部の転借につき、上告人の代理人に対し承諾を与えたものであつて、上告人側も当初より右事実関係を了承していたものであることがうかがえるから、上告人の転借権が、被上告人と訴外今村秀之助との賃貸借の終了により消滅するとした原判決には、所論のような経験則違背はなく、また民法1条違反も認められない。」
②最二判昭和38年4月12日民集17巻3号460頁、判時338号22頁、判タ146号62頁
　建物の賃貸借契約の合意解除を転借人に対抗できるかが問題になった事案について、次のとおり判示している。
　「原判決の確定した事実によれば、本件賃借人と転借人とは判示のような密接な関係をもち、転借人は、賃貸人と賃借人との間の明渡に関する調停および明渡猶予の調停に立会い、賃貸借が終了している事実関係を了承していたというのであるから、原判決が、本件転貸借は賃貸借の終了と同時に終了すると判断したのは正当であつて、所論の違法は認められない。」
③最三判昭和39年12月15日裁判集民事76号519頁
　家屋賃借人が、賃借家屋の一部を賃貸人の承諾を得て他に転貸した場合において、転借人がその後賃貸人から当該家屋の譲渡を受けてその所有権を取得したときは、転借人において賃貸人の地位を承継し、爾後は自ら賃借人に対して右家屋全部の使用収益をなさしめる義務を負うことになるのであり、転借人において当該転借部分の使用収益をなしうるのは、賃借人との間の転貸借関係に基づくものであり、転借人の当該家屋所有権取得により転貸借が当然消滅するものではないとしたものである。

④最二判昭和40年2月12日判時404号26頁、判タ176号99頁

　　土地賃貸人の転借人に対する所有権に基づく土地明渡請求が権利の濫用に当たるかが問題になった事案について、次のとおり判示している。
　「原判示のような経緯のもとで被上告人に結局本件土地の明確な占有権がなくなるや、上告人が一転して事前に誠意ある話合をすることもなく、突然被上告人に対し自己の所有権を主張して本件土地の明渡を求めるに至つたことを目して、上告人自らが抱かしめた被上告人の期待を一方的に無視し、被上告人に全く予期しない負担と損害を及ぼすものであつて、あまりにも他の困惑を顧みない自己本位の権利の主張に外ならず、まさに権利の濫用に当ると判断したことは、原判決挙示の証拠関係およびこれによつて認定された事実関係を併せ考えれば、正当として是認できるところであつて、原判決が民法1条ノ3を誤つて適用したとの所論は、独自の見解として採用の限りでない。」

⑤最一判昭和47年6月15日民集26巻5号1015頁、判時674号69頁、判タ279号194頁

　　賃貸家屋の一部の無断転貸を理由に賃貸借契約が解除された後、当該家屋を譲り受けた転借人の賃借人に対する明渡請求が許されるかが問題になった事案について、次のとおり判示している。
　「原審の確定したところによれば、訴外島本秀次郎から本件家屋を賃借していた上告人は、昭和36年2月20日、本件家屋の階下部分を被上告人に転貸したところ、その後島本から本件家屋を買い受けて賃貸人の地位を承継した訴外株式会社万成社は、同39年1月29日、上告人に対し、被上告人への無断転貸を理由に賃貸借契約を解除する旨の意思表示をし、さらに、被上告人は、同年6月27日、万成社から本件家屋を買い受けてその所有権を取得したものであり、なお、右転貸につき、当時賃貸人島本が明示または黙示の承諾を与えた事実は認められないというのである。そして、右賃貸借契約解除の原因をみずから作り出した被上告人が、その事情を知りながら、後日本件家屋の所有権を取得し、右解除による賃貸借の終了を主張して、上告人に対し本件家屋2階部分の明渡を求めることは、信義則に反し許されない旨の上告人の主張に対して、原審は、被上告人が転借にあたり、賃貸人の管理人の了解を得てもよい旨を上告人に申し出で、上告人は被上告人がその責任で賃貸人の承諾を受

けるものと考え、承諾の有無を確かめることなく転貸借契約を締結したこと、しかも、その後上告人において賃貸人側に転貸の事実を隠そうとする態度があつたものと窺われること、万成社が契約解除の意思表示をし、上告人および被上告人に対して立退を要求して、その交渉がなされる間に、万成社からの本件家屋買取り方の申出でを上告人が拒否したため、被上告人において、立退を免れるためやむなくこれを買い取つたものであることなどの事実を認定したうえ、被上告人において転貸につき賃貸人の承諾を得ることを上告人に確約したものではなく、承諾が得られなかつた責を被上告人のみが負うべきものではないし、被上告人が本件家屋を買い受けたのもやむなくしたことであつて、上告人に明渡を求める目的で故意に無断転貸の事実を作り上げたものと認めることもできないから、被上告人において、無断転貸を理由に賃貸借契約が解除されたことを主張し、上告人に対し所有権に基づき明渡請求をすることはなんら信義則に反するものではない旨判示して、上告人の主張を排斥し、被上告人の反訴請求を認容したのである。

しかし、本件賃貸借契約の解除の意思表示は、被上告人が本件家屋の所有権を取得する以前に前所有者によつてなされたものであつても、被上告人は、契約解除の理由とされた無断転貸借の当事者であり、その後約３年の間転借部分を占有して、転貸借による利益を享受していた者であるから、被上告人が、所有権取得後一転して、右転貸借が違法な行為であり、これを理由とする賃貸借契約の解除が有効になされた旨を主張し、解除の効果を自己に有利に援用して、右転貸借の他方の当事者である上告人に対してその占有部分の明渡を求めることは、にわかに是認しがたいところというべきである。しかも、原審の前示認定によれば、被上告人は、転借に際し、自己が賃貸人側の了解を得てもよい旨を上告人に申し出で、上告人も被上告人がその責任で賃貸人の承諾を得るものと考えたというのであつて、上告人としては、被上告人の右の申出でを信頼したためにみずから承諾を得る努力をしなかつたものとも考えられ、他方被上告人が承諾を得るためなんらかの手段をとつた形跡はないのであるから、たとい、右申出でが被上告人において承諾を得ることの確約ではなく、承諾を得なかつたことについて、上告人も一半の責を免れないとしても、むしろ主たる責任は被上告人にあるものということがで

き、したがつて、被上告人が、いまに至つて、本件転貸借につき賃貸人の承諾がなかつた旨を自己の権利を理由づけるために主張することは、信義に反し、とうてい是認しがたい態度といわなくてはならない。原判示のその他の事実も、被上告人の主張を正当ならしめるに足りるものとは解されない。してみれば、他に特段の事情のないかぎり、被上告人において、上告人に対し、本件家屋の賃貸借契約が無断転貸を理由に解除された旨を主張することおよびこれを理由として本件家屋の所有権に基づき上告人に対し占有部分の明渡を請求することは、信義則に反しまたは権利の濫用であつて、許されないものと解するのが相当である。」
⑥最二判昭和45年12月11日民集24巻13号2015頁、判時617号58頁、判タ257号126頁

　土地賃借権の無断譲渡が背信行為にあたらない場合における賃借権譲渡人の地位が問題になつた事案について、次のとおり判示している。
「原判決は、本件土地の賃借人であつた第一審被告塚田省三が、昭和30年9月ころ、その地上に所有する建物を上告人水野谷義雄に贈与し、同年9月14日所有権移転登記を経たことが認められるから、右建物の譲渡に伴い本件土地の賃借権も塚田から上告人水野谷に譲渡されたものと認めるのが相当であるとしたうえで、右賃借権譲渡は賃貸人である被上告人の承諾を得ないでなされたものではあるが、上告人水野谷は、塚田の実子であつて、同人に協力して、右建物を営業の本拠とする同族会社である株式会社塚田商会の経営に従事していたものであり、塚田は、相続財産を生前にその子らに分配する計画の一環として、上告人水野谷の取得すべき相続分に代える趣旨をもつて、右建物を同上告人に譲渡したものであることなどによれば、右土地賃借権譲渡には、賃貸人に対する背信行為と認めるに足りない特段の事情があるものと認められるから、被上告人は右譲渡を理由に賃貸借契約を解除することはできないものである旨を判示している。他方、原判決は、塚田が昭和34年1月1日以降1ケ月8018円の割合による本件土地の賃料の支払をしなかつたので、被上告人は、同年9月23日、塚田に対し、その間の延滞賃料を7日以内に支払うべき旨の催告およびその支払がないときは賃貸借契約を解除する旨の意思表示をし、塚田は、右催告期間内に催告にかかる賃料のうち5ケ月分にあたる4万90円を支払つたのみでその余の部分の支払をせず、右

期間経過後に、同年9月分までの賃料3万2072円を提供したが受領を拒絶されて、これを弁済のため供託したとの事実を確定し、本件土地賃貸借契約は、右解除の意思表示により、同年9月30日の経過とともに解除されたものであると判断し、賃借権譲受人である上告人水野谷の土地占有権原を否定して、被上告人の、賃借権譲受人である上告人水野谷に対する建物収去土地明渡および契約解除後の損害金支払の各請求ならびに地上建物の賃借人であるという上告人有限会社大都商事（旧商号有限会社ヒット）に対する建物退去明渡請求を、いずれも認容しているのである。

ところで、土地の賃借人がその地上に所有する建物を他人に譲渡した場合であつても、必ずしもそれに伴つて当然に土地の賃借権が譲渡されたものと認めなければならないものではなく、具体的な事実関係いかんによつては、建物譲渡人が譲渡後も土地賃貸借契約上の当事者たる地位を失わず、土地の転貸がなされたにすぎないと認めるのを相当とする場合もあるというべきところ、本件において、塚田と上告人水野谷との身分関係および建物譲渡の目的が前示のとおりであり、譲渡後も塚田において賃料の支払、供託をしていることなどの事情を考慮すれば、塚田は上告人水野谷に本件土地を転貸したものと認める余地がないわけではない。しかるに、原判決は、右の事情をなんら顧慮せず、この点をさらに審究することなく、借地上の建物が譲渡されたことの一事をもつて、たやすく土地賃借権が譲渡されたものと認めたのである。

しかし、土地賃借権の譲渡が、賃貸人の承諾を得ないでなされたにかかわらず、賃貸人に対する背信行為と認めるに足りない特段の事情があるため、賃貸人が右無断譲渡を理由として賃貸借契約を解除することができない場合においては、譲受人は、承諾を得た場合と同様に、譲受賃借権をもつて賃貸人に対抗することができるものと解されるところ（最高裁昭和39年(オ)第25号・同年6月30日第三小法廷判決、民集18巻5号991頁、同昭和40年(オ)第537号・同42年1月17日第三小法廷判決、民集21巻1号1頁参照）、このような場合には、賃貸人と譲渡人との間に存した賃貸借契約関係は、賃貸人と譲受人との間の契約関係に移行して、譲受人のみが賃借人となり、譲渡人たる前賃借人は、右契約関係から離脱し、特段の意思表示がないかぎり、もはや賃貸人に対して契約上の債務

を負うこともないものと解するのが相当である。したがつて、本件において、原判示のとおり土地賃借権が譲渡されたものであるならば、上告人水野谷は、賃借権の譲受をもつて被上告人に対抗することができ、適法な賃借人となつたものであり、他面、塚田は、賃貸借契約上の当事者たる地位を失い、昭和34年9月当時被上告人から賃貸借契約解除の意思表示を受けるべき地位になかつたものと解すべきである。

してみれば、原判決は、塚田から上告人水野谷に土地賃借権が譲渡されたものと認めるにつき審理を尽くさなかつたものというべく、さらに、右賃借権譲渡の事実にかかわらず、塚田の賃料債務の不履行を理由として同人に対してなされた解除の意思表示によつて、本件土地賃貸借契約が有効に解除され、上告人水野谷は被上告人に対抗しうべき占有権原を有しないものであるとしたことは、賃借権譲渡の法律関係についての前示のような法理の判断を誤り、ひいては理由にそごを来したものといわなくてはならない。」

⑦最三判昭和62年3月24日判時1258号61頁、判タ653号85頁

無断転貸にもかかわらず賃貸借の解除ができない場合にされた賃貸借の合意解除と転借人の地位が問題になった事案について、次のとおり判示している。

「土地の賃借人が賃貸人の承諾を得ることなく右土地を他に転貸しても、転貸について賃貸人に対する背信行為と認めるに足りない特段の事情があるため賃貸人が民法612条2項により賃貸借を解除することができない場合において、賃貸人が賃借人（転貸人）と賃貸借を合意解除しても、これが賃借人の賃料不払等の債務不履行があるため賃貸人において法定解除権の行使ができるときにされたものである等の事情のない限り、賃貸人は、転借人に対して右合意解除の効果を対抗することができず、したがって、転借人に対して賃貸土地の明渡を請求することはできないものと解するのが相当である。けだし、賃貸人は、賃借人と賃貸借を合意解除しても、特段の事情のない限り、転貸借について承諾を与えた転借人に対しては右合意解除の効果を対抗することはできないものであるところ（大審院昭和8年(オ)第1249号同9年3月7日判決・民集13巻4号278頁、最高裁昭和34年(オ)第979号同37年2月1日第一小法廷判決・裁判集民事58号441頁、同昭和35年(オ)第893号同38年2月21日第一小法廷

判決・民集17巻1号219頁参照)、賃貸人の承諾を得ないでされた転貸であつても、賃貸人に対する背信行為と認めるに足りない特段の事情があるため、賃貸人が右無断転貸を理由として賃貸借を解除することができない場合には、転借人は承諾を得た場合と同様に右転借権をもつて賃貸人に対抗することができるのであり(最高裁昭和39年(オ)第25号同年6月30日第三小法廷判決・民集18巻5号991頁、同昭和40年(オ)第537号同42年1月17日第三小法廷判決・民集21巻1号1頁、同昭和43年(オ)第1172号同45年12月11日第二小法廷判決・民集24巻13号2015頁参照)、したがつて、賃貸人が賃借人との間でした賃貸借の合意解除との関係において、賃貸人の承諾を得た転貸借と賃貸人の承諾はないものの賃貸人に対する背信行為と認めるに足りない特段の事情がある転貸借とを別異に取り扱うべき理由はないからである。そして、右の理は、仮換地の指定を受けた者が仮換地につき他の者とその使用収益を目的とする賃貸借類似の契約(以下「仮換地の賃貸借」という。)を締結し、その者が更に第三者と右仮換地の使用収益を目的とする賃貸借類似の契約(以下「仮換地の転貸借」という。)を締結した場合についてもひとしく妥当するものというべきである。ところで、本件記録によると、原審において上告人菅井を除くその余の上告人らは、被上告人らの本件換地の所有権に基づく本訴各請求に対し、その各占有部分(上告人金については第一審判決別紙第二目録㈣のF-1建物部分の敷地)についての占有権原として、㈠ (1) 上告人菅井は、被上告人らの被相続人瀬崎正次(以下「正次」という。)から、昭和26年ころ本件仮換地を賃借した、(2) 上告人土居は上告人菅井から本件仮換地を転借した、(3) 右転貸には正次に対する背信行為と認めるに足りない特段の事情がある、㈡ 上告人山本、同小河及び同金は、上告人土居が本件仮換地上に所有している前記目録㈡及び㈣の各建物の一部を賃借し、その各敷地部分を占有しているものである、㈢ 本件仮換地は、そのままの位置関係で換地処分がされ、昭和54年1月6日に本件換地となつたものであるが、前記正次と上告人菅井の本件仮換地賃貸借及び上告人菅井と上告人土居の本件仮換地転貸借に際しては、本件仮換地がそのまま本換地となつた場合はこれを賃貸借ないし転貸借する旨の合意が成立していたとの趣旨の主張をしていたものと認められる。しかるに、原判決は、右㈠(1)の賃貸借が昭和30年12月14日に合

意解除されたことを認定しているが、前示の観点に立つて右抗弁の当否について審理判断することなく、被上告人らの前記の本訴各請求を認容した第一審判決を相当として、右各上告人の控訴を棄却しているから、原判決には判決に影響を及ぼすべき事項についての判断遺脱、理由不備の違法があるものというべきである。」

⑧最三判平成9年2月25日民集51巻2号398頁、判時1599号69頁、判タ936号175頁

賃借人の債務不履行による賃貸借の解除と賃貸人の承諾のある転貸借の帰すうが問題になった事案について、次のとおり判示している。

「賃貸人の承諾のある転貸借においては、転借人が目的物の使用収益につき賃貸人に対抗し得る権原（転借権）を有することが重要であり、転貸人が、自らの債務不履行により賃貸借契約を解除され、転借人が転借権を賃貸人に対抗し得ない事態を招くことは、転借人に対して目的物を使用収益させる債務の履行を怠るものにほかならない。そして、賃貸借契約が転貸人の債務不履行を理由とする解除により終了した場合において、賃貸人が転借人に対して直接目的物の返還を請求したときは、転借人は賃貸人に対し、目的物の返還義務を負うとともに、遅くとも右返還請求を受けた時点から返還義務を履行するまでの間の目的物の使用収益について、不法行為による損害賠償義務又は不当利得返還義務を免れないこととなる。他方、賃貸人が転借人に直接目的物の返還を請求するに至った以上、転貸人が賃貸人との間で再び賃貸借契約を締結するなどして、転借人が賃貸人に転借権を対抗し得る状態を回復することは、もはや期待し得ないものというほかはなく、転貸人の転借人に対する債務は、社会通念及び取引観念に照らして履行不能というべきである。したがって、賃貸借契約が転貸人の債務不履行を理由とする解除により終了した場合、賃貸人の承諾のある転貸借は、原則として、賃貸人が転借人に対して目的物の返還を請求した時に、転貸人の転借人に対する債務の履行不能により終了すると解するのが相当である。

これを本件についてみると、前記事実関係によれば、訴外会社と被上告人との間の賃貸借契約は昭和62年1月31日、被上告人の債務不履行を理由とする解除により終了し、訴外会社は同年2月25日、訴訟を提起して上告人らに対して本件建物の明渡しを請求したというのであるから、

被上告人と上告人らとの間の転貸借は、昭和63年12月1日の時点では、既に被上告人の債務の履行不能により終了していたことが明らかであり、同日以降の転借料の支払を求める被上告人の主位的請求は、上告人らの相殺の抗弁につき判断するまでもなく、失当というべきである。」

⑨最一判平成14年3月28日民集56巻3号662頁、判時1787号119頁、判タ1094号111頁

　転貸により収益を得ることを目的として締結された事業用ビルの賃貸借契約が賃借人の更新拒絶により終了しても、賃貸人が再転借人に対し信義則上その終了を対抗することができるかが問題になった事案について、次のとおり判示している。

「前記事実関係によれば、被上告人は、建物の建築、賃貸、管理に必要な知識、経験、資力を有する訴外会社と共同して事業用ビルの賃貸による収益を得る目的の下に、訴外会社から建設協力金の拠出を得て本件ビルを建築し、その全体を一括して訴外会社に貸し渡したものであって、本件賃貸借は、訴外会社が被上告人の承諾を得て本件ビルの各室を第三者に店舗又は事務所として転貸することを当初から予定して締結されたものであり、被上告人による転貸の承諾は、賃借人においてすることを予定された賃貸物件の使用を転借人が賃借人に代わってすることを容認するというものではなく、自らは使用することを予定していない訴外会社にその知識、経験等を活用して本件ビルを第三者に転貸し収益を上げさせるとともに、被上告人も、各室を個別に賃貸することに伴う煩わしさを免れ、かつ、訴外会社から安定的に賃料収入を得るためにされたものというべきである。他方、京樽も、訴外会社の業種、本件ビルの種類や構造などから、上記のような趣旨、目的の下に本件賃貸借が締結され、被上告人による転貸の承諾並びに被上告人及び訴外会社による再転貸の承諾がされることを前提として本件再転貸借を締結したものと解される。そして、京樽は現に本件転貸部分二を占有している。

　このような事実関係の下においては、本件再転貸借は、本件賃貸借の存在を前提とするものであるが、本件賃貸借に際し予定され、前記のような趣旨、目的を達成するために行われたものであって、被上告人は、本件再転貸借を承諾したにとどまらず、本件再転貸借の締結に加功し、京樽による本件転貸部分二の占有の原因を作出したものというべきであ

るから、訴外会社が更新拒絶の通知をして本件賃貸借が期間満了により終了しても、被上告人は、信義則上、本件賃貸借の終了をもって京樽に対抗することはできず、京樽は、本件再転貸借に基づく本件転貸部分二の使用収益を継続することができると解すべきである。このことは、本件賃貸借及び本件転貸借の期間が前記のとおりであることや訴外会社の更新拒絶の通知に被上告人の意思が介入する余地がないことによって直ちに左右されるものではない。」

◆賃貸物の賃借権の譲渡、転貸借が賃貸人に無断で行われ、賃貸借契約が解除され、解除の効力等が問題になった最高裁の判例としては、次のように多数を数えるところ、改正民法においても妥当する。

【参考判例】

①最一判昭和26年5月31日民集5巻6号359頁、判タ13号64頁

　賃借権の譲渡又は転貸を承諾しない家屋の賃貸人は賃貸借契約を解除せずに、譲受人又は転借人に対し明渡しを求めることができるかが問題になった事案について、次のとおり判示している。

「原審の確定した事実によれば、「本件係争家屋は、もと訴外仏国人ジョン・ワイルがその所有者訴外吉田忠正から賃借していたものであり、昭和21年秋ワイルの帰国に際し、上告人において同人からその賃借権の譲渡を受けたのであるが、この賃借権の譲渡については賃貸人である吉田の承諾を得ていなかったのである。吉田はワイルの帰国後上告人が本件家屋に居住しているのをワイルの女中であった訴外橋本からワイルの留守居であると告げられ、それを信じてワイルの支払うものとして2、3回橋本を通じて賃料を受領したことがあったが、その後上告人がワイルの留守居ではなく同人から賃借権を譲受けて右家屋に居住するものであることを覚知するに及んで上告人との間に紛争を起し、その解決をみないうちに本件家屋を被上告人に売渡すに至ったものであり、しかも吉田は右家屋売却前の賃料相当額の損害金は上告人より取立て得るものと考え、上告人と交渉の結果昭和22年10月30日に至り同年1月分から10月分までの損害金として金1,100円を受領したものである」というのである。そしてこの原判決の事実認定はその挙示する証憑に照らし、これを肯認するに難くないのであって、前記吉田が昭和22年1月分から10

月分までの賃料を受領したものの如くに見ゆる乙第二号証の記載のみを以てしては、いまだ右認定を妨ぐるに足りない。上告人は本件家屋につき前所有者である吉田に対し賃料を遅滞なく支払つていることは当事者間に争なきところであると主張するけれども、その然らざることは記録上明白である。原審は右認定にかかる事実と、本訴当事者間に争がない「被上告人が昭和22年10月10日訴外吉田忠正から本件家屋を買受けその所有権を取得した」との事実及び「上告人が被上告人の右所有権取得前から該家屋を占有している」との事実にもとづき上告人は昭和22年10月10日以前から前所有者吉田及び被上告人のいずれにも対抗し得べき何等の権原もなく不法に本件家屋を占有するものであると判示したのである。この判旨の正当であることは民法612条1項に「賃借人ハ賃貸人ノ承諾アルニ非サレハ其権利ヲ譲渡……スルコトヲ得ス」と規定されていることに徴して明白であり、所論同条2項の法意は賃借人が賃貸人の承諾なくして賃借権を譲渡し又は賃借物を転貸し、よつて第三者をして賃借物の使用又は収益を為さしめた場合には賃貸人は賃借人に対して基本である賃貸借契約までも解除することを得るものとしたに過ぎないのであつて、所論のように賃貸人が同条項により賃貸借契約を解除するまでは賃貸人の承諾を得ずしてなされた賃借権の譲渡又は転貸を有効とする旨を規定したものでないことは多言を要しないところである。」

②最一判昭和29年10月7日民集8巻10号1816頁、判タ45号27頁

　土地の賃借権の共同相続人の一人が賃貸人の承諾なく他の共同相続人からその賃借権の共有持分を譲り受けても、賃貸人は、民法612条により賃貸借契約を解除することはできないとしたものである。

③最三判昭和29年10月26日民集8巻10号1972頁、判時38号11頁、判タ44号21頁

　賃借人が賃借家屋において他人を営業名義人としその出資を得て営業を管理する場合において転貸借に該当するかが問題になった事案について、次のとおり判示している。

「案ずるに、原審の判示する処は『被控訴人本田安治は従来本件建物においてカフェーを営んでいたが、営業が振わなくなつたので、昭和26年1月中渋沢徳太郎の世話で、被控訴人李己範との間に、右カフェーのホールにしていたところをパチンコの営業所に使用し、被控訴人李にお

いてパチンコ遊技器その他必要な設備の費用を出資し、営業の名義人は同被控訴人とし、営業所の管理は被控訴人本田安治があたるという内容の遊技場共同経営の契約をし、これに基づいてパチンコ営業をしているものであつて』というのである。右の「名義人」とか「営業の管理」とかいう語は、如何なることを意味するのか不明である。原判文にいう「出資」「管理」等の語及被上告人李が営業の名義人となつたという事実等から見て、只単に被上告人本田安治が同李から消費貸借として資金を借受け自ら設備をして営業をして居る関係と解することは出来ない。李が設備費を出資して名義人となり本田が管理して居るという字句は、論旨にいう様に李が営業の主人であり、本田は李の為めに管理する占有機関に過ぎないものと見る余地も十分にあり、又それ程でなくとも共同使用、共同占有等の関係あるものと認むべき場合であるかも知れない（原審の引用した第一審判決事実摘示によれば被上告人等自身『共同で営業をする』云々といつて居る）。原審は被上告人両名の関係が如何なるものであるかについてなお詳細の審理判断をしなければたやすく上告人の請求を排斥することは出来ない筈であり審理不尽理由不備の違法を免れない。なお原審は上告人の「上告人自らパチンコ営業を営む必要があるから」本件賃貸借を解除した旨の主張に対し、上告人側の必要性については何等審理することなく「前認定のような事実の下では……正当の理由ということは出来ない」と判示して簡単に排斥して居る。しかし、もし上告人自ら本件家屋でパチンコ営業をしなければ他に生計がない（上告人は「必要がある」といつて居る）という様な場合であるならば原審の様に軽く扱うことは出来ない筈である。此点においても原判決は審理不尽の違法は免れない。」

④最二判昭和34年7月17日民集13巻8号1077頁

　賃貸土地310坪6合5勺のうち無断転貸された部分が30坪にすぎない場合でも、賃貸人が無断転貸を理由として賃貸土地全部につき賃貸借契約を解除し得るかが問題になった事案について、次のとおり判示している。

「ところで、原判決の確定するところによると、本件土地310坪6合5勺のうち上告人において第一審相被告永井与八、同清水杢市にそれぞれ建物敷地として占有使用させている部分の面積は合計30坪であるという

のであるから、割合にして僅か10分の1弱にすぎないことは所論のとおりである。

しかし、原審は、なお、本件土地は道路に沿つた海岸の波打ちぎわに存する砂地で、前記30坪及び上告人所有建物の敷地12坪を除いた残余の部分はとり立てていう程の用途に使用されているものでない事実をも認定しているのであつて、このような事実関係のもとでは、たとえ前記永井及び清水に占有使用させている部分の面積が本件土地の総面積に比し僅かであつても、右占有使用につき賃貸人たる被上告人の承諾がない以上、被上告人は本件土地全部につき上告人との間の賃貸借契約を解除し得るものと解すべく、右解除権の行使をもつて権利乱用というのはあたらない。」

⑤最三判昭和38年10月15日民集17巻9号1202頁、判時357号357頁

僧侶個人所有の住居兼説教所用建物が宗教法人たる寺院の所有となった場合に、敷地の賃貸借につき民法612条による解除が認められるかが問題になった事案について、次のとおり判示している。

「所論は、原判決に民法612条の解釈適用の誤りがあるというが、原判決は、所論第一審判決引用の理由説示を補足して、更にその挙示の証拠関係によつて認定したところに従い、被上告人藤井芳教の父芳水は寺門の出であつて、被上告人もまた僧職にあるところ、芳水は上告人から借用した本件土地に住居兼説教所として本件建物を建てて住み、芳水死亡後は右被上告人がその跡を継ぎ、同被上告人は昭和27、8年頃右建物を本拠として被上告人明芳寺を設立し同寺の住職として引続き家族と共に同所に住んでいることから、宗教法人である被上告人明芳寺が本件土地を使用するに至つたことは否定できないけれども、その使用関係は実質上終始変りがなく、したがつて、仮りに本件賃貸借契約中には被上告人寺の設立が予知し包括されていないとするも、被上告人寺の設立は上告人と被上告人芳教との本件賃貸借関係を断たねばならぬ程に信頼関係を裏切つたものと見るべきでないとし、よつて、上告人主張の解除権は発生しない旨判断して居り、この判断は、首肯できる。」

⑥最三判昭和39年6月30日民集18巻5号991頁、判時380号70頁、判タ164号94頁

賃貸人の承諾を得ないで賃借権の譲渡が行われた場合に賃貸借契約を

解除することができるかが問題になった事案について、次のとおり判示している。
「原判決（引用の第一審判決）は、藤森勝治が賃借した本件土地に建築された勝治名義の本件建物（内部関係では勝治と被上告人の共有）に、被上告人と勝治は事実上の夫婦として同棲し、協働して鮨屋を経営していたが、勝治死亡後、被上告人は勝治の相続人らから建物とともに借地権の譲渡を受け、引きつづき本件土地を使用し、本件建物で鮨屋営業を継続しており、賃貸人である上告人も、被上告人が本件建物に勝治と同棲して事実上の夫婦として生活していたことを了知していた旨の事実を確定の上、このような場合は、法律上借地権の譲渡があつたにせよ、事実上は従来の借地関係の継続であつて、右借地権の譲渡をもつて土地賃貸人との間の信頼関係を破壊するものとはいえないのであるから、上告人は、右譲渡を承諾しないことを理由として、本件借地契約を解除することは許されず、従つてまた譲受人である被上告人は、上告人の承諾がなくても、これがあつたと同様に、借地権の譲受を上告人に対抗でき、被上告人の本件土地の占有を不法占拠とすることはできない、としているのである。右の原審判断は、基礎としている事実認定をも含めて、これを肯認することができる。すなわち、右認定事実のもとでは、本件借地権譲渡は、これについて賃貸人である上告人の承諾が得られなかつたにせよ、従来の判例にいわゆる「賃貸人に対する背信行為と認めるに足らない特段の事情がある場合」に当るものと解すべく、従つて上告人は民法612条2項による賃貸借の解除をすることができないものであり、また、このような場合は、上告人は、借地権譲受人である被上告人に対し、その譲受について承諾のないことを主張することが許されず、その結果として被上告人は、上告人の承諾があつたと同様に、借地権の譲受をもつて上告人に対抗できるものと解するのが相当であるからである。」
⑦最一判昭和39年11月19日民集18巻9号1900頁、判時396号37頁、判タ170号122頁

賃借人が個人企業を会社組織に改め賃貸人の承諾なくして当該会社に賃借家屋を使用させている場合に、民法612条による解除ができるかが問題になった事案について、次のとおり判示している。
「賃借人が賃貸人の承諾を得ないで賃借権の譲渡又は賃借物の転貸をし

た場合であつても、賃借人の右行為を賃貸人に対する背信行為と認めるに足りない特段の事情のあるときは、賃貸人に民法612条2項による解除権は発生しないものと解するを相当とする（昭和25年㈡第140号、同28年9月25日第二小法廷判決、民集7巻9号979頁、昭和28年㈡第1146号、同30年9月22日第一小法廷判決、民集9巻10号1294頁参照）。ところで、本件について原審の確定した事実によれば、被上告人は、昭和22年7月の本件家屋の賃借当初から、階下約7坪の店舗で長瀬商会という名称でミシンの個人営業をしていたが、税金対策のため、昭和24年頃株式会社長瀬ミシン商会という商号の会社組織にし、翌25年頃にはこれを解散してスタイルミシン工業株式会社を組織し、昭和30年頃極東ミシン工業株式会社と商号を変更したものであつて、各会社の株主は被上告人の家族、親族の名を借りたに過ぎず、実際の出資は凡て被上告人がしたものであり、右各会社の実権は凡て被上告人が掌握し、その営業は被上告人の個人営業時代と実質的に何らの変更がなく、その従業員、店舗の使用状況も同一であり、また、被上告人は右極東ミシン工業株式会社から転借料の支払を受けたことなく、かえつて被上告人は上告人谷口有恒らの先代谷口作治郎に対し本件家屋の賃料を同会社名義の小切手で支払つており、被上告人は同会社を自己と別個独立のものと意識していなかつたというのである。されば、個人である被上告人が本件賃借家屋を個人企業と実質を同じくする右極東ミシン工業株式会社に使用させたからといつて、賃貸人との間の信頼関係を破るものとはいえないから、背信行為と認めるに足りない特段の事情あるものとして、上告人らが主張するような民法612条2項による解除権は発生しないことに帰着するとした原審の判断は正当である。」

⑧最二判昭和40年6月18日民集19巻4号976頁、判時418号39頁、判タ179号124頁

　　賃借地の無断転貸が賃貸人に対する信頼関係を破壊するに足りない特段の事情があるかが問題になった事案について、次のとおり判示している。
　　「原判決の確定するところによれば、「本件宅地を所有する上告人は、これを訴外河田作介に賃貸していたところ、昭和19年4月頃右作介より家庭の都合上本件宅地上の作介所有建物を妻である被上告人河田熙也名義にしたいから本件宅地の賃借権を同人に承継させて欲しい旨の申入

れがあつたので、これを承諾し、右熙也を本件宅地の賃借人とするに至つた。熙也は、本件宅地上に建物を所有しこれに居住していたが、昭和20年春の空襲によりその建物を焼失した。そして、昭和23年春頃上告人の承諾なく本件宅地上に夫である右作介をして原判決添付目録第三記載の建物を、また、三男である被上告人河田敬三をして右目録第二記載の建物を建築せしめた。その後、右作介が死亡し、作介所有建物は熙也、敬三および被上告人赤穴達郎において相続によりその所有権を取得した。熙也、敬三、達郎はいずれも作介とともに本件建物の建築当時から一家をなして同一の生計を営み、本件建物に居住して来た。」というのである。

所論は、熙也が作介および敬三をして本件宅地上に建物の建築を許した以上、右建物の敷地部分に関する限り、熙也は本件宅地を同人等に無断転貸したものといわざるをえないというけれども、かりに所論のとおりであるとしても、以上の事実関係の下においては、賃貸人である上告人の承諾がなくても上告人との間の賃貸借契約上の信頼関係を破壊するに足らない特段の事情があるものというべきである。

されば、このような場合、上告人は、熙也の右無断転貸を理由として本件宅地賃貸借契約を解除できず、また、右転借人らに対しても建物収去土地明渡の請求をなしえないものと解すべきであるから（当裁判所昭和32年(オ)第1087号同36年4月28日第二小法廷判決、判例集15巻1211頁参照）、被上告人らに対する本件土地明渡請求を認容しなかつた原判決は正当に帰する。」

⑨最二判昭和40年12月17日民集19巻9号2159頁、判時434号35頁、判タ187号105頁

賃借地上の建物が買戻特約付で第三者に売り渡された場合において、当該建物の敷地について賃借権の譲渡又は転貸がされたかが問題になつた事案について、次のとおり判示している。

「原審の確定した事実によれば、被上告人日本鉄工株式会社は、上告人からその所有の本件土地を賃借し、地上に本件建物を所有していたが、昭和34年7月中、判示の事情から、被上告人日産興業有限会社より会社運営資金の融通を受けることとなり、その手段として、本件建物を代金235万円で被上告人日産興業に譲渡し、その旨登記するとともに、昭和

37年8月31日までに右同額をもつて本件建物を買い戻すことができる旨約定して、代金の交付を受けたというのである。しかし、本件建物の譲渡は、前示のとおり、担保の目的でなされたものであり、上告人の本件土地賃貸借契約解除の意思表示が被上告人日本鉄工に到達した昭和35年3月11日当時においては、同被上告会社はなお本件建物の買戻権を有しており、被上告人日産興業に対して代金を提供して該権利を行使すれば、本件建物の所有権を回復できる地位にあつたところ、その後昭和36年6月1日、被上告人日本鉄工は同日産興業に対し債務の全額を支払い、これにより、両会社間では、本件建物の所有権は被上告人日本鉄工に復帰したものとされたことおよび被上告人日本鉄工は本件建物の譲渡後も引き続きその使用を許されていたものであつて、その敷地である本件土地の使用状況には変化がなかつたこと等原審の認定した諸事情を総合すれば、本件建物の譲渡は、債権担保の趣旨でなされたもので、いわば終局的確定的に権利を移転したものではなく、したがつて、右建物の譲渡に伴い、その敷地である本件土地について、民法612条2項所定の解除の原因たる賃借権の譲渡または転貸がなされたものとは解せられないから、上告人の契約解除の意思表示はその効力を生じないものといわなければならない。しかして、本件建物の譲渡についてなされた登記が単純な権利移転登記であつて、買戻特約が登記されていなかつたとしても、右の結論を左右しない。されば、上告人の契約解除の意思表示を無効とした原審の究極の判断は正当であつて、所論の違法はない。所論は採用できない。

……

原判決が、被上告人日本鉄工が同日産興業に融資金を返済し本件建物の所有権を回復した旨判示していることは所論のとおりであるが、その引用する第一審判決の説示をあわせ考えると、右は、被上告人日本鉄工と同日産興業との関係において、本件建物の所有権が後者から前者に復帰したものとされた旨を判示した趣旨にほかならないと解するのが相当である。しかして、右事実は、先に、賃借人たる被上告人日本鉄工が同日産興業に対してなした地上建物の譲渡が終局的確定的に権利を移転する趣旨でないことを裏書するものであるから、本件土地について民法612条にいう賃借権の譲渡または転貸がなされたかどうかを判断するに

あたり、これを顧慮することは相当であつて、たとい被上告人日産興業が本件建物の処分禁止の仮処分を受けているとしても、その故に右所有権復帰に関する事実を前記判断の資料とすることが許されなくなるものではない。」
⑩最一判昭和41年1月27日民集20巻1号136頁、判時440号32頁、判タ188号114頁

　無断転貸を背信行為と認めるに足りないとする特段の事情の存否に関する主張・立証責任の所在が問題になった事案について、次のとおり判示している。

　「土地の賃借人が賃貸人の承諾を得ることなくその賃借地を他に転貸した場合においても、賃借人の右行為を賃貸人に対する背信行為と認めるに足りない特段の事情があるときは、賃貸人は民法612条2項による解除権を行使し得ないのであつて、そのことは、所論のとおりである。しかしながら、かかる特段の事情の存在は土地の賃借人において主張、立証すべきものと解するを相当とするから、本件において土地の賃借人たる上告人が右事情について何等の主張、立証をなしたことが認められない以上、原審がこの点について釈明権を行使しなかつたとしても、原判決に所論の違法は認められない。」
⑪最二判昭和41年7月15日判時455号38頁、判タ195号78頁

　背信行為に当たらない特別の事由があるとして民法612条による解除が許されるかが問題になった事案について、次のとおり判示している。

　「原判決によれば、本件土地は上告人の所有であり、昭和27年8月1日に被上告人三尾個人に対し建物所有の目的で賃貸したところ、上告人はその後にいたり、当該地上にある本件建物については昭和27年7月26日付で旧所有者鹿島慶一から被上告会社（その代表者は被上告人三尾）に所有権移転の登記がなされていることを知り、右は被上告人三尾が本件土地賃借権を被上告会社に無断で譲渡（または転貸）したものと主張して賃貸借契約を解除したのであるが、原判決は、右譲渡（または転貸）は賃貸人に対する背信行為とはいえないと判断して、契約解除を無効としていること論旨指摘のとおりであり、論旨は右判断に違法があると主張するものである。

　しかして、原判決が確定した事実、すなわち、被上告人三尾は先代時代

から三忠商店の屋号で織物の製造加工業を営んでいたところ、税金対策と金融の便宜のため、昭和25年頃右営業を会社組織にし被上告会社を設立したものであるが、営業の実体は個人営業時代と変わらず、事実上被上告人三尾が自由に支配できるいわゆる個人会社であること、被上告人三尾は、一つには家族の住家とし、一つにはこれを担保に事業資金を借り入れようとの考えから本件建物を会社名義で買い受け、上告人と本件賃貸借契約を結んだのであるが、貸借の交渉にあたつて特に真実をかくそうとの意図はなく、被上告人個人の所有も同然との考えから所有名義の点にふれなかつたにすぎず、格別悪意も作為もなかつた等の事情に照らせば、背信行為と目するに足りない特別の事情がある旨の原判決の判断は正当として是認できる。借地人が、借地後組織を変更した場合と本件の場合と実質的に相違はなく、また背信行為かどうかの判断に当事者の主観が考慮されるのは当然であるから、右判断を以て誤りであると主張する論旨は、すべて採用するに値しないものというべきである。」

⑫最二判昭和41年10月21日民集20巻8号1640頁、判時467号38頁、判タ199号126頁

　賃貸借契約が解除されていない場合、賃貸人は賃借権の無断譲受人たる占有者に対して損害賠償を請求することができるかが問題になった事案について、次のとおり判示している。

「論旨は、賃貸人の承諾なしに賃借権の譲渡がなされた場合でも、賃貸人が賃貸借契約を解除しないかぎり、直接自分に賃貸借の目的物の引渡（明渡）を賃借権譲受人に請求することはできないと主張するが、右解除をしなくても賃貸人は譲受人に対し賃貸借の目的物の明渡を求めうることは、すでに当裁判所の判例（昭和25年(オ)第125号同26年5月31日第一小法廷判決、民集5巻6号359頁）であつて、所論は採用できない。
……
　論旨は、右の場合賃貸借契約が解除されないかぎり、賃貸人は賃借人に対し賃料を請求しうるから何ら賃料相当の損害を生ぜす、従つて譲受人に対し不法占拠を理由として賃料相当の損害金の支払を請求することはできないと主張するが、賃貸人たる地主が借地人に対し賃料請求権を有するとしても、それだけではその間賃貸人たる地主に賃料相当の損害を生じないとはいい難く、借地人から右賃料の支払を受けた場合は格

別、そうでないかぎり賃貸人たる地主は賃借権の無断譲受人たる土地占有者に対し賃料相当の損害金を請求できるものと解すべきことは、すでに当裁判所の判例（昭和38年(オ)第1462号同39年6月26日第二小法廷判決、最高裁判所裁判集民事74号327頁）であつて、被上告人が賃借人たる訴外松本からすでに賃料の支払を受けた等の特段の事情の主張立証のない本件としては、上告人に賃料相当の損害金の支払義務があるとした原審の判断に何ら違法はなく、所論は採用できない。」

⑬最三判昭和42年1月17日民集21巻1号1頁、判時475号35頁、判タ204号108頁

　土地の賃貸人が賃借権の譲渡につき承諾をする義務を負うにもかかわらず、承諾をしなかった場合において、賃借権の譲受人が賃貸人に対して借地権取得の主張をすることができるかが問題になった事案について、次のとおり判示している。

「被上告人岡田は、昭和35年4月23日、本件借地上の建物および賃借権を被上告会社に対して譲渡したものであるが、右譲渡に先立つ2、3カ月前である昭和35年1、2月頃、上告人両名との間の原判示調停条項に基づき、上告人両名の実父で、両名と同居し、賃借権の譲渡についての諾否の権限を有していた斉藤芳之助に対し、上告人斉藤直の同席しているところで、被上告会社に賃借権を譲渡したい旨申し出て、その承諾を求め、ついで、同年3月30日被上告会社の代表者前川恒吉を同道して上告人両名方を訪ね、右斉藤芳之助や上告人斉藤直に前川恒吉を紹介したこと、被上告会社は、調停条項にいう第三国人でもなければ、第三国人の資本によつて経営されている会社でもないことはもとより、社会的もしくは信用上賃借人として不適格者とは認められないことは原審の認定したところである。そうとすれば、「賃借権を譲渡するときには予め上告人両名の承諾を求めること、上告人両名は、賃借権の譲受人が第三国人、または社会的もしくは信用上賃借人として不適格者でない限り、無償で譲渡を認むべきこと」との調停条項7項に基づき、上告人両名は、被上告人岡田の申入により、その頃、賃借権の譲渡について承諾をなすべき義務を負担したものと解すべきである。そして、上告人両名が諾否を明らかにしない間に賃借権の譲渡がなされたときは、事後、承諾の余地がないもの（すなわち、いつたん発生した承諾義務は消滅する）とす

る趣旨をも前記調停条項が包含しているとの点は、原審において、主張判断のないところであるから、上告人両名に承諾義務があることには変りはない。

このように上告人両名が賃借権の譲渡について承諾をなすべき義務があり、被上告人岡田が調停条項の合意に基づき適法に右承諾を求める手続をとつたのに、上告人両名が何らの理由もなく承諾をしないという前記本件のような場合には、上告人両名が現実に賃借権の譲渡を承諾しなくとも、譲受人たる被上告会社は賃借権の譲受を上告人両名に対抗しうるものといわなければならない。けだし、賃貸人が賃借人に対し、賃借権の譲渡について承諾をなすべき義務を負う場合でも、現実に承諾の意思表示がないまま賃借権の譲渡がなされたときは、民法612条にいう賃借権の無断譲渡といわざるをえないとしても、このような譲渡は賃貸人に対する背信行為ということはできないから、賃貸人は同条により賃貸借契約を解除することができず、このような場合には、継続的な契約関係である賃貸借の特質上、契約当事者間の法律関係の安定および衡平を考慮して、賃借権譲受人は、承諾があつたと同様に、賃借権の譲受を賃貸人に対抗することができると解するのを相当とするからである。」

⑭最二判昭和42年3月31日判時480号26頁、判タ206号89頁

借地権の無断譲渡が賃貸人に対する背信行為となるのは譲受人に賃料支払能力がない場合に限られるか等が問題になった事案について、次のとおり判示している。

「賃借地の無断転貸ないし借地権の譲渡を賃貸人に対する背信行為と認めるに足りない特段の事由は、その存在を賃借人において主張、立証すべきである（昭和41年1月27日当裁判所第一小法廷判決・民集20巻1号136頁参照）。論旨の見解は採用することができない。

……

信頼関係を破壊するに足りない特段の事情あるものということができない旨の原判決の判断は、本件事実関係に照らして相当である。賃貸人が、無断譲渡ないし転貸がされた結果賃料の支払に不安を感ずる場合にのみ信頼関係が破壊されたと解さなければならないものではない。」

⑮最二判昭和42年12月8日判時506号38頁、判タ216号122頁

賃貸借の目的たる土地の一部が無断転貸された場合に賃貸借の全部解

除が認められるかが問題になった事案について、次のとおり判示している。

「訴外鈴木仙作が上告人伊東に対し、本件第二建物を売り渡し、かつ、被上告人の承諾を得ることなく、その敷地である本件土地（44.7坪）の過半部分をしめる本件B土地（23.7坪）を転貸したことは、原審の適法に確定したところである。

　ところで、土地の賃借人が賃貸人の承諾を得ることなくその賃借地を他に転貸した場合においても、賃借人の右行為を賃貸人に対する背信行為と認めるに足りない特段の事情があるときは、賃貸人は民法612条2項による解除権を行使し得ないものというべきであるが、かかる特段の事情の存在は土地の賃借人において主張立証すべきものであることは、当裁判所の判例とするところである（最高裁判所昭和40年(オ)第163号、同41年1月27日第一小法廷判決、民集20巻1号136頁）。しかして、前記のとおり転貸部分が44.7坪のうち23.7坪であることは、右転貸を背信行為と認めるに足りるものというべく、他には、上告人は右転貸につき前記特段の事情を主張立証していないことは原判文上明らかである。そうとすれば、右転貸を理由として、被上告人が鈴木啓市および安藤久子に対してした本件土地全部の賃貸借契約の解除は有効で、鈴木啓市および安藤久子の本件土地に対する賃借権はこれにより消滅したものというべきである。また、右のとおり土地賃借人において右特段の事情について主張立証すべきものである以上、原審がこの点について釈明権を行使しなかつたとて違法となるものではない。したがつて、また、本件土地のうちの本件A土地につき上告人松永になされた賃借権の譲渡に被上告人の承諾がないということを原審が適法に認定した以上、その譲渡が背信行為にあたるかを判断するまでもなく、被上告人が鈴木啓市、安藤久子に対してした本件土地の賃貸借契約の解除は有効というべきである。」

⑯最三判昭和43年5月28日判時522号26頁

　無断転貸を賃貸人に対する背信行為と認めるに足りないものとした特段の事情が解消された場合の法律関係が問題になった事案について、次のとおり判示している。

「原判決の引用する第一審判決の確定するところによれば、被上告人さとみは同武夫に対し上告人の承諾なくして本件土地の一部（原判決添付

図面表示の(イ)(ロ)(ハ)(ニ)(イ)の各点を順次結んだ直線によつて囲まれる部分)を転貸したことになるが、被上告人さとみと同武夫とが同居の夫婦であることその他、両者の生活関係および本件土地の使用状況等を考えると、被上告人さとみの右転貸は上告人の承諾がなくても上告人との間の賃貸借契約上の信頼関係を破壊するに足りない特段の事情があるものとするのが相当であるというのであつて、これによると、右無断転貸を理由とする解除は効力を生じないとした原判決の判断は正当である。被上告人両名の関係に所論のような変動を生じ、これにより前記転貸を賃貸人（上告人）に対する背信行為と認めるに足りないものとした特段の事情が解消されたときは、また、その時点において別途判断すれば足り、一般にこのような事情の変更が将来生じうるということは、なんら前記の結論に消長をきたすものではない。」

⑰最三判昭和43年7月16日判時528号38頁、判タ225号89頁
　借地権の無断譲受人に対する土地明渡しの請求が権利濫用に当たるかが問題になった事案について、次の通り判示している。
「原審は「昭和14年1月20日当時木村なみとしてその家の戸主であつたなみが隠居し、翌21日右家の戸籍を去つて実子敏夫の籍に入つたことにより、なみと被控訴人（上告人）あいの前記養親子関係は旧民法730条2項に所謂養親の去家によつて消滅したことが明らかである」と判示し、本件土地の賃借権を前記上告人が相続によつて承継したとする上告人らの主張を排斥している。しかしながら、民法730条2項（昭和22年法律第222号による改正前のもの。以下旧民法という。）の「養親カ養家ヲ去リタルトキ」とは、養親自身が婚姻または養子縁組によつてその家に入つた者である場合に、その養親が養家を去つたときの意と解すべきであるから、原審は、右のように木村なみと上告人あいとの養親子関係が消滅したとするためには、なみ自身が婚姻または養子縁組によつてその家に入つたものであることを確定すべきものであつたのである。しかるに、原審は、右事実を確定することなく、なみの去家の事実から直ちになみと上告人あいとの養親子関係が消滅したと判示しているのであつて、原判決にはこの点において、右旧民法の規定の解釈適用を誤つた違法があるものといわなければならない。
　ところで、記録によれば、木村なみの除籍簿の抄本である乙第一号証

には、なみが婚姻、養子縁組をした旨の記載はなく、かえつて同女がその姉であり前戸主であつたチカを継いで戸主となつた旨の記載がみられるのであつて、この記載は、なみと上告人あいの養親子関係が、なみの去家によつては未だ消滅していなかつた事実を窺知させる資料ということができる。しかして、もし、なみと上告人あいの養親子関係が存続していたならば、上告人あいは、なみの死亡により、本件土地に対する同人の賃借権を相続によつて取得する関係にあるのであり、また、原判示のように、なみから上告人あいに対する本件土地の転貸または賃借権譲渡について、地主である丈吉の承認の事実が認められないとしても、あいはなみの右契約上の地位を相続することによつて、その賃借権を丈吉の承継人である被上告人に対抗しうる関係にあるものということができる。

つぎに、上告人進についてみても、右のとおり上告人あいが被上告人に対して本件土地の賃借権を対抗しうるとするならば、被上告人は上告人進に対して同人名義の建物の収去を求めうるとしても、結局その敷地の終局的明渡を求めえない関係にあるのである。また、かりに、なみから上告人進に対する賃借権の一部譲渡または転貸について被上告人の先代丈吉の承認がなかつたとしても、原審の確定するところによれば、本件二棟の建物は棟続きで事実上一棟をなし、その敷地である本件土地も一筆で特段の境、区画を有しないというのであり、さらに、また上告人進は同あいの夫であつて、同人らはなみと昭和20年以来右両建物において同居しており、なみが生前右建物の各一棟を上告人らにそれぞれ贈与したのも、同人らに対する財産分けのつもりでしたもので、その後も同人らの本件土地建物の使用状況には格別の変動は認められなかつたというのであるから、これらの事情からすれば、丈吉としては、右賃借権の譲渡または転貸の事実のみをもつて、直ちに、民法612条により賃貸借契約を解除しえないものと解するのが相当である。そうであれば、被上告人の上告人進に対する本件建物の収去および土地の明渡の請求も権利の濫用にあたるおそれなしとせず、同人の右請求は直ちにこれを認容しえないものといわなければならない。」

⑱最三判昭和43年9月17日判時536号50頁、判タ227号142頁

　個人企業を会社組織に改めて個人が賃借している土地を会社に使用さ

せた場合において民法612条による契約の解除が認められるかが問題になった事案について、次のとおり判示している。

「被上告人武道は、昭和33年2月11日訴外李某から本件建物およびその敷地たる本件土地の借地権を譲り受けることとなり、同日上告人との間で本件土地の賃貸借契約を締結した。しかし、本件建物は、銀行から譲受けに必要な資金を融資してもらう関係上、被上告人武道は、被上告会社名義で譲り受けることとし、同日その旨の所有権取得登記を経たものである。そもそも、被上告人武道は、昭和22年頃婦人服の販売等の営業をはじめ、同29年中には東京銀座5丁目の本件土地の向い側に馬里邑という店舗を設けるに至つた。そして、税金、従業員採用等の対策から個人企業を株式会社組織に改めることにし、昭和32年1月被上告会社を設立した。同会社においては、設立以来今日まで被上告人武道が代表取締役で、その他の役員は同被上告人の妻子および親族であり、株主中被上告人以外のものはすべて妻子および親族の名を借りたにすぎず、実際の出資は全部同被上告人がしたものである。被上告会社はその設立後今日まで数回の増資をし、その増資資金はすべて被上告人武道がだしたものである。右増資にともない、本件建物以外にも店舗が設けられ、従業員数も相当に増加するに至つたが、被上告会社の運営および実権は、なおも実質的に被上告人武道の個人企業の時代と同様の状態であり、上告人から本件土地を賃借するにあたつては、貸主側においても、借主側においても、借主が被上告会社では不都合で、被上告人武道個人でなければいけないというような事情はなかつた。被上告人武道は、被上告会社設立後も個人企業時代と同じく営業の全般を自ら掌握していたので、個人と会社とを区別して考えることなく両者のいずれの名義であれ本件土地を借りることができさえすればよいと考えて、同被上告人を借主とする右賃貸借を締結したものである。

右事実によれば、被上告人武道が本件土地を同被上告人の個人企業と実質を同じくする被上告会社に使用させたからといつて、賃貸人との間の信頼関係を破るものとはいえないから、背信行為と認めるに足りない特段の事情があるものとして、上告人が主張するような民法612条2項による解除権は発生しないことに帰着するとした原審の判断は、正当である。」

⑲最二判昭和44年1月31日判時548号67頁

　土地賃借権の譲渡、転貸、地上建物の担保権の設定等を禁ずる特約の違反があった場合において賃貸借契約の解除が認められるかが問題になった事案について、次のとおり判示している。

「賃借人が賃貸人の承諾を得ないで賃借権を譲渡しもしくは賃借物を転貸した場合においても、賃貸人と賃借人との間の信頼関係を破壊するに足りない特段の事情があると認められるときには、賃貸人は、民法612条に基づいて賃貸借契約を解除することができないものと解すべきである。そして、この理は、土地の賃貸借契約において、賃借人が賃借権もしくは賃借地上の建物を譲渡し、賃借物を転貸しまたは右建物に担保権を設定しようとするときには賃貸人の承諾を得ることを要し、賃借人がこれに違反したときは賃貸人において賃貸借契約を解除することができる旨の特約がされている場合においても、異ならないものと解するのが相当である。

　原判決（およびその引用する第一審判決）は、本件土地賃借人訴外和田中三が賃借地上に所有していた第一審判決別紙目録第二（イ）記載の建物については、同人から訴外鎌田千代子に売買による所有権移転登記がされているが、実体上そのような譲渡はなく、また、訴外伊東常郎が和田中三に対する債権の代物弁済として右建物の所有権を取得したこともなく、したがつて、その敷地部分の土地につき右鎌田または伊東に賃借権の譲渡もしくは転貸がされたものではないこと、その後右建物につき右鎌田から訴外佐藤信次郎に売買を原因とする所有権移転登記がされたが、その実体は、和田中三が佐藤に対し借受金債務のため右建物を譲渡担保に供したものにすぎず、その前後を通じて右建物は和田中三とその家族の居住の用に供され、敷地利用の実体にほとんど変更がなく、しかも、上告人主張の契約解除の日より7年以上前である昭和30年5月中に、債務の弁済によつて佐藤の担保権は消滅したものであること、和田中三は右譲渡担保の解消により右建物の所有名義を回復するにあたり、右建物に同居する長男である被上告人に右建物を贈与し、便宜佐藤から直接被上告人に所有権移転登記をさせたものであること、次に前記目録第二(ロ)記載の建物については、和田中三がこれを建築したのち、右佐藤に対し借受金債務のため譲渡担保に供し、便宜佐藤の名義をもつて所有

権保存登記を経由したが、和田中三が右建物を第三者に賃貸していて、佐藤においてこれを現実に使用収益したことはなかつたこと、和田中三の死後の昭和33年5月、その共同相続人において佐藤に対する債務を弁済して右担保権を消滅させ、昭和37年12月、共同相続人の一人である被上告人へ佐藤からの売買名義により所有権移転登記をしたものであること、以上の事実を認定判示しているのであつて、右判示に所論の違法はない。そして、右事実関係のもとにおいては、賃借地上の建物について所有名義の移転ないし担保権の設定があつても、敷地の賃貸借契約について賃貸人に対する信頼関係を破壊するに足りない特段の事情があるものと認めることができ、したがつて、上告人は、賃借権の無断譲渡、転貸または前記特約違反を理由に賃貸借契約を解除することはできないものというべきであつて、これと趣旨を同じくする原審の判断は正当であり、論旨は採用することができない。」

⑳最一判昭和44年4月24日民集23巻4号855頁、判時556号45頁、判タ235号111頁

借地権の無断譲渡について賃貸人に対する背信行為と認められない特別の事情があるかが問題になつた事案について、次のとおり判示している。

「また、原審の確定するところによれば、被上告人両名は夫婦（昭和27年10月13日婚姻届出）として本件土地上の本件家屋に居住し生活を共にして居たものであり、上告人は昭和29年9月1日被上告人大橋清一との間に本件土地賃貸借契約を締結するに際し被上告人両名の右同居生活の事実並びに本件家屋の登記簿上の所有名義は被上告人大橋であるが真の所有者は被上告人宮嶋静であることを知つていたものであり（昭和30年8月17日被上告人宮嶋へ本件家屋の所有権移転登記がなされた）、その後被上告人両名の夫婦関係の破綻、離婚（昭和36年2月10日協議離婚届出）に伴つて、同居していた被上告人大橋から被上告人宮嶋へ昭和37年2月頃に本件土地賃借権が譲渡されたが、被上告人大橋が昭和37年2月頃他へ転出したほか本件土地の使用状況の外形には何ら変るところがないというのであるし、その他原判決確定の諸事情を考えれば、右賃借権の譲渡は、賃貸人に対する背信行為と認めるに足りない特段の事情がある場合にあたり、上告人は、被上告人大橋に対し民法612条2項によつ

て本件賃貸借契約を解除することはできず、被上告人宮嶋は、賃貸人たる上告人の承諾がなくても賃借権の譲受けをもつて上告人に対抗できるものと解すべきであるから、これと同旨の原判決の判断は正当として支持することができる。」

㉑最一判昭和44年11月13日判時579号57頁

　家屋の無断転貸行為が背信行為に当たらないため、賃貸人による解除が許されない場合における賃貸人と転借人との間の法律関係が問題になった事案について、次のとおり判示している。

「本件のように、家屋の一部に対する転貸行為について、いまだ賃貸人と賃借人との間の信頼関係を破壊するに足りない特段の事情があつて、賃貸人が民法612条により賃貸借を解除することが許されない場合においては、賃貸人は、転借人に対してもその転借につき承諾のないことを主張し、賃貸家屋の所有権に基づいてその明渡を求めることができず、また、その結果として、転借人は賃貸人の承諾があつたと同様に転借をもつて賃貸人に対抗することができるものと解すべきことは、当裁判所の判例（昭和32年(オ)第1087号、同36年4月28日第二小法廷判決、民集15巻4号1211頁、昭和39年(オ)第25号、同年6月30日第三小法廷判決、民集18巻5号991頁）とするところである。」

㉒最三判昭和46年6月22日判時636号47頁、判タ265号133頁

　借地権の一部の無断譲渡による賃貸借契約の解除が認められるかが問題になった事案について、次のとおり判示している。

「土地の賃貸借契約において、賃借人が賃貸人の承諾なしに賃借権の一部を譲渡したとしても、それがただちに背信行為となるものではない（最高裁判所昭和25年(オ)第140号、同28年9月25日第二小法廷判決、民集7巻9号979頁参照）が、右が背信行為にあたらず契約解除のできない特段の事情については、賃借人においてこれを主張立証しなければならない（最高裁判所昭和40年(オ)第163号、同41年1月27日第一小法廷判決、民集20巻1号136頁）。したがって、この主張立証が尽くされないかぎり、賃貸借の目的たる土地419.83平方メートル（実測面積）のうち69.68平方メートル部分の賃借権が無断譲渡されたにすぎない本件の場合においても、賃貸人は賃借人に対して本件賃貸借契約の全部の解除をすることができるものと解すべきである。

ところで、被上告会社は、昭和19年4月1日本件土地を上告人から賃借し、同地上に原判決記載の別紙物件目録㈠の第二の㈠、㈡の各建物、同目録第三、第四の建物を建築し、右第二の㈠の建物を被上告人磯崎に、第三の建物を被上告人井上に、第四の建物を被上告人館野に、それぞれ賃貸し、右各被上告人は、各賃借建物を占有してそこでいずれも飲食店を営み、被上告会社もまた、右第二の㈡の建物を使用してガソリンスタンドを営み、被上告人織田は右建物に居住し、被上告人らは、本件土地上で生計を維持していること、被上告会社が上告人主張の本件土地のうちの69.68平方メートル部分の賃借権を訴外田中はまに譲渡するについては、従来の事情から、上告人の承諾を得られるものと思い、その際の名義書換料として相当の金員を上告人に支払うことを予定していたものであつて、当初から上告人の意思を全く無視していたものではないことは、原審の適法に確定した事実であり、しかも、右69.68平方メートル部分は本件土地のうち公道とは反対の西隅の全体に対する1割7分の最も価値の低い部分であることは、原判文を通覧すれば明らかである。
　そうとすれば、これらの事情は前記にいわゆる特段の事情にあたるものというべく、上告人は、被上告会社の右賃借権の無断譲渡を理由に契約を解除することはできず、無断譲渡を理由とする上告人の被上告会社に対する本件賃貸借契約の解除は効力を生じないものといわなければならない。」

㉓最一判昭和46年11月4日判時654号57頁

　建物賃借人がその営業を会社組織に改めた場合において無断転貸を理由とする賃貸借契約の解除が認められるかが問題になった事案について、次のとおり判示している。

　「所論の各点についての原審の事実の認定は、原判決（その訂正・引用する第一審判決を含む。以下同じ。）挙示の証拠に照らして肯認することができ、右事実関係のもとにおいては、上告人合名会社三ツ木組と同三ツ木建設工業株式会社との間の使用貸借契約は、確定的に期間を13年と定めたものではなく、いまだ終了したものとは認められない旨、被上告人岩井哲夫と同有限会社十八屋との間の転貸借には、賃貸人に対する信頼関係を破壊するものと認めるに足りない特段の事由があり、これを

理由とする賃貸借契約の解除は許されない旨ならびに上告人三ツ木建設工業株式会社の被上告人岩井哲夫に対する本件賃貸借の解約の申入には正当の事由があるものとは認められない旨の原審の判断はいずれも正当であつて、右認定・判断に所論の違法は認められない。」

㉔最三判昭和47年4月25日判時669号64頁

　建物所有を目的とする土地の賃借人が、賃借土地を賃借人の個人企業と実質を同じくする会社に使用させた場合において民法612条2項による賃貸借契約の解除が認められるかが問題になった事案について、次のとおり判示している。

「すなわち、第一審判決添付第二物件目録記載の本件土地は、もと被上告人の亡夫茂兵衛の所有に属したが、同人は、昭和14年頃本件土地を上告人野中に建物所有を目的として賃貸した。被上告人は、茂兵衛の死亡により、昭和35年2月29日相続により本件土地の所有権を取得し、賃貸人の地位を承継した。上告人野中は、その地上に第一審判決添付第一物件目録(1)の建物を建築し、個人経営のコンクリート製造販売を業としていたが、昭和25年1月28日上告有限会社を設立して、同会社のために右建物を現物出資して所有権を移転し、その後昭和31年7月有限会社を解散して上告人関東コンクリート工業株式会社（以下「上告株式会社」という。）を設立し、上告株式会社も上告有限会社当時と同じく同第一物件目録記載の本件建物およびその敷地である本件土地を使用して、同じくコンクリート製造販売業を営んでいる。ところで、上告有限会社は、上告人野中によつて設立されたものであつて、その事業内容は、個人経営当時と少しの変化もなく、責任者は依然上告人野中であつた。さらに、上告株式会社の設立後も事業の内容に変化はなく、責任者は依然上告人野中であつた。すなわち、株式の2割は形式上知人名義になつているが、それは名義だけで上告人野中が出資しており、他の8割は上告人野中の個人出資であつて、上告株式会社の代表取締役には上告人野中が、また、上告有限会社の解散後の清算人にも上告人野中が就任していた。してみると、個人企業を会社企業に転換しても経営の実態にはその前後をつうじて実質的な変動はないものとみられないわけではないが、いやしくも、会社が設立された以上は別個独立の人格を有するに至つたものであるから、上告有限会社が上告人野中の現物出資により、その地

上の建物を自ら所有し使用収益する関係は、その賃借物たる本件土地の転借または賃借権の譲受のいずれかに該当する。そして、上告有限会社および上告株式会社の本件土地の使用関係が賃借人の変更によるものか単に転貸借にすぎないか明確でない本件の場合にあつては、賃借人は賃貸人の承諾を要すべきものである。ところが、上告人野中は、被上告人の承諾をえていない。

　原判決は、以上のように判示したうえ、本件賃貸借契約は、賃借権の無断譲渡を理由として昭和36年12月31日に被上告人が上告人野中に対してした賃貸借契約解除の意思表示によつて終了したと判断しているのである。

　しかしながら、建物所有を目的とする土地の賃借人が、賃借土地を賃借人の個人企業と実質を同じくする会社に使用させたからといつて、ただちに賃貸人との間の信頼関係を破るものとはいえず、このような場合には、通常は、背信行為と認めるに足りない特段の事情があるものというべきであるから、賃貸人は、民法612条2項により賃貸借契約を解除することは許されないものと解すべきである（最高裁判所昭和39年(オ)第696号・同年11月19日判決・民集18巻9号1900頁、昭和41年(オ)第818号・同43年9月17日判決・裁判集92号291頁参照）。それゆえ、これと異なる見解に立つて、原判決の確定した事実関係のもとにおいて被上告人がした賃貸借契約解除の意思表示によつて本件賃貸借契約は終了したものとする原判決の判断は、民法612条2項の解釈を誤り、審理不尽、理由不備の違法があり、この点に関する論旨も理由がある。」

㉕最一判昭和48年7月19日民集27巻7号845頁、判時716号39頁、判タ300号204頁

　無断転貸を理由とする解除の意思表示と借家法1条ノ2の解約申入れの効力が問題になつた事案について、次のとおり判示している。

「賃借人が占有補助者によつて賃借物を占有使用しているときは、賃借人は、その占有補助者が賃借物に関してした行為につき、特段の事情のないかぎり、賃貸人に対して責任を負うものと解すべきである。しかるに、原判決に徴すると、原審は、賃借人梅村富子、同野々口保子がその占有補助者として本件家屋に居住させている被上告人において本件家屋を柴田勤、正美らに転貸したことを認めながら、特段の事情を認定する

こともなく、賃借人らみずからがしたものではないというだけの理由で、右転貸につき賃借人らになんらの責任はない旨判断したものであることが明らかであるから、原審の右判断は前述の法理に違背するものといわなければならない。論旨は理由がある。
　……
　原判決によると、原審は、上告人の借家法１条の２の解約申入れによる本件賃貸借終了の主張について、解約申入れのあつたことの主張、立証がないとしてこれを斥けたことが明らかである。
　ところで、原判決および記録によると、上告人は、昭和46年５月８日賃借人らに対して無断転貸を理由として賃貸借解除の意思表示をしたが、本訴においては、解除理由として無断転貸を主張するとともに、右解除の意思表示をした当時借家法１条の２の正当事由が存在したから、右解除の意思表示には同時に、同法同条の解約申入れとしての効力もある旨主張しているのである。思うに、賃貸借の解除・解約の申入れは、以後賃貸借をやめるというだけの意思表示であり、その意思表示にあたりいかなる理由によつてやめるかを明らかにする必要はないのであるから、賃貸人がたまたまある理由を掲げて右意思表示をしても、特にそれ以外の理由によつては解除や解約の申入れをしない旨明らかにしているなど特段の事情のないかぎり、その意思表示は、掲げられている理由のみによつて賃貸借をやめる旨の意思表示ではなく、およそ賃貸借は以後一切やめるという意思表示であると解するを相当とする。そうすると、その意思表示の当時、そこに掲げられた理由が存在しなくても他の理由が存在しているかぎり、右意思表示は存在している理由によつて解除・解約の効力を生ずるものと解すべきである。それゆえ、たとえ、無断転貸により解除する旨の意思表示がなされても、その当時、借家法第１条の２の正当事由が存在しているときには、右意思表示は同時に同法同条による解約申入れとしての効力をも生じているというべきである。
　してみると、前述のように解除の意思表示があつたことを認めながら、解約申入れのあつたことの主張、立証がないとして正当事由の存否についてなんらの判断をすることなく上告人の前記主張を斥けた原審の判断には、右法理の適用を誤つた違法があるといわなければならない。」
㉖最二判昭和50年４月18日裁判集民事114号523頁、金融法務事情761号31頁

賃借地上の建物を第三者名義で登記した場合において、建物の敷地についての賃借権の譲渡・転貸に該当するかが問題になった事案について、次のとおり判示している。

「土地賃借人が借地上に所有する建物につき、第三者名義で保存登記をし、あるいは第三者に所有権移転登記をした場合でも、それが登記上の名義のみであつて建物所有権の帰属に変動がないときには、右建物の敷地について民法612条所定の解除原因たる賃借権の譲渡または転貸はないと解すべきであり、被上告人に所論の譲渡または転貸がないとした原審の認定判断は、原判決挙示の証拠に照らし、正当として是認することができる。」

㉗最二判平成8年10月14日民集50巻9号2431頁、判時1586号73頁、判タ925号176頁

小規模で閉鎖的な有限会社における実質的な経営者の交代が民法612条にいう賃借権の譲渡に該当するかが問題になった事案について、次のとおり判示している。

「1 民法612条は、賃借人は賃貸人の承諾がなければ賃借権を譲渡することができず、賃借人がこれに反して賃借物を第三者に使用又は収益させたときは、賃貸人は賃貸借契約を解除することができる旨を定めている。右にいう賃借権の譲渡が賃借人から第三者への賃借権の譲渡を意味することは同条の文理からも明らかであるところ、賃借人が法人である場合において、右法人の構成員や機関に変動が生じても、法人格の同一性が失われるものではないから、賃借権の譲渡には当たらないと解すべきである。そして、右の理は、特定の個人が経営の実権を握り、社員や役員が右個人及びその家族、知人等によって占められているような小規模で閉鎖的な有限会社が賃借人である場合についても基本的に変わるところはないのであり、右のような小規模で閉鎖的な有限会社において、持分の譲渡及び役員の交代により実質的な経営者が交代しても、同条にいう賃借権の譲渡には当たらないと解するのが相当である。賃借人に有限会社としての活動の実体がなく、その法人格が全く形骸化しているような場合はともかくとして、そのような事情が認められないのに右のような経営者の交代の事実をとらえて賃借権の譲渡に当たるとすることは、賃借人の法人格を無視するものであり、正当ではない。賃借人で

ある有限会社の経営者の交代の事実が、賃貸借契約における賃貸人・賃借人間の信頼関係を悪化させるものと評価され、その他の事情と相まって賃貸借契約解除の事由となり得るかどうかは、右事実が賃借権の譲渡に当たるかどうかとは別の問題である。賃貸人としては、有限会社の経営者である個人の資力、信用や同人との信頼関係を重視する場合には、右個人を相手方として賃貸借契約を締結し、あるいは、会社との間で賃貸借契約を締結する際に、賃借人が賃貸人の承諾を得ずに役員や資本構成を変動させたときは契約を解除することができる旨の特約をするなどの措置を講ずることができるのであり、賃借権の譲渡の有無につき右のように解しても、賃貸人の利益を不当に損なうものとはいえない。

2 前記事実関係によれば、上告人は、上告補助参加人が経営する小規模で閉鎖的な有限会社であったところ、持分の譲渡及び役員の交代により上告補助参加人から堀に実質的な経営者が交代したものと認められる。しかしながら、上告人は、資産及び従業員を保有して運送業を営み、有限会社としての活動の実体を有していたものであり、法人格が全く形骸化していたといえないことは明らかであるから、右のように経営者が交代しても、賃借権の譲渡には当たらないと解すべきである。」

㉘最一判平成9年7月17日民集51巻6号2882頁

借地上の建物の譲渡担保権者が建物の引渡しを受けて使用収益をする場合が民法612条にいう賃借権の譲渡又は転貸に該当するかが問題になった事案について、次のとおり判示している。

「1 借地人が借地上に所有する建物につき譲渡担保権を設定した場合には、建物所有権の移転は債権担保の趣旨でされたものであって、譲渡担保権者によって担保権が実行されるまでの間は、譲渡担保権設定者は受戻権を行使して建物所有権を回復することができるのであり、譲渡担保権設定者が引き続き建物を使用している限り、右建物の敷地について民法612条にいう賃借権の譲渡又は転貸がされたと解することはできない（最高裁昭和39年(オ)第422号同40年12月17日第二小法廷判決・民集19巻9号2159頁参照）。しかし、地上建物につき譲渡担保権が設定された場合であっても、譲渡担保権者が建物の引渡しを受けて使用又は収益をするときは、いまだ譲渡担保権が実行されておらず、譲渡担保権設定者による受戻権の行使が可能であるとしても、建物の敷地について民法

612条にいう賃借権の譲渡又は転貸がされたものと解するのが相当であり、他に賃貸人に対する信頼関係を破壊すると認めるに足りない特段の事情のない限り、賃貸人は同条2項により土地賃貸借契約を解除することができるものというべきである。けだし、(1) 民法612条は、賃貸借契約における当事者間の信頼関係を重視して、賃借人が第三者に賃借物の使用又は収益をさせるためには賃貸人の承諾を要するものとしているのであって、賃借人が賃借物を無断で第三者に現実に使用又は収益させることが、正に契約当事者間の信頼関係を破壊する行為となるものと解するのが相当であり、(2) 譲渡担保権設定者が従前どおり建物を使用している場合には、賃借物たる敷地の現実の使用方法、占有状態に変更はないから、当事者間の信頼関係が破壊されるということはできないが、(3) 譲渡担保権者が建物の使用収益をする場合には、敷地の使用主体が替わることによって、その使用方法、占有状態に変更を来し、当事者間の信頼関係が破壊されるものといわざるを得ないからである。

2　これを本件についてみるに、原審の前記認定事実によれば、光山は、竹内から譲渡担保として譲渡を受けた本件建物を被上告人に賃貸することによりこれの使用収益をしているものと解されるから、竹内の光山に対する同建物の譲渡に伴い、その敷地である本件土地について民法612条にいう賃借権の譲渡又は転貸がされたものと認めるのが相当である。本件において、仮に、光山がいまだ譲渡担保権を実行しておらず、竹内が本件建物につき受戻権を行使することが可能であるとしても、右の判断は左右されない。

3　そうすると、特段の事情の認められない本件においては、上告人の本件賃貸借契約解除の意思表示は効力を生じたものというべきであり、これと異なる見解に立って、本件土地の賃貸借について民法612条所定の解除原因があるとはいえないとして、上告人による契約解除の効力を否定した原審の判断には、法令の解釈適用を誤った違法があり、この違法は原判決の結論に影響を及ぼすことが明らかである。」

㉙最一判平成14年3月28日民集56巻3号662頁、判時1787号119頁、判タ1094号111頁

　前記⑨（117頁）参照

◆転貸借の法律関係が問題になった裁判例としては、次のようなものがある。なお、賃貸人に無断で賃借権が譲渡され、転貸借がされたことを理由とする賃貸借契約の解除の効力が問題になった裁判例については、後記における賃貸借の終了事由としての賃貸借契約の解除の効力をめぐる裁判例の項で取り上げている。

【参考裁判例】

[41] 東京地判平成10年3月24日金融・商事判例1151号15頁

X有限会社は、A株式会社にビルを一括して賃貸期間を20年間として賃貸し（Aは、建設協力金を提供した）、Aは、Y_1株式会社、B株式会社に本件ビルの一部を転貸していたところ、賃貸期間が満了し、更新を拒絶するとともに、Y_1、Bに対しても転貸借の終了を通知したため（Bにつき会社更生手続が開始され、Y_2、Y_3が管財人に選任された）、XがY_1らに対して建物部分の明渡し等を請求した。

本判決は、Y_1らの本件ビルを継続使用をする必要性が高い等とし、賃貸借の終了をY_1らに対抗することができないとし、請求を棄却した。

[42] 東京高判平成11年6月29日判時1694号90頁、金融・商事判例1151号10頁

前記 [41] 東京地判平成10年3月24日金融・商事判例1151号15頁の控訴審判決であり、Xが控訴した。

本判決は、原賃貸借の終了のときに転貸借も履行不能によって終了するところ、特段の事情のない限り、更新拒絶により期間が満了したときであっても、転貸借が終了するとし、原判決を取り消し、請求を認容した。

[43] 東京高判平成11年12月21日判タ1023号194頁、金融・商事判例1093号26頁

Yは、所有土地の有効活用を計画し、A株式会社らのグループ会社とビルの建築、賃貸事業を行うこととし、ビルを建築した後、Aにビルを一括して転貸自由の特約で賃貸し（Yは、Aが転借人との間で締結した転貸借契約を承継する旨の特約があった）、Aは、本件建物の一部をレストランの目的でX有限会社に転貸し、保証金1億円を交付していたところ、Yは、Aの債務不履行を理由に原賃貸借契約を解除する等したことから、XがYに対して転貸借契約を解約し、保証金の残額の返還を請求した。

第一審判決は、原賃貸借契約の解除により転貸借契約が履行不能になって終了し、転貸人の地位の承継が生じる余地はなかったとし、請求を棄却したため、Xが控訴した。

本判決は、承継特約は転借人が援用することができ、賃貸人は転貸人の地位を承継したものであるとし、原判決を変更し、請求を認容した。

[44] **最一判平成14年3月28日民集56巻3号662頁、判時1787号119頁、判タ1094号111頁**

前記[42] 東京高判平成11年6月29日判時1694号90頁、金融・商事判例1151号10頁の上告審判決であり、Y_1らが上告受理を申し立てた。

本判決は、本件の事情の下では、賃貸人は、信義則上、賃貸借契約の終了をもって再転借人に対抗することができないとし、原判決を破棄し、Xの控訴を棄却した。

前記㉙（143頁）参照

[45] **東京高判平成27年5月27日判時2319号24頁**

A、Bは、ビルを所有していたところ、平成19年11月、Y株式会社に本件ビルの1、2階部分を服飾雑貨店を目的として賃貸したが、Yは、平成22年6月、X株式会社にイタリアンジェラート店舗を目的として保証金4440万円で定期借家契約を締結し、転貸したところ、平成23年10月、11月、1階厨房の床の排水口から汚水が逆流する等したことから、平成24年3月、XとYは、本件建物部分を明け渡したことを確認し、Yが保証金の残額を計算し、提供したものの、その受領を拒否され、供託する等したため、XがYに対して汚水の逆流事故につき債務不履行を主張し、損害賠償、保証金の返還等を請求した。

第一審判決は、Xが本件転貸借契約が無断であることを知っていたから、Yは、Aらに対して適切な情報提供を行い、その対応を求める程度の使用収益義務を負っているにすぎず、本件ビルの配管を清掃する義務も権限もない等とし、Yの債務不履行責任を否定し、損害賠償請求を棄却し、他の請求を一部認容したため、X、Yが控訴した。

本判決は、転貸借の転貸人は貸主としての義務が当然に発生し、賃貸人が負っているのと同様の程度において、転貸人には排水管の共用部分を適切に維持管理して転借人に使用させる契約上の義務が発生するとした上、転貸人において共用部分の維持管理を自ら行うことができないという事情をもって貸主の義務を軽減させるものではないとし、Yの債務不履行責任を認め（休業損害等の損害を認めた）、各控訴に基づき原判決を変更し、損害賠償請求、前払賃料の返還請求、保証金の返還請求を一部認容した。

[46] **東京地判平成28年2月22日判タ1429号243頁**

Xら（19名）は、東京都の特別区であるA区（千代田区）の借上型区民住宅

10棟（Aの住宅基本条例及び借上型区民住宅制度要綱に基づき、XらがAの助成を受けて建築した賃貸住宅であり、外郭団体が一棟借上げで賃借し、入居者らに転貸し、管理をする形式のものであり、区民の定住の促進を図るものであり、賃料の補助が行われている）を所有又は共有する者であるところ、Aの外郭団体であるY_1公益財団法人に賃貸し（平成8年6月から平成12年9月までの間に、賃貸期間を20年間として賃貸借契約が締結された）、Y_1がY_2、Y_3ら（11名）に転貸していたが、平成26年、Y_1が賃貸借を更新しない方針をXらに示したことから、Xらが各賃貸借契約の期間満了による終了をまたずに、Y_1のほか、2棟の建物の転借人であるY_2らに対して所有権に基づき建物部分の明渡しを請求した（将来給付の訴えに当たるものもある）。

　本判決は、賃貸借契約が賃借人の更新拒絶により終了しても、賃貸人が信義則上その終了を転借人に対抗することができず、将来の正当事由の有無を決することは困難であるとし、将来給付の訴えの要件を欠くとし、訴えを却下した。

18 現行民法・改正民法613条（転貸の効果）

(1) 改正民法613条は、現行民法613条と同じ見出しの規定であるが、現行民法613条において問題になっていた転貸の効果をめぐる事項についてより明確な内容を明文として定め、改正するものである。改正民法613条の内容は、次のとおりである。

【改正民法】
（転貸の効果）
第613条　賃借人が適法に賃借物を転貸したときは、転借人は、賃貸人と賃借人との間の賃貸借に基づく賃借人の債務の範囲を限度として、賃貸人に対して転貸借に基づく債務を直接履行する義務を負う。この場合においては、賃料の前払をもって賃貸人に対抗することができない。
2　（略）
3　賃借人が適法に賃借物を転貸した場合には、賃貸人は、賃借人との間の賃貸借を合意により解除したことをもって転借人に対抗することができない。ただし、その解除の当時、賃貸人が賃借人の債務不履行による解除権を有していたときは、この限りでない。

(2) 現行民法613条の内容は、次のとおりである。

【現行民法】
（転貸の効果）
第613条　賃借人が適法に賃借物を転貸したときは、転借人は、賃貸人に対して直接に義務を負う。この場合においては、賃料の前払をもって賃貸人に対抗することができない。
2　前項の規定は、賃貸人が賃借人に対してその権利を行使することを妨げない。

(3) 改正民法613条は、現行民法613条について2箇所で変更を加えるものである。
　　改正民法613条1項は、現行民法613条1項について、その内容が必ずしも明確でなかったことから、通説を基により明確にしたものである。
　　改正民法613条2項は、現行民法613条2項を維持するものである。

改正民法613条3項は、新たな規定を設けるものであるが、現行民法における判例の内容を明文の規定にしたものである。
(4)　改正民法613条1項も、現行民法613条1項も、賃借人が適法に賃借物を転貸した場合における賃貸人と転借人との関係を定めるものである。
　適法に賃借物を転貸した場合とは、賃借人が賃貸人の承諾を得て、転貸したことをいう。なお、賃借物が賃貸人の承諾なく転貸されたものの、信頼関係を破壊するに足りる特段の事情等が認められず、賃貸借契約が解除され得ないときに改正民法613条1項が適用されるかが問題になり得るが、肯定的に解するほかない。
　現行民法613条1項は、賃借人が適法に賃借物を転貸した場合においては、転借人が賃貸人（原賃貸人）に対して直接に義務を負う旨を定めるものであるが、これは、賃貸人の保護の規定であると説明されている。現行民法613条1項の適用が実際に問題になる紛争、事件は稀であり、賃貸借の実務においてもこの規定の趣旨、内容がさほど理解されているとはいい難い状況が見られた。
　現行民法613条1項は、適法な転借人が賃貸人（原賃貸人）に対して直接義務を負い、その義務の内容については、賃料の支払義務だけでなく、賃借物の返還義務等の義務を含むものと解されてきたものであり、これにより、賃貸人（原賃貸人）は転借人に対して直接権利を有し、権利行使ができるものである。現行民法613条1項の適用に当たっては、同条項による転借人の義務は、転貸借契約上の義務であるのか、別物か、賃貸借契約との関係はどうなるのか等の問題が生じるが、盛んに議論されたとはいい難いものの、転貸借契約上の義務を負い、原賃貸借による制約を受ける等の見解が通説的に提唱されてきた。
　改正民法613条1項は、現行民法613条1項の規定の内容、この解釈をめぐる問題状況、通説的見解を踏まえ、これを明確にする内容を定めたものであり、賃借人が適法に賃借物を転貸したときは、転借人は、賃貸人と賃借人との間の賃貸借に基づく賃借人の債務の範囲を限度として、賃貸人に対して転貸借に基づく債務を直接履行する義務を負うと定めている。
　なお、改正民法613条1項ただし書は、改正における議論、提案はあったものの、現行民法613条1項ただし書と同じ内容の規定であり、

変更されていない。

(5) 改正民法613条2項は、現行民法613条2項と同じ内容の規定であり、変更されていない。

　改正民法613条2項は、同条1項の規定にかかわらず、賃貸人（原賃貸人）が賃借人（原賃借人）に対してその権利を行使することを妨げないとするものであるが、事柄の性質上、当然の内容であり、賃貸人に新たな権利を認めるものではない。

　もっとも、例えば、賃貸人（原賃貸人）が賃料の支払を請求する場合、賃貸借契約上、賃借人（原賃借人）に賃料の支払を請求するほか、転借人にも改正民法613条1項に基づき直接賃料の支払（前記のとおり、賃料の範囲における転貸料の支払）を請求することができるとしても、二重に賃料を受領し、その利益を保持することができるものではない。

(6) 改正民法613条3項は、現行民法においてはなかった内容の規定を設けるものではあるが、現行民法612条において説明したように、従来の判例によって形成されてきた法理を明文の規定としたものである（この判例は、通説によって支持されている）。

　賃貸借契約（原賃貸借契約）の賃借人が賃借物を賃貸人の承諾を得て、転貸した場合、転貸借契約は賃貸借契約を基礎として締結されるものであるから、賃貸借契約が終了すると、転貸借契約は存続の基礎を失い、終了することが原則である。問題は、賃貸借契約の終了の事由を問わず、転貸借が終了するのか、いつ終了するのか等の問題が残る。

　賃貸借契約が賃借人の債務不履行を理由に解除された場合、転貸借契約が終了すると考えられる（なお、契約の解除が信頼関係を破壊するに足りない特段の事情があり、解除の効力が否定される場合には、転貸借契約が終了しないと解される可能性がある）。賃貸借契約が賃貸期間の満了によって終了した場合も同様である。もっとも、これらの賃貸借契約の終了については、賃貸借の種類によっては、この終了事由に一定の制限が加えられていることがある（借地借家法6条、13条、28条、34条等）。

　賃貸借契約が合意解除された場合（合意解約と呼ばれることもあるが、賃貸借の実務においては同じ意味で使用されている。なお、合意解除は、様々な事情から利用されることがあるし、合意解除を最初に持ち

かけるのは、賃貸人のこともあれば、賃借人のこともある）には、賃貸人は、賃借人に債務不履行があり、賃貸借契約を解除しないまま、合意解除したような特段の事情がある場合を除き、賃借人との間の賃貸借を合意により解除したことをもって転借人に対抗することができないと解されている。

改正民法613条3項は、賃貸借契約の終了による転貸借契約の終了をめぐる、判例によって形成されてきた法理のうち、賃貸借契約が合意解除された場合に関する法理を明文の規定として設けたものである。

◆**賃貸借契約の終了による転貸借契約の終了をめぐる問題に関する最高裁の判例としては、次のようなものがあり、改正民法613条3項の解釈に当たって参考になる。**
【参考判例】
①最一判昭和31年4月5日民集10巻4号330頁、判タ59号57頁
　賃貸借の合意解約により転借権が当然消滅するかが問題になった事案について、次のとおり判示している。
「原審の認定した事実によれば、被上告人は、近く予想せられた今村秀之助の本件家屋退去に至るまでの間を限つて、その家屋の一部の転借につき、上告人の代理人に対し承諾を与えたものであつて、上告人側も当初より右事実関係を了承していたものであることがうかがえるから、上告人の転借権が、被上告人と訴外今村秀之助との賃貸借の終了により消滅するとした原判決には、所論のような経験則違背はなく、また民法1条違反も認められない。」
②最二判昭和38年4月12日民集17巻3号460頁、判時338号22頁、判タ146号62頁
　建物賃貸借契約の合意解除を転借人に対抗できるかが問題になった事案について、次のとおり判示している。
「原判決の確定した事実によれば、本件賃借人と転借人とは判示のような密接な関係をもち、転借人は、賃貸人と賃借人との間の明渡に関する調停および明渡猶予の調停に立会い、賃貸借が終了している事実関係を了承していたというのであるから、原判決が、本件転貸借は賃貸借の終了と同時に終了すると判断したのは正当であつて、所論の違法は認めら

れない。」
③最三判昭和62年3月24日判時1258号61頁、判タ653号85頁
　　前記**17**の⑦（114頁）参照
④最三判平成9年2月25日民集51巻2号398頁、判時1599号69頁、判タ936号175頁

　賃借人の債務不履行により賃貸借契約が解除された場合、転貸借契約が終了するかが問題になった事案について、次のとおり判示している。
「賃貸人の承諾のある転貸借においては、転借人が目的物の使用収益につき賃貸人に対抗し得る権原（転借権）を有することが重要であり、転貸人が、自らの債務不履行により賃貸借契約を解除され、転借人が転借権を賃貸人に対抗し得ない事態を招くことは、転借人に対して目的物を使用収益させる債務の履行を怠るものにほかならない。そして、賃貸借契約が転貸人の債務不履行を理由とする解除により終了した場合において、賃貸人が転借人に対して直接目的物の返還を請求したときは、転借人は賃貸人に対し、目的物の返還義務を負うとともに、遅くとも右返還請求を受けた時点から返還義務を履行するまでの間の目的物の使用収益について、不法行為による損害賠償義務又は不当利得返還義務を免れないこととなる。他方、賃貸人が転借人に直接目的物の返還を請求するに至った以上、転貸人が賃貸人との間で再び賃貸借契約を締結するなどして、転借人が賃貸人に転借権を対抗し得る状態を回復することは、もはや期待し得ないものというほかはなく、転貸人の転借人に対する債務は、社会通念及び取引観念に照らして履行不能というべきである。したがって、賃貸借契約が転貸人の債務不履行を理由とする解除により終了した場合、賃貸人の承諾のある転貸借は、原則として、賃貸人が転借人に対して目的物の返還を請求した時に、転貸人の転借人に対する債務の履行不能により終了すると解するのが相当である。

　これを本件についてみると、前記事実関係によれば、訴外会社と被上告人との間の賃貸借契約は昭和62年1月31日、被上告人の債務不履行を理由とする解除により終了し、訴外会社は同年2月25日、訴訟を提起して上告人らに対して本件建物の明渡しを請求したというのであるから、被上告人と上告人らとの間の転貸借は、昭和63年12月1日の時点では、既に被上告人の債務の履行不能により終了していたことが明らかであ

り、同日以降の転借料の支払を求める被上告人の主位的請求は、上告人らの相殺の抗弁につき判断するまでもなく、失当というべきである。」
⑤　最一判平成14年3月28日民集56巻3号662頁、判時1787号119頁、判タ1094号111頁
　　前記**17**の⑨参照（117頁）

◆**賃貸借契約の終了による転貸借契約の終了をめぐる問題と同様な問題は、借地上の建物の賃貸借において借地契約が合意解除（合意解約）された場合にも生じるが、この問題をめぐる最高裁の判例としては、次のようなものがあり、改正民法においても妥当する。**

【参考判例】
①最一判昭和38年2月21日民集17巻1号219頁、判時331号23頁、判タ144号42頁

　土地賃貸借の合意解除が地上建物の賃借人に対抗できるかが問題になった事案について、次のとおり判示している。
「しかし、原判決が、本件借地契約は、借地法9条にいう一時使用のためのものではなく、借地法の適用を受ける建物所有のために設定されたものであること、所論調停条項は、所論の如き趣旨のものではなくて、上告人と訴外稲田文作とが、右の本件借地契約を合意解除してこれを消滅せしめるとの趣旨であるとした判断は、挙示の証拠関係及び事実関係に徴し、首肯できなくはない。
　ところで、本件借地契約は、右の如く、調停により地主たる上告人と借地人たる訴外稲田文作との合意によつて解除され、消滅に至つたものではあるが、原判決によれば、前叙の如く、右稲田文作は右借地の上に建物を所有しており、昭和30年3月からは、被上告人がこれを賃借して同建物に居住し、家具製造業を営んで今日に至つているというのであるから、かかる場合においては、たとえ上告人と訴外稲田文作との間で、右借地契約を合意解除し、これを消滅せしめても、特段の事情がない限りは、上告人は、右合意解除の効果を、被上告人に対抗し得ないものと解するのが相当である。
　なぜなら、上告人と被上告人との間には直接に契約上の法律関係がないにもせよ、建物所有を目的とする土地の賃貸借においては、土地賃貸

人は、土地賃借人が、その借地上に建物を建築所有して自らこれに居住することばかりでなく、反対の特約がないかぎりは、他にこれを賃貸し、建物賃借人をしてその敷地を占有使用せしめることをも当然に予想し、かつ認容しているものとみるべきであるから、建物賃借人は、当該建物の使用に必要な範囲において、その敷地の使用収益をなす権利を有するとともに、この権利を土地賃貸人に対し主張し得るものというべく、右権利は土地賃借人がその有する借地権を抛棄することによつて勝手に消滅せしめ得ないものと解するのを相当とするところ、土地賃貸人とその賃借人との合意をもつて賃貸借契約を解除した本件のような場合には賃借人において自らその借地権を抛棄したことになるのであるから、これをもつて第三者たる被上告人に対抗し得ないものと解すべきであり、このことは民法398条、538条の法理からも推論することができるし、信義誠実の原則に照しても当然のことだからである。（昭和9年3月7日大審院判決、民集13巻278頁、昭和37年2月1日当裁判所第一小法廷判決、最高裁判所民事裁判集58巻441頁各参照）。」

②最一判昭和41年5月19日民集20巻5号989頁、判時452号33頁、判タ193号93頁

　土地賃貸借の合意解約が地上建物の賃借人に対抗できるかが問題になった事案について、次のとおり判示している。

　「土地賃貸人と賃借人との間において土地賃貸借契約を合意解除しても、土地賃貸人は、特別の事情のないかぎり、その効果を地上建物の賃借人に対抗できないものであることは、当裁判所の判例とするところである（昭和38年2月21日第一小法廷判決民集17巻1号219頁参照）。

　被上告人らは、本件土地を訴外大出圭之の先代大出儀左ヱ門に地代年額2,000円の定めで賃貸していたところ、大出儀左ヱ門は昭和26年度分から、昭和30年度分までの地代のうち合計9,007円50銭を滞納したので、被上告人らは昭和31年5月16日付、同月17日到達の書面を以て同人に対し書面到達後3日以内に右滞納地代を支払方催告したが、右期間内に支払がなかつたので、被上告人らは、昭和31年5月20日付、同月22日到達の書面で同人に対し、右地代不払などを理由として本件土地賃貸借契約解除の意思表示をしたこと、被上告人らは、昭和31年8月大出儀左ヱ門を被告として、前記の本件土地賃貸借契約解除を原因として本件建物収

去、土地明渡の訴を宇都宮地方裁判所栃木支部に提起し（同支部昭和31年㈦第48号事件）、昭和33年12月17日第9回口頭弁論期日において、大出圭之（大出儀左ヱ門は昭和32年3月24日死亡し、大出圭之が相続した。）、関恒次郎、吉田豊治と被上告人らとの間に、⑴　被上告人らは大出圭之に対し本件土地のうち北側115坪を賃貸すること、⑵　大出圭之は上告人らに対し昭和38年12月16日までに本件建物を本件土地の北側の85坪の部分へ移築し、南側の120坪5合9勺の土地を明け渡すこと、⑶

被上告人らは大出圭之に対し、右120坪5合9勺の土地を右明渡を完了するまで賃貸すること、⑷　大出圭之は被上告人らに対し地代として毎月1,000円を被上告人ら方に持参支払うこと、⑸　大出圭之、関恒次郎、吉田豊治は連滞して被上告人らに対し109,000円の債務を認め、昭和34年6月末日限り金9,000円、同年12月末日限り金30,000円、昭和35年12月末日限り金30,000円、昭和37年12月末日限り金40,000円を支払うこと、⑹　地代の支払を3月分以上怠つたとき、右に述べた分割金の支払を一回でも怠つたときは、右の賃貸借契約は当然解除となり、被上告人らに対し本件土地を地上にある建物を収去して明け渡すこと、等を内容とする裁判上の和解が成立したこと、の以上の事実は、原審の適法に確定するところである。

右の事実によれば、右裁判上の和解は、被上告人らと大出圭之との間においては、本件土地のうち原判決添付図面表示の85坪と30坪の部分合計115坪については引き続き賃貸借契約を継続する、本件土地のうち同図面表示の120坪5合9勺の部分については合意解約し、同部分の土地を期限昭和38年12月16日として一時使用の賃貸借契約としたものと解すべきものとする原判決の認定は、これを肯認できるし、右事実関係は上告人の知不知をとわず、右合意解約を以て、地上建物の賃借人たる上告人に対抗できる特別事情にあたると解することができるから、これと同旨の原判決の判断は、正当として肯認することができる。なお、前記裁判上の和解の成立によつて、被上告人らと訴外大出儀左ヱ門、大出圭之間の従前の前記関係事実が、右合意解約の対抗力を判断する特別事情として考慮できなくなるものではなく、その他本件記録に徴し、この点に関する原判決の判断は正当として肯認できる。」

③最一判昭和44年11月6日判時579号52頁

借地上の建物の賃借人が建物につき工事を施工し、借地の賃貸借契約が解除された場合において、賃借人が建物に関して生じた債権に基づき、当該建物の敷地を留置することができるか等が問題になった事案について、次のとおり判示している。

「借地上にある家屋の賃借人が借家契約のみにもとづきその敷地部分を直接または間接に適法に占有しうる権原は、もつぱら右家屋の所有者が借地の所有者との間に締結した借地契約にもとづきその借地を適法に占有しうる権原に依存しているのであるから、その借地契約が借地人の賃料不払を理由として有効に解除され、借地人が右借地を適法に占有しうる権原を喪失するに至つた場合には、右家屋の賃借人は、同人自身の家屋ないしその敷地部分の占有については何らの非難されるべき落度がなかつたとしても、その敷地部分を適法に占有しうる権原を当然に喪失し、右借地の所有者に対して、その家屋から退去してその敷地部分を明け渡すべき義務を負うに至るものといわざるをえない。以上と同旨の見解に立つて、被上告人の本訴請求を認容し、上告人に対して本件家屋部分からの退去およびその敷地たる本件土地の明渡を命じた原審の判断は、正当であつて、原判決に所論の違法はない。……

　……

　借地上にある家屋の賃借人がその家屋について工事を施したことにもとづくその費用の償還請求権は、借地自体に関して生じた債権でもなければ、借地の所有者に対して取得した債権でもないから、借地の賃貸借契約が有効に解除された後、その借地の所有者が借家人に対して右家屋からの退去およびその敷地部分の明渡を求めた場合においては、その借家人には右費用の償還を受けるまでその家屋の敷地部分を留置しうる権利は認められない、との見解に立つて、上告人の所論の留置権にもとづく本件家屋部分からの退去拒絶の抗弁を排斥した原審の判断は、正当として是認することができる。」

④最一判昭和45年12月24日民集24巻13号2271頁、判時618号30頁、判タ257号144頁

　土地賃貸借が賃借人の債務不履行により解除された場合において借地上の建物の賃貸借契約が終了するか、終了時期はいつかが問題になった事案について、次のとおり判示している。

「土地の賃借人がその地上に所有する建物を他人に賃貸した場合において、土地賃貸借と建物賃貸借とは別個の契約関係であるから、前者の終了が当然に後者の終了を来たすものではない。もつとも、土地の賃貸借が終了するときは、その地上に借地人所有の建物が存立しえないこととなる結果、建物賃借人は、土地賃貸人に対する関係においては、その建物を占有することによりその敷地を占有する権原を否定され、建物から退去して敷地を明け渡すべきこととなり、結局、建物の賃貸借契約も、その事実上の基礎を失い、賃貸人の債務の履行不能により消滅するに至るであろうが、土地の賃貸借が終了したときにただちに右履行不能を生ずるものというべきではない。建物の賃借人がこれを現実に使用収益することに支障を生じない間は、建物の賃貸借契約上の債権債務がその当事者間に存続することは、妨げられないものと解される。したがつて、土地の賃貸借が借地人の債務不履行により解除された場合においても、その地上の建物の賃貸借はそれだけでただちに終了するものではなく、土地賃貸人と建物賃借人との間で建物敷地の明渡義務が確定されるなど、建物の使用収益が現実に妨げられる事情が客観的に明らかになり、ないしは、建物の賃借人が現実の明渡を余儀なくされたときに、はじめて、建物を使用収益させるべき賃貸人の債務がその責に帰すべき事由により履行不能となり、建物の賃貸借は終了するに至ると解するのが相当であつて、それまでは、建物賃借人の建物賃貸人に対する賃料債務は依然発生するものというべきである。

　原判決の確定したところによれば、被上告人と訴外高間七夫との間の本件土地の賃貸借契約は、昭和41年1月3日、高間の賃料不払により解除され、被上告人と上告人との間の訴訟において、同年11月8日、上告人は被上告人に対し本件建物部分から退去して本件土地を明け渡すべき旨の第一審判決が言い渡され、昭和44年2月4日、右判決が確定し、右確定判決に基づく建物退去土地明渡の強制執行が同年4月22日施行され完了したのであるが、上告人は、右強制執行のあるまでは、高間との間の賃貸借契約に基づいて、本件建物部分を占有使用していたというのである。してみれば、上告人に右建物敷地の明渡を命ずる前記判決が確定した昭和44年2月4日までは、少なくとも高間の上告人に対する契約上の義務の履行が不能状態にあつたものとはいえず、高間と上告人との間

の本件建物賃貸借契約は存続していたもので、上告人はその間高間に対し約定の賃料債務を負担していたものというべきである。そして、被上告人は、高間に対する金銭債権の強制執行として、高間の上告人に対する本件建物部分の昭和41年11月1日から昭和42年11月30日まで13ケ月分の賃料債権合計78万円につき差押および転付命令を得て、上告人に対しその支払を求めているのである。したがつて、被上告人に転付された右賃料債権はその存在を否定されないこと前記のとおりであるから、その支払を求める本訴請求を認容した原判決の判断は正当であつて、なんら所論の違法はない。」

⑤最三判昭和47年3月7日判時666号48頁

　土地の賃貸人が、その賃貸借の合意解約をもつて地上建物の抵当権実行による競落人に対抗することができるかが問題になつた事案について、次のとおり判示している。

「原判決は、つぎの諸事実を適法に確定している。すなわち、被上告人は、昭和33年1月1日訴外（第一審被告）讚和産業株式会社（以下、讚和産業という。）に対し、本件宅地を、建物所有の目的で、期間を定めず、賃料1か月3.3平方メートル（一坪）当たり金50円、毎月10日かぎり前月分支払の約で賃貸し、讚和産業は、右宅地上に本件建物を所有していた。しかるに、讚和産業が昭和39年1月以降全く賃料を支払わなくなつたため、被上告人において、右賃貸借契約の解除を求め、その結果、双方協議のうえ、昭和40年3月27日右賃貸借契約を合意解約し、讚和産業は、被上告人に対し、昭和41年3月末日かぎり本件建物を収去して本件宅地を明け渡すこと等を約するに至つた。一方、訴外秋木工業株式会社は、昭和39年7月29日、讚和産業から本件建物につき根抵当権の設定を受け、同年10月13日その登記を経由したのであるが、その後、右根抵当権に基づいて和歌山地方裁判所に本件建物の競売を申し立て、昭和40年12月18日競売開始決定があり、昭和42年7月20日の競落期日に至つて、上告人が右建物を競落し、同年10月20日その所有権移転登記を了した、というのである。

　そうすると、原判決が説示するように、右賃貸借契約の合意解約は、賃借人である讚和産業に1年余にわたる賃料の延滞があつたため、被上告人において賃貸借契約の解除を求めた結果、合意解約という形式をと

ることになつたものであつて、その原因は、もつぱら賃借人の債務不履行にあり、また、上告人が本件建物を競落取得したのは、右合意解約により本件宅地の賃借権が消滅したのちであつて、原判決によれば、上告人は、右賃借権の消滅の事実を知悉しながら、本件建物を競落したことが窺い知られるというのである。

　かような事実関係のもとにおいては、右賃貸借契約の合意解約が信義則に反するものとはいえず、被上告人は、右合意解約をもつて上告人に対抗することができるというべきであり、これと同趣旨の原審の判断は、正当として是認することができる。」

⑥最二判昭和49年4月26日民集28巻3号527頁、判時743号54頁、判タ310号146頁

　土地賃貸借の合意解除が地上建物の賃借人に対抗することができるかが問題になった事案について、次のとおり判示している。

「土地賃貸人と賃借人との間において土地賃貸借契約を合意解除しても、土地賃貸人は、特別の事情のないかぎり、その効果を地上建物の賃借人に対抗できないことは、所論のとおりである。

　しかし、㈠　本件土地の賃貸人である被上告人は、賃借人である亡水野善兵衛との間で、昭和30年12月15日、本件土地の賃貸借契約を合意解除し、水野善兵衛は昭和35年12月末日かぎり本件建物を収去して本件土地を明渡す旨の調停が成立したこと、㈡　上告会社は昭和27年6月18日設立された合資会社で、設立と同時に本件建物を水野善兵衛から賃借しその引渡しを受けていたこと、㈢　上告会社は徽章、メダル、バッジ類の製造販売、金属加工、七宝製品の製造販売等を目的として設立されたが、これは、従前水野善兵衛が個人として行つてきたものを会社組織に改めたもので、同人は設立と同時にその代表者となり、以後、昭和32年12月15日死亡するまで上告会社の無限責任社員であつたこと、㈣　上告会社は設立当時から従業員5、6名を擁するにすぎず、設立の前後を通じてその経営規模にさほどの変更もみられなかつたこと、㈤　前記調停当時、上告会社の代表者であつた水野善兵衛は会社設立のことにはふれず、被上告人としては上告会社の設立について全く知らなかつたこと、以上の事実は、原審の確定するところであり、右事実関係によれば、本件土地賃貸借契約の合意解除をもつて、その地上の本件建物の賃借人た

る上告会社に対抗できる特別事情に当たると解することができ、これと同旨の原判決の判断は正当である。」

⑦最三判平成12年12月19日金融法務事情1607号39頁

　土地賃貸借が賃借人の債務不履行により解除された場合において借地上の建物の賃貸借契約が終了するかが問題になった事案について、次のとおり判示している。

「所論の点に関する原審の事実認定は、原判決挙示の証拠関係に照らして首肯するに足り、右事実関係の下においては、被上告人と上告人との間の本件建物部分の賃貸借契約が履行不能により終了したということはできず、上告人は被上告人に対して右契約に基づく賃料支払義務を負っているとした上で、176万4000円の求償債権を自働債権とする限度で右賃料債権との相殺を認めるべきものとした原審の判断は、正当として是認することができる。」

19 現行民法614条（賃料の支払時期）

(1) 現行民法614条は、改正民法において改正されていない。

現行民法614条は、次のとおり定めている。

> **【現行民法】**
>
> （賃料の支払時期）
>
> **第614条** 賃料は、動産、建物及び宅地については毎月末に、その他の土地については毎年末に、支払わなければならない。ただし、収穫の季節があるものについては、その季節の後に遅滞なく支払わなければならない。

(2) 現行民法614条は、賃料の支払時期に関する規定であるが、改正民法によって改正されていないので、従来の解釈がそのまま妥当する。

現行民法614条は、賃料の後支払の原則を定めるものである。

現行民法614条は、任意規定であり、賃貸借契約においてこれと異なる内容の特約を定めることができるが、建物の賃貸借契約においては、毎月分につき前月末支払の特約の事例が多く見られる。

(3) 現行民法614条は、賃料の支払時期について定めるものであり、支払場所、支払方法を定めるものではなく、これらの事項は賃貸借契約において定めることができる（現行民法484条・改正民法484条参照）。

建物の賃貸借契約においては、賃貸人の預金口座への振込によって賃料を支払う旨の特約が多いが、賃借人による賃貸建物の管理業者への持参、クレジットカードによる支払等の特約も見られる。

20　現行民法615条(賃借人の通知義務)

(1) 現行民法615条は、改正民法において改正されていない。

現行民法615条は、次のとおり定めている。

> **【現行民法】**
>
> (賃借人の通知義務)
> 第615条　賃借物が修繕を要し、又は賃借物について権利を主張する者があるときは、賃借人は、遅滞なくその旨を賃貸人に通知しなければならない。ただし、賃貸人が既にこれを知っているときは、この限りでない。

(2) 現行民法615条は、賃借人の通知義務に関する規定であるが、改正民法によって改正されていないので、従来の解釈がそのまま妥当する。

現行民法615条は、賃借人の通知義務を定めるものであるが、その要件は、賃借物が修繕を要する状態にあること、又は賃借物について権利を主張する者がいることである。

賃借人は、このような場合、遅滞なくその旨を賃貸人に通知しなければならないものである。

(3) 賃借人のこのような通知義務の根拠は、賃借人の賃借物の保管義務(善管注意義務を定める現行民法400条・改正民法400条参照)にあると解されている。

(4) 賃借人がこの通知義務を怠り、賃貸人が損害を被ったような場合には、賃借人が損害賠償責任を負うことがある。この場合、賃借人の通知義務違反の事実は、賃貸人が立証責任を負うが、賃借人が現行民法615条ただし書所定の事実を立証し、責任を免れることができる。

21 現行民法616条（使用貸借の規定の準用）・改正民法616条（賃借人による使用及び収益）

(1) 改正民法616条は、現行民法616条と同様に、使用貸借の規定の一部を準用するものであり、形式的には準用する条文を減らすものであるが、使用貸借の規定を準用するもう１つの規定である改正民法622条を併せてみると、実質的にはほとんど変更がないということができる。改正民法616条は、次のとおり定めている。

【改正民法】

（賃借人による使用及び収益）
第616条　第594条第１項の規定は、賃貸借について準用する。

(2) 現行民法616条の内容は、次のとおりである。

【現行民法】

（使用貸借の規定の準用）
第616条　第594条第１項、第597条第１項及び第598条の規定は、賃貸借について準用する。

(3) 改正民法616条が準用する現行民法594条１項は、改正民法によって改正されていないが、その内容は、次のとおりである。

【現行民法】

（借主による使用及び収益）
第594条　借主は、契約又はその目的物の性質によって定まった用法に従い、その物の使用及び収益をしなければならない。

なお、現行民法594条２項、３項は、賃貸借においては、現行民法612条１項、２項と同旨の規定であり、使用貸借の規定を準用する必要のないものである。

(4) 改正民法616条は、まず、見出しが「使用貸借の規定の準用」から「賃借人による使用及び収益」に変更されている。これは、現行民法616条が準用する現行民法594条１項が使用貸借の使用・収益、現行民法597条１項が借用物の返還の時期、現行民法598条が借主による収去に関する規定であり、その内容が異なるものであったところ、改正民法616条が現行民法594条１項のみを準用することになったことから、見出し

21 現行民法616条（使用貸借の規定の準用）・改正民法616条（賃借人による使用及び収益）

をより正確に表現するためであったものである。

改正民法616条は、次に、使用貸借に関する現行民法594条1項のみを準用する内容に変更している。

改正民法616条は、現行民法616条の準用していた現行民法597条1項、598条を準用しない内容になっているが、改正民法622条（「(使用貸借の規定の準用)」という見出しの規定である）の内容に照らすと、実質的な変更はないということができる。

現行民法597条1項、598条は、改正民法においては、それぞれ改正された上（現行民法597条1項は、改正民法597条1項に、現行民法598条は、改正民法599条に改正されている）、改正民法622条によって準用されている。

(5) 改正民法616条が準用する現行民法594条1項は、賃借人による賃借物の使用・収益の用法に関する規定であり、重要な規定であるが、現行民法における解釈がそのまま妥当するものである。

例えば、建物の賃貸借の場合には、賃借人の賃貸建物の用法違反による賃貸借契約の解除、あるいは損害賠償責任が問題になることがあり、用法違反の有無・程度が争われることが多い。

建物の賃貸借の実務においては、賃借人の賃貸建物の使用目的、使用・収益の方法等を具体的に契約書に記載することが多い。

22 改正民法616条の2（賃借物の全部滅失等による賃貸借の終了）

(1) 改正民法616条の2は、新たに設けられた規定であり、次のとおり定めている。

【改正民法】

（賃借物の全部滅失等による賃貸借の終了）
第616条の2　賃借物の全部が滅失その他の事由により使用及び収益をすることができなくなった場合には、賃貸借は、これによって終了する。

(2) 改正民法616条の2は、新たに設けられた規定であるが、その内容は、現行民法における判例、通説的な見解によって認められていた法理である。

　賃貸借の目的物（賃借物。例えば、建物の賃貸借における建物）が滅失した場合、賃貸借契約が終了するかどうかが問題になるが、賃貸建物等の賃貸借の目的物が全部滅失したときは、後発的な履行不能に当たり、当然に賃貸借契約が終了するというのが、従来の判例であり、通説的な見解であった。

　賃貸借のうち、建物の賃貸借においては、建物が火災、天災、老朽化（朽廃）等の事情によって全部滅失したかどうか、全部滅失により賃貸借契約が終了したかどうかが問題になる事例は、従来少なくなかったところである。火災による滅失事例は日常的に発生するものであるし、天災のうち地震による滅失事例も、阪神・淡路大震災の際には多数の賃貸建物の滅失が問題になったことがある等（阪神・淡路大震災における建物の滅失をめぐる諸問題については、拙著・「大規模災害と被災建物をめぐる諸問題」（法曹会）に詳細に紹介している）、従来から見られた事例である。

(3) 賃貸建物を含め賃貸借の目的物が滅失したとしても、滅失が一部である場合には、滅失の原因と責任の所在等の事情が関係するが、賃貸人・賃借人の修繕義務を明らかにし、修繕することによって解決されることになる（前記の改正民法606条、606条の2の説明参照）。

　改正民法616条の2は、まず、賃貸借の目的物の全部が滅失した場合

に適用される規定である。

　なお、例えば、建物の賃貸借における建物の滅失の事例では、全部滅失か、一部滅失かが重要な争点になった事例も少なくなかったところであり、今後も同様な問題が争点になることが少なくないと予想される。
(4)　改正民法616条の2は、賃貸借の目的物の全部滅失だけでなく、目的物の全部が滅失以外の事由により使用及び収益をすることができなくなった場合にも適用されるものであり、全部滅失との違い、その他の事由の意味、従来の判例との関係が問題になる。

　前記の全部滅失は、賃貸借の目的物の物理的な観点から使用・収益が不能になった状態のことであると解することができるが、全部滅失自体、物理的に消失・焼失したような状態を含むものの、これに限られるものではない。賃貸借の目的物の全部滅失は、目的物の一部が残存していても、目的物の性質、残存した部分の内容・程度、滅失した部分と残存した部分の割合、修繕の可能性の程度・費用等の事情を考慮し、目的物の使用・収益ができなくなった場合には、社会通念上、全部滅失したかどうかが判断されるべきものである。

　例えば、前記の阪神・淡路大震災の際には、罹災都市借地借家臨時処理法、被災区分所有建物の再建等に関する特別措置法（この特別措置法は、阪神・淡路大震災の際に制定された法律である）が適用され、これらの法律の適用に当たって多数の建物につき全部滅失が生じたかが問題になったことがあるが、建物の一部が残存していたとしても、諸事情を考慮し、全部滅失を肯定した事例は多数ある。

　また、賃貸借の目的物が物理的な観点から全部滅失した場合だけでなく、機能的な観点から機能を全部喪失し、使用・収益ができなくなった場合にも、全部滅失の場合と同様に、前記の履行不能に当たると解するのが合理的である。

　建物の賃貸借において厳密には建物の滅失が認められなくても、建物の使用・収益の困難・不能状態を考慮し、賃貸借契約の終了を認める裁判例は散見されるところであり、これも、滅失以外の事由により使用・収益をすることができなくなった場合の意味を検討するに当たって参考になろう。
(5)　改正民法616条の2は、賃借物の全部滅失等による賃貸借の終了を認

める規定であり、滅失等の原因、責任の所在を問わず適用されるものである。賃借物の全部滅失等に責任を負う者は、賃貸人であれ、賃借人であれ、その他の者であれ、その原因、責任を認める法的な根拠、責任を認める事実関係によって損害賠償責任を負うことになるが、改正民法616条の2の適用とは別に検討し、判断すべき事柄である。

(6) 建物の賃貸借の実務においては、賃貸建物の滅失により賃貸借契約が終了するとの法理は、広く知られているようであり、賃貸建物の明渡し等の紛争が発生し、紛争が深刻化したような事例において、突然に賃貸建物の火災等が発生すると、賃貸借契約を終了させる不正な事件の噂が流れることがあるが、これは、この法理を背景としたものである。

◆**賃貸建物の滅失等による賃貸借契約の終了が問題になった最高裁の判例としては、次のようなものがあり、改正民法においても妥当するものである。**

【参考判例】

①最三判昭和32年12月3日民集11巻13号2018頁

賃貸建物が朽廃した場合において建物の賃貸借契約が終了するかが問題になった事案について、次のとおり判示している。

「所論は、本件土蔵は今後十数年以上使用に堪え得られるものであるのに、原判決が右土蔵が効用を失い滅失したと判示したことは、証拠を欠くとともに理由不備、審理不尽の違法があると主張する。しかし原判決は、その挙示する証拠を総合して、本件土蔵は2棟とも建築後年数を経た上戦災にあつた関係から朽廃甚だしく、いつなんどき崩壊するか判らない位の危険状態にある事実を認定して建物としてはもはやその効用を失つたものと判断しているのであつて、その判断は正当と認められ、これに反する主張は事実認定の非難にほかならない。そして、賃貸借の目的物たる建物が朽廃しその効用を失つた場合は、目的物滅失の場合と同様に賃貸借の趣旨は達成されなくなるから、これによつて賃貸借契約は当然に終了するものと解するのを相当とする。原判決は、その説明において建物の朽廃と滅失とを混同したきらいがあるけれども、前記のように建物が朽廃により効用を失つたことを判示しているのであるから右の理由によりその判断は結局において正当であるので所論は採用できな

22 改正民法616条の2（賃借物の全部滅失等による賃貸借の終了）

い。」

②最一判昭和42年6月22日民集21巻6号1468頁、判時489号51頁、判タ209号139頁

建物が火災により滅失した場合において建物の賃貸借契約が終了したかが問題になった事案について、次のとおり判示している。

「賃貸借の目的物たる家屋が滅失した場合には、賃貸借の趣旨は達成されなくなるから、これによつて賃貸借契約は当然に終了すると解すべきであるが、家屋が火災によつて滅失したか否かは、賃貸借の目的となつている主要な部分が消失して賃貸借の趣旨が達成されない程度に達したか否かによつてきめるべきであり、それには消失した部分の修復が通常の費用では不可能と認められるかどうかをも斟酌すべきである。

ところで、本件建物は、大正末期頃建築された建物を昭和26年6月頃戦災復興区画整理のため現在地に移築されたものであつて、後記類焼を受けた昭和38年11月26日当時すでに相当古い建物であり、上告人寿雄は被上告人からこれを昭和27年11月17日賃借し、その2階部分を写真の写場、応接室とし、階下部分を住居として使用し、写真館を経営していたところ、昭和38年11月26日本件建物の隣家からの出火により、本件建物は類焼をうけ、そのため、スレート葺2階屋根と火元隣家に接する北側2階土壁は殆んど全部が焼け落ち、2階の屋根に接する軒下の板壁はところどころ燻焼し、2階内側は写場、応接室ともに天井の梁、軒桁、柱、押入等は半焼ないし燻焼し、床板はその一部が燻焼し、2階部分の火災前の建築材は殆んど使用にたえない状態に焼損し、階下は、火元の隣家に接する北側土壁はその大半が破傷し、火災の直接被害をうけなかつたのは、火元の隣家に接する北側の階上階下の土壁を除いた三方の外板壁と階下の居住部分だけであり、本件建物は罹災のままの状態では風雨を凌ぐべくもない状況で、倒壊の危険さえも考えられるにたち至り、そのため火災保険会社は約9割の被害と認めて保険金30万円のうち金27万円を支払つたこと、また本件建物を完全に修復するには多額の費用を要し、その将来の耐用年数を考慮すると、右破損部分を修復するよりも、却つてその階上階下の全部を新築する方がより経済的であること、もつとも、右のとおり、本件建物の階下居住部分は概ね火災を免れていて、全焼とみられる2階部分をとりこわし、屋根をつけるなどの修繕を

して本件の建物を１階建に改造することは物理的に不可能ではないが、１階建に改造したのでは、階下部分の構造や広さに鑑み、写真館として使用することが困難であることは、原判決が、適法に認定判断したところである。

　この認定事実を前記説示に照らして考えれば、本件建物は類焼により全体としてその効用を失ない滅失に帰したと解するのが相当である。してみれば、本件建物が滅失したことにより被上告人と上告人寿雄との間の賃貸借契約は終了したとして被上告人の上告人らに対する本訴請求を認容した原判決は正当であつて、何ら所論の違法はない。」

◆**賃貸建物の朽廃により建物の賃貸借契約が終了するかが問題になった裁判例としては、次のようなものがある。**
【参考裁判例】
[47] 東京高判平成10年９月30日判時1677号71頁

　Xは、昭和21年に建築された建物を所有しており、昭和28年３月、当時の所有者であったＡ（Ｘの夫。その後、死亡）がＢに建物の１階部分を賃貸し、その後、Ｂの経営に係るＹ有限会社に借主名義が変更され、Ｙは、高級下着店を営業しているところ（建物の２階部分は、Ｘ、その家族が住居として使用している）、Ｘが平成４年10月、建替えの必要性等を理由として解約を申し入れ、Ｙに対して建物の朽廃による借家関係の終了等を主張し、建物の明渡し等を請求した。

　第一審判決は、建物の朽廃を認め、借家関係の終了を肯定し、請求を認容したため、Ｙが控訴した。

　本判決は、4000万円の立退料の提供により解約申入れの正当事由を認め、請求を認容した。

23　現行民法617条（期間の定めのない賃貸借の解約の申入れ）

(1) 現行民法617条は、改正民法において改正されていない。

現行民法617条は、次のとおり定めている。

【現行民法】

（期間の定めのない賃貸借の解約の申入れ）

第617条　当事者が賃貸借の期間を定めなかったときは、各当事者は、いつでも解約の申入れをすることができる。この場合においては、次の各号に掲げる賃貸借は、解約の申入れの日からそれぞれ当該各号に定める期間を経過することによって終了する。

一　土地の賃貸借　1年

二　建物の賃貸借　3箇月

三　動産及び貸席の賃貸借　1日

2　収穫の季節がある土地の賃貸借については、その季節の後次の耕作に着手する前に、解約の申入れをしなければならない。

---

(2) 賃貸借契約を締結する場合、賃貸期間を定めるときと、賃貸期間を定めないときがある。

現行民法617条は、賃貸期間を定めない場合についての規定である。

借地借家法においては、建物所有を目的とする土地の賃貸借契約（借地契約）を締結するに当たっては、原則として賃貸期間（借地権の存続期間。借地期間とも呼ばれる）を30年以上の期間において定めることができる（借地借家法3条。例外として借地借家法25条の一時使用目的の借地契約がある）。借地契約において30年未満の賃貸期間を定めたとしても、その特約は無効であり、30年のものとされる（借地借家法3条）。

(3) 賃貸借契約において賃貸期間が定められていない場合、賃貸期間の満了という概念がなく、この満了により終了することはないから、賃貸借契約を終了させるためには、賃貸人、賃借人に賃貸借契約を終了させる方法を認めることが必要である。現行民法617条は、賃貸人、賃借人にいつでも解約を申し入れることができるとし、この方法を認めているものである（解約の申入れは、特段の理由を要することなく、賃貸借契約を将来に向けて終了させる旨の意思表示をすることである。解約の申入れの用語のほかに、単に解約と呼ばれることもある）。

賃貸期間を定めない賃貸借契約を締結する場合、いつでも解約の申入れをすることができる旨の特約（解約特約）をする事例が見られるが、この特約が有効であることはいうまでもない。

(4)　賃貸期間を定めない賃貸借契約を締結した後、賃貸人又は賃借人が解約の申入れをした場合、即日、その効果が発生すると、賃貸人、賃借人にとって不便、不利益が生じることがあるため、現行民法617条1項1号ないし3号は、賃貸借の目的物の種類に従って、終了の効果が発生するまでの猶予期間を定めている。

　建物所有を目的とする土地の賃貸借契約の場合には、借地借家法上、一時使用目的のものを除き、解約申入れが認められていないから、現行民法617条1項1号は適用されない。

　建物の賃貸借契約の場合には、借地借家法において、賃貸人による解約の申入れについて正当事由の具備等に関する制限が設けられている（借地借家法27条、28条。例外として借地借家法40条の一時使用目的の借家契約がある）。この意味で、建物の賃貸借契約における賃貸人による解約の申入れの場合には、一時使用目的のものを除き、現行民法617条1項2号は適用されない。

　解約の申入れにおける猶予期間につき現行民法617条1項と異なる猶予期間を定める特約が利用されることがあるが、合理的な内容である限り、この特約は有効である。

(5)　賃貸借契約につき解約の申入れをすることによって賃貸借契約を終了させるほか、賃貸人と賃借人の合意によって終了させる合意解約が利用されることもある。

　また、賃貸人又は賃借人に債務不履行、義務違反がある場合には、賃貸借契約を解除することができることがあるが（様々な内容の解除に関する特約が利用されているが、解除特約と呼ばれている）、解除と解約とは、賃貸借契約を将来に向けて終了される意思表示であることは共通するが、その理由、根拠が異なるものである（解除特約に基づく解除権は、約定解除権と呼ばれることがあるが、これは、民法541条等の法律上の規定に基づく法定解除権とは異なるものである）。もっとも、前記の解約の申入れに関する特約が締結されている場合にも、この特約が解除特約と契約書上に明記されていることがある。

24 現行民法618条（期間の定めのある賃貸借の解約をする権利の留保）

(1) 現行民法618条は、改正民法において改正されていない。

現行民法618条は、次のとおり定めている。

> 【現行民法】
>
> （期間の定めのある賃貸借の解約をする権利の留保）
> 第618条 当事者が賃貸借の期間を定めた場合であっても、その一方又は双方がその期間内に解約をする権利を留保したときは、前条の規定を準用する。

(2) 現行民法618条は、賃貸期間を定めている場合についての規定である。

賃貸期間が定められている賃貸借契約においては、契約上、賃貸期間が満了しない限り、賃貸借契約が終了しないのが原則である（前記の契約の解除、合意解約が認められる場合は別である）。

賃貸期間が定められている場合であっても、賃貸人と賃借人が賃貸借契約において解約権を認める旨の特約（賃貸期間内に解約をする権利を留保する旨の特約であり、解約特約と呼ばれることが多い）を締結しているときは、解約権を有する当事者は、現行民法617条に準じて解約の申入れをすることができる。現行民法618条は、この趣旨を明らかにするものであり、当然の事理を定めるものである。

賃貸借の実務においては、解約権を留保する旨の特約は、様々な内容のものが見られ、賃貸人に解約権を認めるもの、賃借人に解約権を認めるもの、双方に解約権を認めるもの、様々な期間の猶予期間、予告期間を定めるもの等がある。特に建物の賃貸借契約においては、このような内容のほか、違約金、敷金の返還額等に関する特約も併せて締結される事例が見られる。なお、建物の賃貸借契約については借地借家法が適用されるところであり、賃借人の解約権の留保を認める特約が原則として有効であることはいうまでもないが、賃貸人の解約権の留保を認める特約については、同法30条に照らし、その効力には疑問がある。

賃貸期間が定められている建物の賃貸借契約においては、賃借人の転居等の理由により、賃借人がいつでも解約の申入れをすることができるのではないかとの法律相談を受けることがあるが、賃借人の解約権を留

保する特約がない限り、賃借人が賃貸期間の途中で賃貸借契約を終了させることができないことに留意することが重要である。なお、この場合であっても、賃借人の退去等の希望を伝え、賃貸人との間で合意解約がまとまれば、賃貸借契約を終了させることができるものであり、賃貸人も一定の猶予期間を置いた合意解約に同意することが多い。

25 現行民法619条・改正民法619条（賃貸借の更新の推定等）

(1) 改正民法619条は、そのうち2項につき現行民法619条2項の一部を改正するものであるが、その内容に照らし、実質的な変更がないということができる。

改正民法619条の内容は、次のとおりである。

【改正民法】

（賃貸借の更新の推定等）

第619条　賃貸借の期間が満了した後賃借人が賃借物の使用又は収益を継続する場合において、賃貸人がこれを知りながら異議を述べないときは、従前の賃貸借と同一の条件で更に賃貸借をしたものと推定する。この場合において、各当事者は、第617条の規定により解約の申入れをすることができる。

2　従前の賃貸借について当事者が担保を供していたときは、その担保は、期間の満了によって消滅する。ただし、第622条の2第1項に規定する敷金については、この限りでない。

(2) 現行民法619条の内容は、次のとおりである。

【現行民法】

（賃貸借の更新の推定等）

第619条　賃貸借の期間が満了した後賃借人が賃借物の使用又は収益を継続する場合において、賃貸人がこれを知りながら異議を述べないときは、従前の賃貸借と同一の条件で更に賃貸借をしたものと推定する。この場合において、各当事者は、第617条の規定により解約の申入れをすることができる。

2　従前の賃貸借について当事者が担保を供していたときは、その担保は、期間の満了によって消滅する。ただし、敷金については、この限りでない。

(3) 改正民法619条は、現行民法619条と同様に、賃貸借の更新の推定等に関する規定であり、実質的な変更は見られない。

改正民法619条における改正事項は、同条2項ただし書について、現行民法619条2項ただし書の「敷金」の前に、「第622条の2第1項に規

定する」を加えたことである。

　現行民法においては、建物の賃貸借等の実務に照らして明らかであるように、敷金が賃貸借に伴う重要な特約として利用されてきたところであるが、敷金の根拠、性質、内容等に関する具体的な明文の規定がなく、現行民法619条2項ただし書に敷金の用語が見られるだけであった。改正民法においては、後記のとおり、改正民法622条の2が、「第4款　敷金」という新たな項目を立てた上、敷金に関する詳細な内容を盛り込んで新設されているが、改正民法619条2項ただし書の前記の改正は、この改正民法622条の2の新設に伴う改正である。

(4) 改正民法619条の改正は、この意味で形式的な改正にとどまるものであり、実質的な変更はないから、従来の解釈がそのまま維持される。

(5) 改正民法619条は、賃貸期間の定めのある賃貸借契約に適用されるものである。

　賃貸期間の定めのある賃貸借契約は、賃貸期間の満了によって終了するのが原則であるが、賃貸人、賃借人の双方、一方が賃貸借契約の更新を希望することがある。賃貸借契約を更新する場合、まず、当事者が更新に合意をすること（これは、合意更新と呼ばれることが多い）ができることはいうまでもない（なお、改正民法604条の制限参照）。合意更新は、賃貸期間の満了が迫った時期に交渉され、合意がまとまることが多いが、賃貸期間の満了後に成立することもある。

　合意更新のほか、事前に賃貸借契約の更新について交渉し、特約として締結することも少なくなく、賃貸借契約の締結時に更新の手続、要件、内容を特約として定めておくこともある（これは、更新特約、更新条項と呼ばれることが多い）。更新特約の内容等は多様であり、自動的な更新から賃貸期間の満了時に常に合意が必要なものまで様々である。

(6) 改正民法619条は、前記のような明示の合意更新が成立しなかったり、更新特約により自動的な更新がされなかったりした場合に適用されるものである。

　改正民法619条1項は、賃貸借契約の合意更新を推定する規定であり、その要件は、賃貸借の期間が満了したこと、その後、賃借人が賃借物の使用又は収益を継続すること、賃貸人がこれを知りながら異議を述べなかったことである。

これらの要件が満たされた場合、その法的な効果として、賃貸借契約の合意更新の成立が推定されるものであるが、更新後の賃貸借契約の内容は、従前の賃貸借と同一の条件である。

もっとも、この場合、更新前の賃貸借契約には賃貸期間の定めがあるわけであるが（現行民法618条の解約権を留保する旨の解約特約がある場合も、ない場合もある）、改正民法619条1項後段は、現行民法619条1項後段と同様に、各当事者は、現行民法617条（改正民法によって改正されていない）の規定により解約の申入れをすることができるとしていることから、更新後は、賃貸期間の定めのないものになると解されている。

また、改正民法619条1項による賃貸借契約の更新は、従前の賃貸借と同一の条件で更に賃貸借をしたものと推定するというものであるから、この推定を覆すに足りる特段の事情を立証することができ、この特段の事情が認められる場合には、賃貸借契約の更新の効果が生じないことになる。

(7) 賃貸借のうち、建物所有を目的とする土地の賃貸借、建物の賃貸借については、賃借人の保護、借地・借家の存続の保障の観点から、正当事由等による法定更新制度を採用しているところであり（借地借家法4条、5条、6条、26条、28条）、改正民法619条1項の重要な例外を設けている。

(8) 改正民法619条2項は、現行民法619条1項と同様に、改正民法619条1項による更新が推定される場合、従前の賃貸借について当事者が担保を供していたときは、当該担保が賃貸期間の満了によって消滅すること（逆にいえば、更新後においては、担保しないこと）を定めている。この場合、担保としては、物的担保（抵当権等）、人的担保（保証等）がある。

もっとも、敷金については、賃貸借契約上の賃借人の負う債務の担保として賃貸人に提供される金銭であるところ、改正民法619条1項による更新が推定される場合、更新後においても消滅せず、担保としての効力を維持するものである（改正民法619条2項ただし書）。

改正民法619条2項は、任意規定であるから、更新後も担保として効力を有する旨の趣旨、内容の特約がある場合には、その特約は有効であ

る。敷金については、更新後、あるいは賃貸期間の途中で敷金額を改定する旨の特約がある場合には、その特約も有効であることはいうまでもない。

(9) 前記の敷金は、建物の賃貸借の実務において通常利用されているが、最近は、保証金の名目による敷金が利用される事例が増加している。賃借人が賃貸人に交付する金銭について、敷金としての性質を有するかどうか、どの範囲で敷金としての性質を有するかは、敷金等の名称・額、特約の内容、賃貸借の目的、賃貸建物の構造・規模等の事情を考慮し、賃借人の債務の担保に該当するかによって判断することになる。

また、建物の賃貸借契約の締結に当たっては、賃借人のための保証人（賃貸借保証人）を付けることを求められることが多く、保証人の確保が困難である場合が少なくないため、建物の賃貸借において様々な問題が生じている。賃貸借の保証については、後記にまとめて紹介するが、改正民法619条2項の関係では、建物の賃貸借が借地借家法（従来は、借家法）によって法定更新が保障されていること等の事情から、疑問が残るものの、更新後も保証が消滅せず、存続する旨の最高裁の判例がある。

(10) 建物の賃貸借契約（借家契約）、建物所有を目的とする土地の賃貸借契約（借地契約）においては、賃貸期間が満了し、更新がされる場合、賃借人が賃貸人に更新料を支払う事例があり、特に借家契約の場合には、更新料の支払を求められたり、契約書に更新料の支払を内容とする特約（更新料特約）が締結されていたりすることが多い。賃貸借契約上、更新料特約がある場合、更新料の支払義務を負うか、更新料の支払を拒否したことが解除事由に当たるか、更新料特約がない場合であっても、更新料の支払義務を負うかが問題になってきたところである。また、最近は、更新料特約が消費者契約法10条に該当し、無効であるか等が問題になったりしている。後記の判例によると、借家契約の場合、更新料特約は原則として有効であると解されている。

◆この分野で参考になる最高裁の判例としては、次のようなものがあり、改正民法においても妥当する。

【参考判例】

①最二判昭和27年1月18日民集6巻1号1頁

　期間の定ある建物の賃貸借が、更新拒絶の通知が効力なく、借家法2条によって従前と同一条件をもって更新された場合、賃貸人は、解約の申入をすることができるかが問題になった事案について、次のとおり判示している。

「上告人は昭和11年5月16日本件家屋を昭和21年12月20日迄の約束で被上告人に賃貸したのであるが、この賃貸借は昭和21年6月2日上告人が自己使用の必要から被上告人に更新拒絶の通知をしたため期間の満了によつて終了したものである。かりに右更新拒絶について正当の事由が具つていないため右賃貸借が借家法2条によつて法定更新されたとしても、上告人は自己使用の必要から更に本件訴訟中即ち昭和22年11月28日に解約の申入をしたから、その日から6月を経過したことによつて本件賃貸借は終了したものである。というのが原審における上告人の主張であつて、このことは本件記録によつて明である。

　右上告人の主張に対し原判決は右更新拒絶の通知は通知の日以後賃貸借期間満了の日までの間に存在した事実からしては、正当事由が具備されたとはいえないとして本件賃貸借契約の法定更新を認めた上、借家法2条にいう「前賃貸借ト同一ノ条件」の中には前賃貸借契約における期間の定めも含まれているとの見解の下に、原判決は上告人が本件訴訟中した前記解約の申入によつて賃貸借が終了するか否かに関する上告人の主張については判断を加えなかつたのである。

　借家法は、建物の賃貸借に関して、民法の賃貸借に関する法規に対して特別法規をなすものであつて、賃貸借の期間満了の際における更新に関しても借家法は或は1条ノ2において正当の事由の存在を必要とし、或は2条1項において更新拒絶の通知についての期間の定めをする等特別規定を設けているのであるけれども、借家法に特段の規定のないかぎり、建物の賃貸借についても民法賃貸借に関する一般規定の適用のあることは、いうまでもないところである。

　借家法2条1項の規定も、「更新拒絶の通知を為すべき期間」「条件を変更するにあらざれば更新せざる旨の通知」の効力及び「前賃貸借と同一の条件を以て更に賃貸借を為したるものと看做す」等の点において、民法第619条本文の規定に対する特別規定たる関係に立つものであるが、

同条但書の規定に関しては、借家法は、別に何等の規定を設けていないのみならず、借家法の規定全体の趣旨からみても、特に右但書の規定を排除すべき法意は、これをみとめることはできないのであるから、借家法の適用を受ける建物の賃貸借についても、民法619条但書の規定は、その適用あるものと解しなければならない。すなわち、本件の場合においても、原判決のごとく、上告人のした更新拒絶の通知はその効力なく、本件賃貸借は前と同一条件を以て更新されたものとしても、上告人は、さらに、正当の事由あるかぎり右賃貸借解約の申入をすることができるものと云わなければならない。」

②最二判昭和28年3月6日民集7巻4号267頁、判タ29号52頁

　　期間の定めある建物の賃貸借が借家法2条に基づき更新された場合、期間の定めのない賃貸借となり、賃貸人は、何時でも解約の申入をすることができるかが問題になった事案について、次のとおり判示している。

「原判決認定の事実によれば、本件賃貸借は、昭和22年3月31日の期間満了前被上告人において更新拒絶の通知をしなかつたため、右期間の満了と同時に更新されたところ、被上告人はその後同23年5月正当の事由に基き解約の申入をしたというのである。而して期間の定ある賃貸借が借家法2条に基き更新されたときは期間の定がない賃貸借となるものであるから、賃貸人はその後正当の事由がある限り何時でも解約の申入をすることができることは、さきに当法廷の判示した通りであるから（昭和27年1月18日言渡判決、判例集6巻1号1頁以下参照）本件賃貸借は右解約の申入によりその後6ケ月の経過によつて終了したものと認むべきものである。それ故原判決は結局正当に帰するから、論旨は採用できない。」

③最三判昭和48年2月27日裁判集民事108号247頁

　　期間の定めある賃貸借が借家法2条にもとづき更新された場合、期間の定めのない賃貸借となり、賃貸人は、その後正当の事由がある限り、いつでも解約の申入れをすることができるとしたものである。

④最一判平成9年11月13日判時1633号81頁、判タ969号126頁

　　期間の定めのある建物賃貸借における保証人が更新後の賃貸借契約に基づく債務についても責任を負うかが問題になった事案について、次の

とおり判示している。
「建物の賃貸借は、一時使用のための賃貸借等の場合を除き、期間の定めの有無にかかわらず、本来相当の長期間にわたる存続が予定された継続的な契約関係であり、期間の定めのある建物の賃貸借においても、賃貸人は、自ら建物を使用する必要があるなどの正当事由を具備しなければ、更新を拒絶することができず、賃借人が望む限り、更新により賃貸借関係を継続するのが通常であって、賃借人のために保証人となろうとする者にとっても、右のような賃貸借関係の継続は当然予測できるところであり、また、保証における主たる債務が定期的かつ金額の確定した賃料債務を中心とするものであって、保証人の予期しないような保証責任が一挙に発生することはないのが一般であることなどからすれば、賃貸借の期間が満了した後における保証責任について格別の定めがされていない場合であっても、反対の趣旨をうかがわせるような特段の事情のない限り、更新後の賃貸借から生ずる債務についても保証の責めを負う趣旨で保証契約をしたものと解するのが、当事者の通常の合理的意思に合致するというべきである。もとより、賃借人が継続的に賃料の支払を怠っているにもかかわらず、賃貸人が、保証人にその旨を連絡するようなこともなく、いたずらに契約を更新させているなどの場合に保証債務の履行を請求することが信義則に反するとして否定されることがあり得ることはいうまでもない。

　以上によれば、期間の定めのある建物の賃貸借において、賃借人のために保証人が賃貸人との間で保証契約を締結した場合には、反対の趣旨をうかがわせるような特段の事情のない限り、保証人が更新後の賃貸借から生ずる賃借人の債務についても保証の責めを負う趣旨で合意がされたものと解するのが相当であり、保証人は、賃貸人において保証債務の履行を請求することが信義則に反すると認められる場合を除き、更新後の賃貸借から生ずる賃借人の債務についても保証の責めを免れないというべきである。

　四　これを本件についてみるに、前記事実関係によれば、前記特段の事情はうかがわれないから、本件保証契約の効力は、更新後の賃貸借にも及ぶと解すべきであり、被上告人において保証債務の履行を請求することが信義則に反すると認めるべき事情もない本件においては、上告人

は、本件賃貸借契約につき合意により更新された後の賃貸借から生じた健三の被上告人に対する賃料債務等についても、保証の責めを免れないものといわなければならない。」

⑤最二判平成23年7月15日判時2135号38頁

　Xは、平成15年4月、Yから共同住宅の一室を賃貸期間を1年間、賃料月額3万8000円、更新料を月額賃料の2か月分、定額補修分担金を12万円として賃借し、Zが連帯保証をし、その後、Xは、平成18年まで3回にわたり更新の合意をし、更新の都度、更新料として7万6000円を支払ったが、平成19年4月以降、Xが本件建物の使用を継続したことから、更新したものとみなされていたところ（更新料の支払はしなかった）、XがYに対して更新料支払条項が消費者契約法10条又は借地借家法30条により、定額補修分担金の支払に関する特約が消費者契約法10条によりいずれも無効であると主張し、不当利得返還請求権に基づき支払済みの更新料22万8000円、定額補修分担金12万円の返還を請求し、Yが反訴としてXに対して未払いの更新料の支払を請求するとともに、Zに対して保証債務の履行を請求した。

　控訴審判決（大阪高裁・法律雑誌に未公刊。なお、地裁判決は、Xの請求を認容したものと推測される）は、更新料支払条項、定額補修分担金の特約が消費者契約法10条により無効であるとし、Xの請求を認容すべきものとし、Yの請求をいずれも棄却すべきものとしたため、Yが上告、上告受理の申立てをした。

　本判決は、更新料が一般に賃料の補充ないし前払、賃貸借契約を継続するための対価等の趣旨を含む複合的な性質を有するものと解するのが相当であるとした上、賃貸借契約書に一義的かつ具体的に記載された更新料条項は、更新料の額が賃料の額、賃貸借契約が更新される期間等に照らし高額に過ぎるなどの特段の事情がない限り、消費者契約法10条にいう「民法第1条第2項に規定する基本原則に反して消費者の利益を一方的に害するもの」には当たらないと解するのが相当であるとし、本件については特段の事情が存するとはいえない等とし、更新料支払条項が無効であるとはいえないとし、原判決中、Xの更新料の返還請求に関する部分を破棄し、この部分の第一審判決を取り消し、Xのこの部分の請求を棄却し、Yのその余の上告を却下し、さらにYの更新料の支払請

求、保証債務の履行請求を認容した。

「(1)　更新料は、期間が満了し、賃貸借契約を更新する際に、賃借人と賃貸人との間で授受される金員である。これがいかなる性質を有するかは、賃貸借契約成立前後の当事者双方の事情、更新料条項が成立するに至った経緯その他諸般の事情を総合考量し、具体的事実関係に即して判断されるべきであるが（最高裁昭和58年(オ)第1289号同59年4月20日第二小法廷判決・民集38巻6号610頁参照）、更新料は、賃料と共に賃貸人の事業の収益の一部を構成するのが通常であり、その支払により賃借人は円満に物件の使用を継続することができることからすると、更新料は、一般に賃料の補充ないし前払、賃貸借契約を継続するための対価等の趣旨を含む複合的な性質を有するものと解するのが相当である。

(2)　そこで、更新料条項が、消費者契約法10条により無効とされるか否かについて検討する。

ア　消費者契約法10条は、消費者契約の条項を無効とする要件として、当該条項が、民法等の法律の公の秩序に関しない規定、すなわち任意規定の適用による場合に比し、消費者の権利を制限し、又は消費者の義務を加重するものであることを定めるところ、ここにいう任意規定には、明文の規定のみならず、一般的な法理等も含まれると解するのが相当である。そして、賃貸借契約は、賃貸人が物件を賃借人に使用させることを約し、賃借人がこれに対して賃料を支払うことを約することによって効力を生ずる（民法601条）のであるから、更新料条項は、一般的には賃貸借契約の要素を構成しない債務を特約により賃借人に負わせるという意味において、任意規定の適用による場合に比し、消費者である賃借人の義務を加重するものに当たるというべきである。

イ　また、消費者契約法10条は、消費者契約の条項を無効とする要件として、当該条項が、民法1条2項に規定する基本原則、すなわち信義則に反して消費者の利益を一方的に害するものであることをも定めるところ、当該条項が信義則に反して消費者の利益を一方的に害するものであるか否かは、消費者契約法の趣旨、目的（同法1条参照）に照らし、当該条項の性質、契約が成立するに至った経緯、消費者と事業者との間に存する情報の質及び量並びに交渉力の格差その他諸般の事情を総合考量して判断されるべきである。

更新料条項についてみると、更新料が、一般に賃料の補充ないし前払、賃貸借契約を継続するための対価等の趣旨を含む複合的な性質を有することは、前記(1)に説示したとおりであり、更新料の支払にはおよそ経済的合理性がないなどということはできない。また、一定の地域において、期間満了の際、賃借人が賃貸人に対し更新料の支払をする例が少なからず存することは公知であることや、従前、裁判上の和解手続等においても、更新料条項は公序良俗に反するなどとして、これを当然に無効とする取扱いがされてこなかったことは裁判所に顕著であることからすると、更新料条項が賃貸借契約書に一義的かつ具体的に記載され、賃借人と賃貸人との間に更新料の支払に関する明確な合意が成立している場合に、賃借人と賃貸人との間に、更新料条項に関する情報の質及び量並びに交渉力について、看過し得ないほどの格差が存するとみることもできない。

　そうすると、賃貸借契約書に一義的かつ具体的に記載された更新料条項は、更新料の額が賃料の額、賃貸借契約が更新される期間等に照らし高額に過ぎるなどの特段の事情がない限り、消費者契約法10条にいう「民法第1条第2項に規定する基本原則に反して消費者の利益を一方的に害するもの」には当たらないと解するのが相当である。

　(3)　これを本件についてみると、前記認定事実によれば、本件条項は本件契約書に一義的かつ明確に記載されているところ、その内容は、更新料の額を賃料の2か月分とし、本件賃貸借契約が更新される期間を1年間とするものであって、上記特段の事情が存するとはいえず、これを消費者契約法10条により無効とすることはできない。また、これまで説示したところによれば、本件条項を、借地借家法30条にいう同法第3章第1節の規定に反する特約で建物の賃借人に不利なものということもできない。」

◆建物の賃貸借契約における更新料特約の効力が問題になった裁判例としては、次のようなものがある。
【参考裁判例】
[48] 東京地判平成10年3月10日判タ1009号264頁
　Xは、昭和50年7月、店舗を目的として、賃貸期間5年間、更新の際は更新

料として賃料及び管理費の合計額の2か月分を支払うなどの約定で、建物をY₁株式会社に賃貸し、その後、合意更新がされたが、平成7年、法定更新され、更新料も支払われなかったところ、Xが管理費の不払い等を理由として賃貸借契約を解除し、Y₁、Y₁から事業を承継したY₂株式会社に対して建物の明渡し等を請求した。

本判決は、法定更新の場合にも更新料の支払義務を負う等とし、賃貸借契約の解除を肯定し、請求を認容した。

[49] 東京地判平成10年5月28日判時1663号112頁

Xは、平成5年4月、マンションの一室を、賃料月額45万円、更新料を新賃料の1か月分とするなどの約定で、Yに賃貸し、平成7年4月、法定更新されたところ、Yが平成7年4月に賃料を35万円とする減額の意思表示をしたことから、協議が行われたが、協議が整わず、Yが月額35万円をXの指定銀行口座に振り込んだため、Xが賃貸借契約を解除し、建物の明渡し、差額賃料の支払、更新料の支払等を請求した。

本判決は、社会通念上著しく合理性を欠くことのない限り、賃貸人において主観的に相当と判断した額で足りるとし、賃料不払いによる賃貸借契約の解除を肯定し、更新料の支払義務も認め、請求を認容した。

[50] 京都地判平成20年1月30日判時2015号94頁、金融・商事判例1327号45頁

Xは、平成12年8月、A株式会社の仲介により、Yからアパートの一室を賃貸期間を1年間とし、賃料月額4万5000円、礼金6万円、更新料10万円として賃借し、敷金10万円を支払って入居し、平成13年8月から平成17年8月にかけて契約を更新し、更新料をそれぞれ10万円支払ったが、平成18年10月、解約を申し入れ、本件部屋を退去し、更新料支払の特約が消費者契約法10条、民法90条に違反して無効であると主張し、支払済みの更新料50万円の返還、敷金の返還を請求した。

本判決は、更新料支払の特約が有効であるとし、敷金も最後の更新時の更新料支払義務に充当されるとし、請求を棄却した。

[51] 京都地判平成20年4月30日判時2052号86頁、判タ1281号316頁、金融・商事判例1299号56頁

Xは、平成17年3月、賃貸マンションの一室を賃貸期間を2年間とし、更新料として前家賃の1か月分、家賃月額6万3000円、定額補修分担金16万円としてY有限会社から賃借し、16万円を支払ったところ、平成19年2月、更新料として6万3000円を支払ったが、同年4月、本件部屋を退去したため、定額補修

分担金特約、更新料特約が消費者契約法10条により無効であると主張し、Yに対して支払済みの更新料、定額補修分担金の返還を請求した（Xは、口頭弁論期日において更新料の支払を受けた）。

本判決は、定額補修分担金特約が消費者契約法10条に該当し、無効であるとし、請求を認容した。

[52] 大津地判平成21年3月27日判時2064号70頁

Xは、平成12年11月、Yから共同住宅の一室を賃料月額5万2000円、共益費月額2000円、賃貸期間2年間、更新料旧賃料の2か月分とする特約（契約期間の1か月前までに賃貸人、賃借人のいずれからも書面による異議申出のない場合は、契約期間が自動的に2年間更新され、賃借人は、更新時に賃貸人に対して更新料として旧賃料の2か月分を支払う旨の特約）で賃借し、XとYは、平成14年11月、更新料10万4000円を支払って合意更新をし、平成16年11月、同様に、更新料10万4000円を支払って合意更新し、XとYは、平成18年11月、賃料月額を5万円とし、更新料を旧賃料の1か月分とし、更新料5万2000円を支払って合意更新したことから（判文上明確ではないが、この賃貸期間に中途解約されたようである）、Xは、更新料特約が消費者契約法10条又は民法90条に反して無効であると主張し、Yに対して不当利得に基づき既払いの更新料合計26万円の返還を請求した。

本判決は、本件の更新料は、賃料の一部前払いの性質を有し、更新拒絶権放棄の対価の性質は希薄であり、賃借権強化の機能は希薄であるとしたものの、これらの性質を有すると解することが許されないとはいえないとし、消費者契約法10条前段については、更新料が民法上の任意規定が適用される場合と比較して賃借人の義務を加重するものであるとしたが、同条後段については、更新料の額・支払時期が明確で、判断の前提となる情報が開示されていたこと、賃借人は更新料が賃料の一部前払いであることを認識していたこと、賃借人が賃貸物件の市場においての賃貸物件を選択することができたこと、賃貸人が情報力・交渉力の格差につけ込み、自己に一方的に有利な契約条項を定型的に準備し、賃借人に押し付けたとはいえないこと等の事情から、更新料特約が信義則に反して消費者の利益を一方的に害するものであるとの事情は認められないとし、後段の要件に該当し無効であるということはできないとし、請求を棄却した。

[53] 京都地判平成21年7月23日判時2051号119頁、判タ1316号192頁、金融・商事判例1327号26頁

Xは、平成18年4月、Yからマンションの一室を賃料月額5万8000円、保証金35万円、解約引き30万円、賃貸期間2年間、更新料賃料2か月分の特約で賃借し、保証金を支払い、更新時には更新料11万6000円を支払ったが、本件建物を明け渡した後、Yに対して解約引き特約、更新料特約が消費者契約法10条により無効であると主張し、保証金、更新料の返還を請求した。

　本判決は、解約引き特約、更新料特約が消費者契約法10条により無効であるとし、請求を認容した。

[54] 大阪高判平成21年8月27日判時2062号40頁、金融法務事情1887号117頁

　前記[50]の京都地判平成20年1月30日判時2015号94頁の控訴審判決であり、Xが控訴した。

　本判決は、更新料が更新拒絶権の放棄の対価、賃借権強化の対価であるとはいえず、法律的には容易に説明することが困難で、対価性の乏しい給付である等とし、民法1条2項の規定する基本原則に反し、消費者の利益を一方的に害するものであり、消費者契約法10条に違反し、無効であるとし、原判決を変更し、請求を認容した。

[55] 京都地判平成21年9月25日判時2066号81頁

　大学生Xは、平成18年3月、A株式会社の仲介により、Y株式会社から学生用のアパートの一室を賃貸期間を1年間とし、更新料旧賃料の2か月分として賃借し、保証金33万円（保証金解約引き28万円）を支払い、入居したところ、平成19年1月、更新料として11万6000円を支払い、合意更新をした後、同年11月、YがXにおいて男友達を宿泊させる等したことをXの親に伝えたことをきっかけにして（Yは、防犯カメラを設置していた）、X、その父親、Aの従業員、Yが協議をし、Xが本件部屋を退去したため、Yに対して保証金等の支払、更新料条項が消費者契約法10条に違反して無効であると主張し、支払済みの更新料につき不当利得の返還、プライバシーの侵害による損害賠償を請求した。

　本判決は、更新料条項が消費者契約法10条に違反して無効であるとし、防犯カメラでアパートへの出入りを監視する等したことが不法行為に当たるとはいえない等とし、不法行為を否定したが、保証金等の支払、不当利得の返還請求を認容した。

[56] 京都地判平成21年9月25日判時2066号95頁、判タ1317号214頁

　大学生Xは、平成15年4月、Y株式会社から賃貸マンションの一室を賃貸期間を1年間とし、更新料を賃料の2か月分として賃借し、定額補修分担金とし

て12万円を支払い、Ｚが連帯保証をし、入居し、その後、平成16年２月、平成17年２月、平成18年２月、それぞれ更新料を支払い、合意更新したが、平成19年４月には法定更新となったため、ＸがＹに対して更新料条項、定額補修分担金条項が消費者契約法10条に違反して無効であると主張し、支払済みの更新料、定額補修分担金につき不当利得の返還、未払いの更新料の支払債務の不存在確認を請求したのに対し、Ｙが反訴としてＸに対して未払いの更新料の支払、Ｚに対して保証債務の履行を請求した。

本判決は、更新料条項、定額補修金分担金条項が消費者契約法10条に違反して無効であるとし、Ｘの不当利得返還請求を認容し、確認請求に係る訴えを却下し、Ｙの請求を棄却した。

[57] 大阪高判平成21年10月29日判時2064号65頁

前記［52］大津地判平成21年３月27日判事2064号70頁の控訴審判決であり、Ｘが控訴した。

本判決は、更新料特約が消費者契約法10条前段に該当するとし、同条後段の意義は、消費者と事業者の間にある情報、交渉力の格差を背景にして、事業者の利益を確保し、あるいはその不利益を阻止する目的で、本来は法的に保護されるべき消費者の利益を信義則に反する程度にまで侵害し、双方の利益状況に合理性のない不均衡を生じさせるような不当条項を意味するものとした上、本件では、更新料は賃貸借期間の長さに相応して支払われるべき賃借権設定の対価の追加分ないし補充分と解するのが相当であり、賃貸人にとって必要かつ合理的な理由のある収益ということができ、賃貸借契約の締結時に支払うべき礼金の金額に比較して相当程度抑えられているなど適正な金額にとどまっている限り、直ちに合理性のない不均衡を招来させるものではない等とし、賃借人が信義則に反する程度にまで一方的に不利益を受けていたということはできないとし、同条後段の要件に該当しないとし、また、更新料特約が暴利行為に該当すると認める余地はないとし、民法90条違反を否定し、第一審判決が相当であるとして控訴を棄却した。

[58] 京都地判平成22年10月29日判タ1334号100頁

Ｘは、平成18年11月、賃貸用マンションの一室をＹから賃料月額４万8000円、賃貸期間１年間、敷金30万円（敷引25万円）、更新料10万円の約定で賃借し、その後、３度更新をし、更新料を支払ったところ、更新料特約が消費者契約法10条に違反すると主張し、Ｙに対して更新料の返還を請求した。

本判決は、更新料は賃貸人が賃貸借契約が解約され、空室となって賃料が入

らなくなるリスクを軽減するためのものである等とし、消費者契約法10条後段の該当性を否定し、本件では解約されていないから、更新料は賃料の前払に当たるとし、請求を棄却した。

[59] 東京地判平成24年7月5日判時2173号135頁、金融・商事判例1409号54頁

　不動産業を営むY株式会社は、賃貸借契約を締結するに当たって、契約の更新の際に賃料等の1か月相当額を更新料として支払う旨の条項、明渡しが遅延した場合には賃料等相当額の2倍の損害賠償額の予定を定めた条項、これを上回る損害が発生した場合には特別損害として支払う旨の条項が記載された契約書を利用していたことから、適格消費者団体であるX特定非営利活動法人が前記契約条項を内容とする意思表示を行ってはならないなどの差止めを請求した。

　本判決は、前記各条項が消費者契約法10条、9条1号に該当しないとし、請求を棄却した。

[60] 東京高判平成25年3月28日判時2188号57頁

　前記［59］東京地判平成24年7月5日判時2173号135頁の控訴審判決であり、Xが控訴した。

　本判決は、基本的には第一審判決を引用し、本件更新料条項、本件倍額賠償予定条項も消費者契約法9条1号、10条に該当しないとし、控訴を棄却した。

26 現行民法620条・改正民法620条（賃貸借の解除の効力）

(1) 改正民法620条は、現行民法620条の一部を改正するものであり、その内容は、次のとおりである。

【改正民法】

（賃貸借の解除の効力）
第620条　賃貸借の解除をした場合には、その解除は、将来に向かってのみその効力を生ずる。この場合においては、損害賠償の請求を妨げない。

(2) 現行民法620条の内容は、次のとおりである。

【現行民法】

（賃貸借の解除の効力）
第620条　賃貸借の解除をした場合には、その解除は、将来に向かってのみその効力を生ずる。この場合において、当事者の一方に過失があったときは、その者に対する損害賠償の請求を妨げない。

(3) 改正民法620条は、そのうち前段については、現行民法620条前段をそのまま維持している。後段については、現行民法620条後段の「この場合において、当事者の一方に過失があったときは、その者に対する」を、「この場合においては」に変更するものである。

(4) 改正民法620条前段は、現行民法620条後段と同様に、賃貸借契約を解除した場合における効力について遡及効はなく（契約が解除された場合、その効力は遡及するのが原則である。改正民法・現行民法545条参照）、将来に向かってのみ解除の効力が生じることを定めるものである（非遡及効などと呼ばれている）。

賃貸借契約は、継続的契約に当たるものであり、契約が解除された場合、契約締結の時点における原状回復義務を認めることが著しく困難であるか、事実上不可能であることは明らかである。改正民法620条前段は、従前と同様に、賃貸借契約の解除の効力が将来に向かってのみ生じることを示したものである。

賃貸借契約の解除は、当事者の債務不履行を理由とする場合（改正民法541条以下。法定解除の場合である）、解除特約に基づく解除、現行民法607条、現行民法610条、改正民法611条2項、現行民法612条2項によ

る解除の場合がある。

(5) 賃貸借契約において賃借人の債務不履行等を理由とする解除がされた場合、契約の解除をめぐる紛争、特に借地契約、借家契約の解除をめぐる紛争が生じることが少なくないが、これらの紛争については、従来、多数の判例、裁判例が法律雑誌に公表されている。賃貸人が借地契約、借家契約を解除した場合、解除が当事者間の信頼関係を破壊するに足りる特段の事情がある場合には、解除の効力が生じない旨の法理が多数の判例によって形成されている（この法理の表現振り、要件は、判例ごとに若干の違いが見られる）。この法理は、信頼関係の破壊の法理などと呼ばれているが、借地契約、借家契約が長年継続する契約であること、賃借人が契約に依存して生活、事業を行っていること、継続的契約には信義則が広く適用されること等の事情が背景にあるものと推測される。

賃貸人が借地契約、借家契約を解除した場合、解除事由の有無・程度が争点になるほか、前記の特段の事情の有無が争点になることが通常であり、多数の裁判例が法律雑誌に公表されているが、個々の事案ごとに特段の事情の有無が判断されている（特段の事情の存在については、賃貸借契約の解除の効力を争う賃借人に立証責任がある）。

(6) 改正民法620条後段は、前記のとおり、現行民法620条後段の一部を変更するものである。現行民法620条後段は、賃貸借契約が解除された場合、当事者の一方に過失があり、損害賠償責任を負う者がいる場合、契約の解除が損害賠償責任に影響を及ぼさないこと（見方を変えると、過失のある者に対する損害賠償の請求を妨げないこと）は当然であるが、この当然の事柄を示していたものである。改正民法620条後段は、現行民法620条後段と同様に、損害賠償責任を負う者がいる場合、契約の解除が損害賠償責任に影響を及ぼさないこと、損害賠償責任は債務不履行の法理によって判断されることは明らかであり、このような法理を確認的に定めるものである。

◧借地契約、借家契約の解除をめぐる最高裁の判例としては、次のようなものがあり、改正民法においても妥当する。
【参考判例】
①最三判昭和33年1月14日民集12巻1号41頁

賃貸家屋の一部についてした無断転貸の期間が1か月に満たなかった場合におけるこれを理由とする賃貸借契約の解除の効力が問題になった事案について、次のとおり判示している。

「原判決挙示の証拠によれば、原審認定の各事実を肯認することができる。そして右事実関係によれば、原審が本件賃貸借契約は、上告人のなした無断転貸により解除せられたものと判断したのは正当であつて、本件においては、第1点所論の如き背信行為と認めるに足らない特段の事情があるものとは認められず、又第2点所論の如く被上告人の解除権の行使が権利の濫用であるということもできない。」

②最二判昭和38年9月27日民集17巻8号1069頁、判時354号28頁

　借家人の無断増築を理由とする賃貸借契約の解除の効力が問題になった事案について、次のとおり判示している。

「原審認定の事実関係のもとで、建物の賃借人は賃貸人の所有にかかる敷地又はこれに接続する賃貸人所有地上に賃貸人に無断で建物を建築し得ないとした原判決の判断は、正当であり、本件無断建築にかかる建物の建坪が約6坪であることを考え併せて、右無断建築行為を以て賃貸人の信頼を裏切り本件建物賃貸借の継続を著しく困難ならしめる不信行為と解するを妨げないとし、該不信行為のあつたことを理由とする被上告人の上告人に対する賃貸借解除の意思表示を有効とした原審判断は首肯できる。所論は、独自の見解に基づくものであつて採用できない。」

③最一判昭和39年1月16日民集18巻1号11頁、判時368号52頁、判タ160号62頁

　賃借権の持分の譲渡が民法612条の解除事由になるかが問題になった事案について、次のとおり判示している。

「所論は、民法612条の解釈の誤りをいう。しかし、原判示のような事情の下においては、他に別段の事情の認められない限り、被上告人石塚トシミが本件土地賃貸人である上告人の承諾を得ないで、その賃借権の一部持分をトシミの親権に服する被上告人石塚洋子同一夫らに譲渡したとしても、これをもつて賃貸人に対する背信的行為があるものとし又は民法612条に反するものとはいえないと認めるのが相当であるとした原審の判断は、首肯できる。これと異なる所論は独自の見解であつて採るを得ない。

また、被上告人トシミの同洋子、同一夫に対する親権終了後における事情の変化について原判決が一顧も与えなかつたことの違法をいう点は、原審において主張なく、従つて判断を経ない事実を以つて原判決を非難するものであつて、適法な上告理由に当らない。その余の主張は、ひつきよう原審の専権に属する証拠の取捨判断、事実認定を非難するか又は原審の認定に副わない事実に基づいて原判決の違法をいうものであつて、論旨はいずれも採用できない。

　……

　原判決が、所論診察室の建物は被上告人トシミが訴外古川信重から買受けた建物の建増にすぎず実質上これと一体をなすものであることが認められるとし、且つ右建物の敷地である土地についてトシミ等が賃借権を有するものであることが認定できるから、これらの事情からみると、右建物の診察室の部分が被上告人石塚明（トシミの夫）の所有名義となつており、右明において居住使用しているからといつて、それは土地賃借権の譲渡又は転貸でないのはもちろん、これを賃借地の用法に反し又は賃貸人に対する背信的行為に当るものとして土地賃貸借契約を解除する理由となるものとは認められない旨認定判断した点は、是認できる。これに反する所論は独自の見解であつて、採用できない。

　また、甲20号証（別件答弁書）甲12号証（別件判決正本）中に所論趣旨の主張の記載されていることは所論のとおりであるけれども、原判決は、右診察室の部分に関する事実認定は挙示の証拠の他にこれを左右するに足りる証拠のないことを判示しており、右甲20号証、同12号証を以つてしても右認定を動かし得ないことを説示していると解せられ、その証拠取捨の判断は肯認するに足りるので、判断遺脱又は実験則違反をいう所論は、採用できない。

　……

　所論は、原判決の信義則無視の違法あるいは理由不備の違法をいうが、判示の如き事情の下においては、他に別段の事情の認められない限り、被上告人トシミが本件土地賃貸人である上告人の承諾をえないで右建物敷地の借地権を訴外八崎又三郎に譲渡する契約をしたことがあつたとしても、これを以つて賃貸人に対する背信的行為があるものとし又は民法612条の法意に反するものとはいえないと認めるのが相当であり、

従つて、これが本件土地賃貸借契約解除の理由となるものとは認められないとした原審の判断は、首肯できるものであり、原判決に所論民法612条の法意誤解はなく、所論は独自の見解であつて、採用できない。」
④最二判昭和39年6月19日民集18巻5号806頁、判タ165号65頁
　二筆の土地を一括して賃借した場合に一筆の土地についての用法違反を理由とする賃貸借契約の解除の効力が問題になった事案について、次のとおり判示している。
　「上告人は原審において、本件石油貯蔵庫建築について被上告人は異議を述べなかつたのであるから借地法7条の適用があり、従つて、用法違反に基づく賃貸借契約の解除は本件の場合許されないとし、なお本件のように消防署の命によりやむなく従前の木造をコンクリートブロック造に改造した場合は右法条の適用のあること疑いないところである旨主張したことは、所論のとおりであるが、原審の認定したところによれば、所論コンクリートブロック造の石油貯蔵庫の建築は特約上も禁じられており、かつ、賃貸人たる被上告人が事前に明白に拒否したことであるにもかかわらず、上告人は、あえて右の如き堅固な工作物を賃借地上に建築してしまつたというのであるから、原判決が右の認定事実関係から賃借地の用法違反を判断し、借地法7条の規定に基づく上告人の右主張が採用の限りでない旨を判示したことは、まことに正当というべく、原判決に所論の如き理由不備は存しない。所論は、独自の見解に基づいて原判決の正当な判断を非難するにすぎず採用できない。
　……
　原判決が「本件賃貸借は所論二筆の土地を一括して賃貸借の目的としたものであり、かつ、上告人が本件第一の土地上に所論石油貯蔵庫を建築したのは本件第二の土地及びその地上の事務所その他の建物とともに石油類販売のため右二筆の土地を総合的に利用しようとするにあること」を認定し、この事実に原判示の本件賃貸借の本来の趣旨や被上告人の拒絶にもかかわらず上告人が右石油貯蔵庫を建築したこと等を考えあわせると、右石油貯蔵庫建築による用法違反は本件借地全体に対する解除原因とするに妨げないと判断したことは、原判決挙示の証拠関係に徴し首肯できるところであつて、目的物が複数存する場合には、その数だけの契約の存在を認めるべきが経験則に合する旨をいう所論は、独自の

見解として採用できない。」

⑤最一判昭和41年4月21日民集20巻4号720頁、判時447号57頁、判タ191号82頁

　借地契約における増改築禁止の特約違反を理由とする借地契約の解除の効力が問題になった事案について、次のとおり判示している。

「一般に、建物所有を目的とする土地の賃貸借契約中に、賃借人が賃貸人の承諾をえないで賃貸地内の建物を増改築するときは、賃貸人は催告を要しないで、賃貸借契約を解除することができる旨の特約（以下で単に建物増改築禁止の特約という。）があるにかかわらず、賃借人が賃貸人の承諾を得ないで増改築をした場合においても、この増改築が借地人の土地の通常の利用上相当であり、土地賃貸人に著しい影響を及ぼさないため、賃貸人に対する信頼関係を破壊するおそれがあると認めるに足りないときは、賃貸人が前記特約に基づき解除権を行使することは、信義誠実の原則上、許されないものというべきである。

　以上の見地に立つて、本件を見るに、原判決の認定するところによれば、上告人は被上告人に対し建物所有の目的のため土地を賃貸し、両者間に建物増改築禁止の特約が存在し、被上告人が該地上に建設所有する本件建物（2階建住宅）は昭和7年の建築にかかり、従来被上告人の家族のみの居住の用に供していたところ、今回被上告人はその一部の根太および2本の柱を取りかえて本件建物の2階部分（6坪）を拡張して総2階造り（14坪）にし、2階居宅をいずれも壁で仕切つた独立室とし、各室ごとに入口および押入を設置し、電気計量器を取り付けたうえ、新たに2階に炊事場、便所を設け、かつ、2階より直接外部への出入口としての階段を附設し、結局2階の居室全部をアパートとして他人に賃貸するように改造したが、住宅用普通建物であることは前後同一であり、建物の同一性をそこなわないというのであつて、右事実は挙示の証拠に照らし、肯認することができる。

　そして、右の事実関係のもとでは、借地人たる被上告人のした本件建物の増改築は、その土地の通常の利用上相当というべきであり、いまだもつて賃貸人たる上告人の地位に著しい影響を及ぼさないため、賃貸借契約における信頼関係を破壊するおそれがあると認めるに足りない事由が主張立証されたものというべく、従つて、前記無断増改築禁止の特約

違反を理由とする上告人の解除権の行使はその効力がないものというべきである。

　しからば、賃貸人たる上告人が前記特約に基づいてした解除権の行使の効果を認めなかつた原審の判断は、結局正当というべきであり、論旨は、ひつきよう失当として排斥を免れない。」

⑥最二判昭和43年6月21日判時529号46頁

　賃料不払を理由とする賃貸借契約の解除の効力が問題になった事案について、次のとおり判示している。

「被上告人が賃料の支払を拒絶するに至つた事情に関する原審の事実認定は、原判決挙示の証拠関係に照らし首肯することができ、右認定判断の過程において、原判決には何らの違法も存しない。そして、右事実によるときは、右賃料不払の一事をもつてはまだ賃貸借の基礎たる相互の信頼関係を破壊するものとはいい難く、これを理由に賃貸借契約を解除することは許されないとした原審の判断は、正当ということができる。」

⑦最一判昭和43年11月7日判時542号45頁

　賃料増額請求により増額された賃料の不払を理由とする賃貸借契約の解除の効力が問題になった事案について、次のとおり判示している。

「原判決（その引用する第一審判決を含む。以下同じ。）の確定したところによれば、本件家屋の賃貸人である被上告人から賃借人である上告人小西れゐおよび同水野明恵に対し、昭和40年6月24日頃到達した書面をもって、借家法7条（昭和41年法律93号による改正前のもの。以下同じ。）により、本件家屋の賃料を同年7月分から1ヶ月金26,250円に増額する旨の意思表示がなされ、その当時における本件家屋の適正賃料たる1ヶ月金22,496円の限度で右意思表示による増額の効果を生じたところ、右上告人らは、同月分については従前の賃料金7,750円を、また翌8月分以降については1ヶ月金10,075円宛を提供ないし供託するにとどまったので、被上告人は、昭和41年3月28日に、昭和40年7月1日以降同41年3月末日までの1ヶ月金26,250円の割合による賃料を1週間以内に支払うよう右上告人らに催告したが、右上告人らは、当時すでに本訴が提起されて調停に付され、その手続上3名の鑑定人の各鑑定書が提出されていて、それらにより昭和40年7月1日現在における本件家屋の適正賃料が少なくとも1ヶ月金20,000円以上であることを知り得たにかか

わらず、その態度を翻さず催告に応じなかったというのである。

　右に牴触する上告人ら主張のような賃料に関する特約の存在は認められないとした点を含め、原審の右事実認定は、原判決挙示の証拠関係に照らして首肯することができ、右認定の違法を主張する論旨は理由がなく、採用し得ない。

　ところで、借家法7条による賃料増額請求権はいわゆる形成権に属し、右権利行使の意思表示が相手方に到達すれば、これによってその時から賃料は適正額に増額されるのであって、その具体的金額について当事者間に意見が合致せず、裁判によってそれが確認される場合でも、右裁判によってはじめて増額の効果が発生するものではないことは、当裁判所の判例（昭和38年(オ)第1365号同40年12月10日第二小法廷判決民集19巻9号2117頁参照）とするところであり、前記改正法施行後においても、本件のように同法施行前になされた増額請求にかかる事案につき、右判例を変更すべき必要は認められない。それゆえ、論旨のうち、右判例と異なり、当裁判所の採らない独自の見解を主張する部分は、採用することができない。

　そして、前記事実関係によるときは、適正賃料の半額にも達しない金額をもってした上告人小西れゐ、同水野明恵の賃料の提供ないし供託をもって債務の本旨に従った履行の提供と同視しうべくもないことは明らかであるから、右上告人らは履行遅滞の責を免れないところ、同上告人らは、増額の意思表示を受けた当時だけでなく、前記のように、各鑑定書により客観的に相当とされるべき賃料の額が少なくとも1ヶ月金20,000円を下らないことを知りえたのちにも、なお従前の態度を固執して被上告人の催告を無視し、履行遅滞を継続したのであるから、賃借人として通常つくすべき義務に著しく違反したものというべく、上告人らの右不履行をもって賃貸借の基礎たる当事者相互間の信頼関係を破壊するものとして、催告期限の経過後に被上告人のした契約解除の効力を認め、これをもって権利の濫用にあたるものとすることもできないとした原審の判断は正当であり、この点においても、原判決に何ら所論の違法は認められない。」

⑧最一判昭和47年11月16日民集26巻9号1603頁、判時689号70頁、判タ286号223頁

賃貸借契約における信義則上の義務違反を理由とする解除の効力が問題になった事案について、次のとおり判示している。
「記録に徴するに、所論指摘の点に関する原判決の事実摘示は、上告人の主張の趣旨に反するものではなく、適切と認められる。そして、原判決の説示によれば、被上告人岩田清市が無免許で自動車運送事業を経営している旨および同人所有の自動車が公道（歩道）にはみ出して公衆の通行を妨害している旨の上告人の主張については、原審は、これらの事実を綜合しても、本件土地賃貸借契約の解除原因にならないと判断していることが明らかであり、また、被上告人岩田による本件土地の用方違反の点は、独立の解除原因の主張と認められるから、原審がこれにつき別個に判断しているのは、相当である。原判決に所論の違法はなく、論旨は採用することができない。
　……
　賃貸借の当事者の一方に、その義務に違反し、信頼関係を裏切つて賃貸借関係の継続を著るしく困難ならしめるような行為があつた場合には、相手方は催告を要せず賃貸借契約を解除することができるが（最高裁昭和29年(オ)第642号同31年6月26日第三小法廷判決・民集10巻6号730頁）、ここにいわゆる義務違反には、必ずしも賃貸借契約（特約を含む。）の要素をなす義務の不履行のみに限らず、賃貸借契約に基づいて信義則上当事者に要求される義務に反する行為も含まれるものと解すべきである。
　原判決（その引用する第一審判決を含む。以下同じ。）の確定するところによれば、被上告人岩田は、本件借地194平方メートルのうち公道に面する99.28平方メートルの空地部分を利用してトラック置場とし、無免許で自動車運送事業を営んでいるうえ、そのトラック3台のうち2台は右置場に完全に格納できず、荷台後部約1メートルが公道（歩道）にはみ出しているというのであり、そして上告人は、被上告人岩田の右行為は本件賃貸借の使用目的に違反するとともに、右無免許営業は道路運送法4条1項に違反し、また、トラックのはみ出しは公衆の通行を妨害し、これに危険をも与えているので、かかる被上告人岩田の行為は土地賃貸借契約上の信義則に反し、本件賃貸借契約解除の原因となると主張している。しかしながら、右事実その他原審認定の事情のもとにおい

ては、被上告人岩田が右行為につき行政上の取締や処罰（道路運送法128条）を受けたり社会的に非難されることがあるとしても、それがただちに賃貸人である上告人において法律的、社会的な責任を負うべき事由となるものでないことはいうまでもなく、しかも、なんらかの理由でこれにつき上告人に責任が及び、同人が損害や迷惑を被るような特段の事情は、原審の認定しないところである（とくに原審は、被上告人岩田の行為につき歩行者や近隣から苦情が出たことはないと認定している。）。そして、以上の行為が本件賃貸借の使用目的に違反しないとした原審の判断は、首肯することができる。それゆえ、被上告人岩田が上告人に対し、本件土地賃貸借契約上の典型的義務はもとより、信義則上の義務に反する行為をしたとは認められず、上告人の前記主張を排斥した原審の判断は、結局正当である。」

⑨最三判昭和48年3月6日金融・商事判例356号2頁

借地契約上の債務の一部の不履行を理由とする契約全部の解除の効力が問題になった事案について、次のとおり判示している。

「原判決（その引用する第一審判決を含む。以下同じ。）の認定によれば、本件土地賃貸借契約の締結に際しては、被上告人において将来本件土地の一部をみずから使用する予定であつたため、その西側8.47坪（27.99平方メートル）の部分の賃貸期間を10年と定め、上告人吉俣和明ないしその経営する上告人株式会社よし乃屋呉服店が地上に建築する建物のうち、右8.47坪の土地上に存在する部分につき、10年経過後にこれを区分遮断して時価（ただし12万円を限度とする。）をもつて被上告人に売り渡し、かつ、これをその敷地の右8.47坪の土地とともに明け渡す旨の特約がなされたものであるところ、被上告人は、右10年の期間経過後に、上告人和明に対し金12万円を提供したがその受領を拒絶され、同上告人から右特約による債務の履行を受けなかつたので、その債務不履行を理由として本件土地全部につき賃貸借契約を解除する旨の意思表示をしたというのである。このような事実関係によれば、原判決が右契約解除の理由として認定した上告人和明の債務不履行とは、賃貸借契約に付せられた右特約により同上告人が被上告人に対して負担した、右建物部分を区分遮断して売り渡すとともに賃借土地中右8.47坪の部分を返還すべき賃貸借契約上の債務の不履行であると解される。そして、本件

賃貸借契約が締結されるに至つた経過その他原判決の確定した事実関係のもとにおいては、右特約に基づく上告人和明の債務は、本件土地賃貸借の目的を達成するについて重要な意義を有するものであることが明らかであるから、右債務の不履行は、賃貸借契約上の債務の重要な部分の不履行にあたり、被上告人は、これを理由に、賃貸借契約全部を解除することができるものと解するのが相当である。したがつてこれと同じ趣旨によつて本件土地の賃貸借契約が終了したものと認めた原判決の判断は、正当として是認することができる。」

⑩ 最二判昭和49年4月26日民集28巻3号467頁、判時742号55頁、判タ310号143頁

賃料不払を理由とする不動産賃貸借の解除に催告が必要であるかが問題になった事案について、次のとおり判示している。

「一、原審確定の事実並びに本件記録によつて明らかな本件訴状の記載内容及び本訴における第一審以来の被上告人の主張に徴すれば、被上告人は、本件訴状において、本件不動産についての賃貸借契約が昭和28年4月上告人石橋より提起された訴訟の経過中に、既に合意により解除されているので、所有権に基づいてその返還を請求する旨主張するとともに、仮に右合意解除の効力が生じていないのであれば、改めて、上告人石橋が本件不動産についての被上告人の所有権を否定して約10年間にわたり賃料の支払をしないことを理由として本件賃貸借契約を解除する旨の意思を表明していると解することができる。本件訴状における明渡の請求には、本件不動産の賃貸借契約を解除する旨の意思表示を含むとした原審の判断は正当であり、この点に関する所論は、原審の認定と異なる事実を前提とし、又は、独自の見解に基づいて原審の判断を非難するものにすぎず、採用することができない。

二、原審は、本件不動産の賃借人である上告人石橋が、その被承継人である母うらの生前を含めて、昭和28年4月以降本件訴状送達に至るまで約9年10カ月の長期間、賃料を支払わなかつた事実を確定しているほか、この間、上告人石橋が本件不動産が自己の所有であると主張して本件賃貸借関係そのものの存在さえも否定し続けてきた等の事実を確定しているのであり、このような事情のもとにおいては、賃貸人たる被上告人が催告も要せずして本件賃貸借契約を解除することができるとした原

審の判断も、また、正当であり、その認定判断の通過に所論の違法はなく、論旨引用の判決は、いずれも本件と事案を異にし、適切ではない。」

⑪最一判昭和55年3月6日判時968号43頁、判タ419号89頁

　土地賃借権譲渡の承諾に付帯して譲受人が負担した債務の不履行を理由とする土地賃貸借契約の解除の効力が問題になった事案について、次のとおり判示している。

「原審の適法に確定した事実関係のもとにおいて、上告人が、訴外松岡高治から原判決判示甲地の賃借権を譲り受け、賃貸人である被上告人の承諾を受けた際、これに附帯して被上告人に対し同判示乙地を明け渡す旨を約しながらその履行を怠つたことが、甲地賃貸借の継続を著しく困難ならしめる不信行為にあたる、として被上告人による甲地賃貸借契約解除を認めた原審の判断は、これを正当として是認することができる（最高裁昭和46年(オ)第555号同48年3月6日第三小法廷判決・民事裁判集108号371頁参照）。」

⑫最二判平成6年7月18日判時1540号38頁、判タ888号118頁

　賃料の不払を理由とする賃貸借契約の解除において転借人に未払賃料の代払の機会を与えることが必要であるかが問題になった事案について、次のとおり判示している。

「土地の賃貸借契約において、適法な転貸借関係が存在する場合に、賃貸人が賃料の不払を理由に契約を解除するには、特段の事情のない限り、転借人に通知等をして賃料の代払の機会を与えなければならないものではない（最高裁昭和33年(オ)第963号同37年3月29日第一小法廷判決・民集16巻3号662頁、最高裁昭和49年(オ)第71号同49年5月30日第一小法廷判決・裁判集民事112号9頁参照）。原審の適法に確定した事実関係の下においては、賃貸人である府川聞一（被上告人らの先代）が、転借人である上告人に対して賃借人である増永正行の賃料不払の事実について通知等をすべき特段の事情があるとはいえないから、本件賃貸借契約の解除は有効であり、被上告人らの上告人に対する建物収去土地明渡請求を認容すべきものとした原審の判断は、正当として是認することができる。」

⑬最二判平成21年1月19日民集63巻1号97頁、判時2032号45頁、判タ1289号85頁

Y_1協同組合（代表者はY_2）は、平成4年3月、ビルの地下1階部分を使用目的を店舗とし、賃貸期間を1年間としてX株式会社に賃貸し、Xは、カラオケ店を営業していたところ、平成4年9月頃から浸水が頻繁に発生し、平成9年2月、本件店舗部分から出水し、浸水する等し、カラオケ店の営業ができなくなり、Y_1は、ビルの老朽化等を理由に本件賃貸借契約を解除し、Y_2は、Xに本件店舗部分からの退去を求める等したが、Xは、平成10年9月、Y_1、Y_2に対して営業利益の喪失等による損害賠償を請求する本件訴訟を提起し、Y_1は、反訴としてXに対して本件賃貸借契約の解除により終了したなどと主張し、本件店舗部分の明渡し等を請求した（Y_1は、本件訴訟において、平成11年9月、賃料の不払い等を理由に本件賃貸借契約の解除をした）。

　控訴審判決は、Y_1の解除がいずれも無効であるとし、反訴請求を棄却し、Y_1の修繕義務の不履行を認め、Y_2の重大な過失を認め、平成9年3月から平成13年8月（Xの主張した損害の終期）までの4年5か月間の営業上の逸失利益を認め、Xの本訴請求を認容したため、Y_1らが上告受理を申し立てた。

　本判決は、事業用店舗の賃借人が賃貸人の債務不履行により当該店舗で営業することができなくなった場合には、これにより賃借人に生じた営業利益喪失の損害は、債務不履行により通常生ずべき損害として民法416条1項により賃貸人にその賠償を求めることができるとした上、賃借人が損害の回避又は減少させる措置を執ることができたと解される時期以降に被った損害のすべてが通常生ずべき損害に当たるということはできないとし、原判決のうちXの本訴請求の部分を破棄し、この部分の本件を名古屋高裁に差し戻す等した。

「(1)　事業用店舗の賃借人が、賃貸人の債務不履行により当該店舗で営業することができなくなった場合には、これにより賃借人に生じた営業利益喪失の損害は、債務不履行により通常生ずべき損害として民法416条1項により賃貸人にその賠償を求めることができると解するのが相当である。

　(2)　しかしながら、前記事実関係によれば、本件においては、①平成4年9月ころから本件店舗部分に浸水が頻繁に発生し、浸水の原因が判明しない場合も多かったこと、②本件ビルは、本件事故時において建築

から約30年が経過しており、本件事故前において朽廃等による使用不能の状態にまでなっていたわけではないが、老朽化による大規模な改装とその際の設備の更新が必要とされていたこと、③上告組合は、本件事故の直後である平成9年2月18日付け書面により、被上告人に対し、本件ビルの老朽化等を理由に本件賃貸借契約を解除する旨の意思表示をして本件店舗部分からの退去を要求し、被上告人は、本件店舗部分における営業再開のめどが立たないため、本件事故から約1年7か月が経過した平成10年9月14日、営業利益の喪失等について損害の賠償を求める本件本訴を提起したこと、以上の事実が認められるというのである。これらの事実によれば、上告組合が本件修繕義務を履行したとしても、老朽化して大規模な改修を必要としていた本件ビルにおいて、被上告人が本件賃貸借契約をそのまま長期にわたって継続し得たとは必ずしも考え難い。また、本件事故から約1年7か月を経過して本件本訴が提起された時点では、本件店舗部分における営業の再開は、いつ実現できるか分からない実現可能性の乏しいものとなっていたと解される。他方、被上告人が本件店舗部分で行っていたカラオケ店の営業は、本件店舗部分以外の場所では行うことができないものとは考えられないし、前記事実関係によれば、被上告人は、平成9年5月27日に、本件事故によるカラオケセット等の損傷に対し、合計3711万6646円の保険金の支払を受けているというのであるから、これによって、被上告人は、再びカラオケセット等を整備するのに必要な資金の少なくとも相当部分を取得したものと解される。

　そうすると、遅くとも、本件本訴が提起された時点においては、被上告人がカラオケ店の営業を別の場所で再開する等の損害を回避又は減少させる措置を何ら執ることなく、本件店舗部分における営業利益相当の損害が発生するにまかせて、その損害のすべてについての賠償を上告人らに請求することは、条理上認められないというべきであり、民法416条1項にいう通常生ずべき損害の解釈上、本件において、被上告人が上記措置を執ることができたと解される時期以降における上記営業利益相当の損害のすべてについてその賠償を上告人らに請求することはできないというべきである。」

◆賃貸借契約に限らず、契約の解除権が発生した場合、解除権の消滅時効が問題になることがあるが、この問題を取り上げた最高裁の判例としては、次のものがあり、改正民法においても妥当する。

【参考判例】

・最一判昭和62年10月8日民集41巻7号1445頁、判時1266号23頁、判タ662号72頁

　無断転貸を理由とする土地賃貸借契約の解除権の消滅時効の起算点が問題になった事案について、次のとおり判示している。

「賃貸土地の無断転貸を理由とする賃貸借契約の解除権は、賃借人の無断転貸という契約義務違反事由の発生を原因として、賃借人を相手方とする賃貸人の一方的な意思表示により賃貸借契約関係を終了させることができる形成権であるから、その消滅時効については、債権に準ずるものとして、民法167条1項が適用され、その権利を行使することができる時から10年を経過したときは時効によつて消滅するものと解すべきところ、右解除権は、転借人が、賃借人（転貸人）との間で締結した転貸借契約に基づき、当該土地について使用収益を開始した時から、その権利行使が可能となつたものということができるから、その消滅時効は、右使用収益開始時から進行するものと解するのが相当である。

　これを本件についてみるに、原審の適法に確定したところによれば、(1)　本件(一)土地の所有者である末正盛治は、大正初年ころ、六ノ坪合資会社（以下「訴外会社」という。）を設立し、同社をして右土地を含む自己所有不動産の管理をさせてきたものであるところ、上告人は、昭和34年6月22日、相続により、本件(一)土地の所有権を取得した、(2)　中村国義は、前賃借人の賃借期間を引き継いで、昭和11年7月29日、訴外会社から本件(一)土地を昭和15年9月30日までの約定で賃借し、同地上に3戸1棟の建物（家屋番号22番、22番の2及び22番の3）を所有していたものであるところ、被上告人中村慶一は、昭和20年3月17日、家督相続により中村国義の権利義務を承継した（右賃貸借契約は昭和15年9月30日及び同35年9月30日にそれぞれ法定更新された。）、(3)　被上告人伊藤染工株式会社（以下「被上告人伊藤染工」という。）は、昭和25年12月7日、被上告人中村から前記22番の3の建物を譲り受けるとともに、本件(一)土地のうち右建物の敷地に当たる本件(四)土地を訴外会社の承諾を受

けることなく転借し、同日以降これを使用収益している、(4) 訴外会社は、昭和51年7月16日到達の書面をもって被上告人中村に対し、右無断転貸を理由として本件㈠土地の賃貸借契約を解除する旨の意思表示をした、というのであり、また、被上告人伊藤染工及び同浜田を除くその余の被上告人らが、本訴において、右無断転貸を理由とする本件㈠土地の賃貸借契約の解除権の消滅時効を援用したことは訴訟上明らかである。以上の事実関係のもとにおいては、右の解除権は、被上告人伊藤染工が本件㈣土地の使用収益を開始した昭和25年12月7日から10年後の昭和35年12月7日の経過とともに時効により消滅したものというべきであるから、上告人主張に係る訴外会社の被上告人中村に対する前記賃貸借契約解除の意思表示は、その効力を生ずるに由ないものというべきである。」

◻賃貸借契約上の損害賠償責任が問題になる場合、賃借人の債務不履行、信義則上の義務違反が問題になることが多いが、賃貸人の損害賠償責任が問題になった最高裁の判例として、次のものがあり、改正民法においても妥当する。
【参考判例】
・最一判平成3年10月17日判時1404号74頁、判タ772号131頁
　建物の賃貸人の失火による火災で焼失した賃貸建物内の衣料品類の損害について賃貸人の債務不履行責任が問題になった事案について、次のとおり判示している。
「右事実関係によれば、上告人は、その所有に係る木造2階建の本件建物の1階の一部を総合衣料品類販売店舗として被上告人に賃貸し、その余の1階部分及び2階全部を自ら住居として使用し、本件建物の火気は、主として上告人の使用部分にあり、上告人の火気の取扱いの不注意によって失火するときは、被上告人の賃借部分に蔵置保管されている衣料品類にも被害が及ぶことが当然に予測されていたところ、上告人の使用部分である1階の風呂場の火気の取扱いの不注意に起因する本件失火によって被上告人の賃借部分に蔵置保管されていた衣料品等が焼失し、被上告人はその価額に相当する損害を被ったものというべきであるから、上告人は右被害について賃貸人として信義則上債務不履行による損害賠償義務を負うと解するのが相当である。」

◆賃貸借契約の解除は、賃貸借契約が終了する代表的な事例であるが、ほかにも、前記の賃貸借の目的物の滅失、混同（現行民法520条）等があり、混同が問題になった最高裁の判例としては次のものがあり、改正民法においても妥当する。

【参考判例】

①最一判昭和46年10月14日民集25巻7号933頁、判時650号64頁、判タ270号225頁

　土地の所有権と賃借権とが混同した場合、賃借権が消滅するかが問題になった事案について、次のとおり判示している。

「特定の土地につき所有権と賃借権とが同一人に帰属するに至つた場合であつても、その賃借権が対抗要件を具備したものであり、かつ、その対抗要件を具備した後に右土地に抵当権が設定されていたときは、民法179条1項但書の準用により、賃借権は消滅しないものと解すべきである。そして、これは、右賃借権の対抗要件が建物保護に関する法律1条によるものであるときであつても同様である。」

②最三判平成24年9月4日判時2171号42頁、金融・商事判例1400号16頁

　Y_1は、A（Y_1の妻の父）から土地、建物を購入する売買契約を締結し、A、B（Y_1の妻の母）から土地を購入する売買契約を締結したところ（Y_1につき所有権移転登記等を経由した）、X株式会社は、A、B株式会社（Aが代表取締役）に対して債権を有していたことから（確定判決を取得していた）、XがY_1に対して主位的に、通謀虚偽表示による無効を主張し、予備的に、詐害行為取消権を行使したと主張し、所有権移転登記等の抹消登記手続等を請求するとともに（A事件）、BがY_2株式会社に建物を賃貸していたことから、XがBの賃料債権を仮差押えし、その後、本執行に移行したため、Y_2に対して賃料の支払を請求した（B事件）。

　第一審判決（大阪地岸和田支部判平成21年9月29日金融・商事判例1400号27頁）は、A事件につきXの主張を排斥し、請求を棄却し、B事件につき弁済、相殺の主張を一部認め、請求を一部認容したため、X、Y_2が控訴した（Xは、訴えを交換的に変更するとともに、BがY_2に建物の所有権を譲渡し、混同により賃貸借契約が終了した旨の主張を追加したものである）。

控訴審判決（大阪高判平成22年３月26日金融・商事判例1400号22頁）は、Ａ事件の控訴を棄却し、Ｂ事件については、混同による賃料債権の消滅を否定し、原判決を変更し、請求を認容し、Y_2の控訴を棄却したため、Y_2が上告受理を申し立てた（Y_1との関係のＡ事件の判決は確定した）。

本判決は、賃貸人が賃借人に賃貸借契約の目的である建物を譲渡したことにより賃貸借契約が終了した以上は、その終了が賃料債権の差押えの効力発生後であっても、賃借人において賃料債権が発生しないことを主張することが信義則上許されないなどの特段の事情がない限り、差押債権者は、第三債務者である賃借人から当該譲渡後に支払期の到来する賃料債権を取り立てることができないとし、原判決の一部を破棄し、原審に差し戻した。

「賃料債権の差押えを受けた債権者は、当該賃料債権の処分を禁止されるが、その発生の基礎となる賃貸借契約が終了したときは、差押えの対象となる賃料債権は以後発生しないこととなる。したがって、賃貸人が賃借人に賃貸借契約の目的である建物を譲渡したことにより賃貸借契約が終了した以上は、その終了が賃料債権の差押えの効力発生後であっても、賃貸人と賃借人との人的関係、当該建物を譲渡するに至った経緯及び態様その他の諸般の事情に照らして、賃借人において賃料債権が発生しないことを主張することが信義則上許されないなどの特段の事情がない限り、差押債権者は、第三債権者である賃借人から、当該譲渡後に支払期の到来する賃料債権を取り立てることができないというべきである。」

◨借家契約の解除、損害賠償等をめぐる裁判例は、多数法律雑誌に公表されているが、次のようなものがある。

【参考裁判例】

[61] 東京地判平成10年３月10日判タ1009号264頁

Ｘは、昭和50年７月、店舗を目的として、賃貸期間５年間、更新の際は更新料として賃料及び管理費の合計額の２か月分を支払うなどの約定で、建物をY_1株式会社に賃貸し、その後、合意更新がされたが、平成７年、法定更新され、更新料も支払われなかったところ、Ｘが管理費の不払い等を理由として賃

貸借契約を解約し、Y₁から事業を承継したY₂株式会社に対して建物の明渡し等を請求した。

本判決は、法定更新の場合にも更新料の支払義務を負う等とし、賃貸借契約の解除を肯定し、請求を認容した。

[62] 東京地判平成10年4月14日判時1662号115頁、判タ1001号267頁、金融・商事判例1044号31頁

X相互会社は、ビルを所有しており、昭和45年6月、鹿児島ビルを、昭和59年4月、仙台ビルを、いずれもホテル業務を目的として、A株式会社に賃貸していたところ、Aが京都地裁に会社更生手続開始の申立をし、債務の弁済を禁止する保全処分がされ、事件が東京地裁に移送された後、会社更生手続開始決定がされる等したことから、Xが賃料不払いを理由にAの保全管理人に対して賃貸借契約を解除する旨の意思表示をし、Aの管財人Yらに対して建物の明渡し、賃料債権につき更生債権を有することの確認を請求した。

本判決は、弁済禁止の保全処分がされたときは、会社が催告に応じて賃料の支払をしなかったとしても、賃料不払いは違法ではない等とし、解除の効力を否定し、請求を棄却した。

[63] 東京地判平成10年5月28日判時1663号112頁

Xは、平成5年4月、マンションの一室を、賃料月額45万円、更新料を新賃料の1か月分とするなどの約定で、Yに賃貸し、平成7年4月、法定更新されたところ、Yが平成7年4月に賃料を35万円とする減額の意思表示をしたことから、協議が行われたが、協議が整わず、Yが月額35万円をXの指定銀行口座に振り込んだため、Xが賃貸借契約を解除し、建物の明渡し、差額賃料の支払、更新料の支払等を請求した。

本判決は、社会通念上著しく合理性を欠くことのない限り、賃貸人において主観的に相当と判断した額で足りるとし、賃料不払いによる賃貸借契約の解除を肯定し、更新料の支払義務も認め、請求を認容した。

[64] 東京高判平成10年6月18日判タ1020号198頁

X株式会社は、昭和61年10月、建物をY株式会社に賃貸し、その後、合意更新、法定更新がされたが、Yが平成8年3月に賃料の減額を請求する意思表示をし、減額後の賃料を支払ったため、Xが平成8年6月に賃貸借契約を解除し、Yに対して建物の明渡し、未払賃料の支払等を請求した。

第一審判決は、請求を認容したため、Yが控訴した（その後、Yは、建物を明け渡した）。

本判決は、相当と認める額は社会通念上著しく合理性を欠くものではない限り、賃貸人が主観的に相当と判断した額をいうとし、賃貸借契約の解除を肯定し、原判決を変更し、請求を認容した。

[65] 東京地判平成10年6月26日判タ1010号272頁

Xは、平成元年10月、Y_1に対して共同住宅の一室を、賃借人は貸室内で危険、不潔、その他近隣の迷惑となる行為をしてはならない旨の特約で賃貸し、Y_2は、連帯保証をし、更新が繰り返されてきたが、平成7年春、室内に相当量のゴミが積みあがっていることが判明し、その後の更新の際にゴミの撤去等を条件としたものの、多量のゴミが放置されたことから、Xが賃貸借契約を解除し、Y_1に対して建物の明渡し、Y_1、Y_2に対して賃料相当損害金の支払を請求した。

本判決は、迷惑行為をしない特約違反を認め、賃貸借契約の解除を肯定し、請求を認容した。

[66] 東京地判平成10年9月30日判時1673号111頁

X有限会社は、ビルの3階部分と6階部分につきそれぞれ事務所として使用することを目的とし、Y株式会社に賃貸していたところ、4階部分、5階部分が居酒屋として賃貸され、酔客等のエレベータ利用の際の迷惑行為が発生していたが、Xが6階部分の賃料の不払いを理由に賃貸借契約を解除し、主位的に6階部分の明渡し等、予備的に賃料の支払等を請求したのに対し、Yが迷惑行為により3階部分、6階部分の使用収益が妨げられたとし、3階部分の賃貸借契約を解除し、損害賠償請求権等と6階部分の賃料との相殺を主張し、反訴として6階部分の賃料の減額請求に係る賃料額の確認を請求した。

本判決は、3階部分、6階部分の使用収益させる義務違反があったことを認め、Yによる賃貸借契約の解除を肯定し、Xの主位的請求を棄却し、予備的請求を一部認容し、Yの反訴請求を一部認容した。

[67] 東京地判平成10年11月25日判時1685号58頁

X株式会社は、昭和23年、ホテル用建物2棟を、ホテル事業を営むY株式会社に、賃貸期間を30年間として賃貸し、昭和43年、更新期間を20年間として賃貸借契約を更新したところ、YがXの警告を無視して建物の改修工事を行う等したため、昭和63年、賃貸借契約を解除し、建物の明渡し等を請求した（Yは、その後、仕手グループに株式を買い占められ、手形の乱発、賃料の不払い等をし、Xは、平成9年2月、信頼関係の破壊を理由として賃貸借契約を解除した）。

本判決は、信頼関係の破壊を認め、賃貸借契約の無催告解除の効力を肯定し、請求を認容した。

[68] 大阪高判平成12年9月12日判タ1074号214頁

Yは、大阪市内の中心部で高速道路からよく見える場所に5階建てのビルを所有していたところ、X株式会社との間で、ビルの屋上に広告物を3年間設置する契約を締結し、広告物を設置したが、契約締結の1年2か月後、ビルと高速道路の間に高い立体駐車場が建設され、高速道路を走行する自動車から広告物が見えにくくなったため、XがYに対して事情変更を理由に契約を解除し、既払いの賃料のうち解除後のものの返還を請求した。

第一審判決は、事情の変更が大きくないとし、解除を無効とし、請求を棄却したため、Xが控訴した。

本判決は、立体駐車場の建設が予測できない事項ではなかったとし、解除の効力を否定し、控訴を棄却した。

[69] 東京地判平成13年3月7日判タ1102号184頁

X株式会社は、都心部にビルを所有し、その一部で果物販売店を営業していたが、昭和58年5月、居酒屋チェーンを営業するY株式会社に本件ビルの4階部分を賃貸し、Y_1の代表者Y_2が連帯保証をしたところ、昭和62年、増額請求に係る賃料の支払等を請求する訴訟を提起し、平成3年4月、賃料を増額すること、賃料に関しては平成2年6月分を基準とし、東京都庁発表の総合消費者物価指数年増加率又は年5％の増加率の何れか高い方をもとにして毎年改訂すること等を内容とする訴訟上の和解が成立したところ、XがYに対して和解に基づく賃料増額、用法違反、漏水等を理由とする賃貸借契約の解除を主張し、建物の明渡し等を請求したのに対し、Yが賃料減額請求をし、反訴として減額に係る賃料の確認、過払金の返還を請求した。

本判決は、和解による賃料自動増額特約の効力を認めつつ、適正賃料との乖離が24％になった改定時点では不合理な結果になるとし、その効力を否定し、賃料減額請求を認め、漏水を理由とする賃貸借契約の解除を否定し、Xの本訴請求を一部認容し、Yの反訴請求を一部認容した。

[70] 東京地判平成13年12月3日金融・商事判例1156号28頁

A株式会社は、所有建物をY有限会社に敷金20万円の交付を受けて賃貸し、その後、Aは、本件建物の所有権をB株式会社に譲渡していたところ、本件建物につき不動産競売手続が開始され（抵当権設定の前に賃貸借契約が締結されていた）、Xが本件建物を買い受け、買受後の賃料不払いを理由に賃貸借契約

を解除し、Yに対して建物の明渡しを請求したのに対し、Yが反訴として敷金（従前の敷金に加えて、差し押さえの後に増額し、敷金を250万円としたと主張した）を含む賃借権の確認を請求した。

本判決は、信頼関係を破壊するに足りない特段の事情を否定し、本訴請求を認容し、敷金の増額を認めたものの、賃貸借契約の解除を認めたことから反訴請求を棄却した。

[71] 東京地判平成16年7月22日金融法務事情1756号69頁

X株式会社は、平成元年3月、Yに建物を賃貸期間を2年間、賃料月額25万円（共益費用を含む）として賃貸し、合意更新、法定更新をしていたが、平成9年、A株式会社がXのYに対する賃料債権を差し押さえていたところ、XとYは、平成12年6月、賃料等を減額する合意（月額賃料を16万円とし、共益費用を4万円とする旨の合意）をし、Yが共益費用の支払を怠ったため、Xは、賃貸借契約を解除し、建物の明渡し、未払い共益費用の支払を請求した（訴訟の係属中、本件建物が競売手続においてB株式会社が競落した）。

本判決は、本件建物の所有権が競売によって他に移転し、賃貸人の地位が承継されたものであり、Xが本件建物の返還を求めることはできないとし、本件合意は公序良俗に反するとまではいえない等とし、Xの明渡請求を棄却したが、その余の請求を一部認容した。

[72] 和歌山地判平成17年9月22日判例地方自治282号20頁

Y市は、Aが市長の時期、X_1、X_2から建物を賃借し（翌年度以降の賃貸借料の支払義務は各年度の予算の範囲内とする旨の特約があった）、観光文化センターとして使用していたところ、市長選挙において本件事業の廃止を公約としたBが市長に当選し、予算措置がとられず、賃貸借契約を解除したため、X_1らがYに対して賃料の支払を請求した。

本判決は、長期継続契約につき政策的判断によりその予算を削減し、又は廃止することは政策的裁量の濫用又は著しい逸脱に当たるものでないかぎり、法的には何ら妨げられないとし、解除の効力を認め、請求を棄却した。

[73] 東京地判平成18年5月15日判時1938号90頁

X有限会社は、平成14年7月、Y株式会社との間で、目的を中華料理業とし、賃貸期間を3年間とする等の特約で所有建物を賃貸したところ（Yが株券譲渡、商号、役員変更等による脱法的無断賃借権の譲渡、転貸をした場合には契約を解除できる旨の特約もあった）、Yは、平成16年7月、商号を変更し、その頃、A株式会社がYの全株式を取得したため、Xが平成16年11月に賃貸借

契約を解除し、建物の明渡し等を請求した。

　本判決は、Yの全株式の譲渡によってYの法人格の同一性は失われないし、賃料の支払の確実性、建物使用の態様に悪化はない等とし、脱法的な無断譲渡に当たらないとし、解除の効力を否定し、請求を棄却した。

[74] 福岡高判平成19年7月24日判時1994号50頁

　Y株式会社は、多数のうどん屋のチェーン店を展開しているところ、平成6年9月、土地を所有するAと土地上にうどん屋店舗（Y仕様の店舗）を建築し、Yに建物を賃貸期間を15年として賃貸する旨の契約を締結し、Aは、平成6年10月頃、土地をかさ上げした上で、B株式会社に請け負わせ土地上に建物を建築し、Yは本件建物でうどん屋を開店したところ、平成7年10月頃から地盤沈下が生じたため、YがBに苦情を述べ、補修工事を施工させたものの、建物の損傷が見られ、平成14年2月、Yは、Aの相続人Xに本件建物がゆがんで営業できないので休業する旨を通知し、修繕の交渉が行われたが、まとまらず、平成14年3月、賃貸借契約の解除を通告し、同年8月、賃貸借契約を解除したため、Xは、Yの解除が無効であると主張し、Yに対して主位的に契約期間の満了まで賃料等の損害賠償を請求し、予備的に中途解約の場合における違約金特約に基づく違約金の支払を請求した。

　第一審判決は、本件建物が店舗の使用に耐えられなくなったとはいえないとし、契約の解除を否定したものの、解約としての効力を認め、Xの予備的請求を一部認容したため、X、Yの双方が控訴した。

　本判決は、建貸しである場合には、中途解約に当たって正当事由は必要ではなく、相当の理由があれば足りるとし、本件ではXが修繕義務を履行する意思がなかったこと等の事情を考慮すると、中途解約を認めるのが相当であるとし、本件建物の償却残高から敷金を控除した金額により損害の填補を得る方法が予定されていたとし、原判決を変更し、請求を一部認容した。

[75] 東京地判平成20年4月23日判タ1284号229頁

　東京都千代田区所在の3階建ての木造建物（共同住宅）は、昭和4年頃に建築され、昭和44年には、Aの所有となり、Aは、本件建物に居住していたY_1、Y_2ら（5名）に対して本件建物の明渡しを請求する訴訟を提起し、敗訴判決を受け、確定したが、その後、Aの相続人BからC、Dに順次譲渡され、X株式会社に譲渡され、Xはその敷地の所有権を取得したものであるところ、XがY_1、Y_2との関係で信頼関係の破壊を理由とする賃貸借契約の解除、Y_1らとの関係で賃貸借契約の解約を主張し、Y_1らに対して本件建物の各占有部

分の明渡しを請求した。

本判決は、賃貸借契約の解除を否定したものの、立退料の提供による正当事由を認め、解約を肯定し、請求を認容した。

[76] 東京地判平成20年10月6日判時2031号62頁

X市は、救急患者のたらい回し事件を契機に、市民から無休診療所設置の要望を受け、昭和49年6月、24時間救急診療を実施する民営の医療機関を開設するため、A協会との間で、休日、夜間等の救急医療に関する契約を締結し、建物（旧建物）、医療器具を賃貸し、B医師が診療を開始した。契約は、ほぼ1年ごとに更新されたが、昭和53年6月、賃借人がA協会からBに変更された。本件診療所は、昭和57年、東京都から救急告示医療機関の指定を受けた。昭和62年以降は、XとBは、ほぼ3年ごとに契約を更新したが、Bは、平成3年1月、Y医療法人を設立し、Yが診療所の運営主体となったため、Yが賃借人に変更され、診療所がXの別の建物（本件建物）に移転したことに伴い、賃貸借の目的建物も変更した。平成16年4月の更新時には合意が成立せず、法定更新された。Xは、平成16年9月、本件建物につき保健・医療施設として使用する必要が生じたとして賃貸借契約を、平成17年3月31日をもって解除した。Yは、平成17年1月、東京都に対し、救急医療機関申出撤回届出書を提出し、同年2月から、救急医療を停止し、24時間救急診療を再開しなかった。Xは、信頼関係の破壊を理由に訴状によって賃貸借契約を解除した。Xは、Yに対し、本件建物の明渡し、医療器具の引渡し、不法行為に基づき賃料相当損害金の支払を請求し（主位的に債務不履行を理由とする解除、予備的に地方自治法238条の5第3項に基づく解除を主張した）、Yが反訴として、本件建物等につき賃借権を有することの確認を請求した。

本判決は、本件診療所が24時間救急診療を市民に提供する目的で開設された施設であり、Yにおいて24時間救急診療を実施することを条件に賃貸借契約が締結されたこと等の事情から、本件診療所施設の賃貸借契約は、契約当初から一貫して24時間救急診療を条件とした契約であり、Yは、同契約が継続する限り、24時間救急診療を実施する義務を負っていたところ、24時間救急診療を停止したことは、賃貸借契約の債務不履行として解除原因になる等とし、Xによる賃貸借契約の解除を有効であるとし、Xの主位的請求を認容し、Yの反訴請求を棄却した。

[77] 福岡地判平成24年6月6日判タ1388号203頁

Y株式会社（代表取締役は、A）は、5階建てのビルを所有し、本件ビルの

4、5階はＡ家族が住宅として使用し、下層階はＸ株式会社が賃借し、遊戯場として使用していたところ、Ｙが経営不振となり、本件ビルが競売に付されるおそれがあり、Ｘは、平成18年４月、Ｙから本件ビルを購入し、Ｙに居住用として本件ビルの４、５階を、Ｙにつき民事再生手続開始の申立てがあったときは、催告を要せず、直ちに解除することができる旨の特約で賃貸するとともに、同年６月、Ｘは、債権回収業を営むＢ株式会社からＢがＹに対して有する約31億円の貸金債権の譲渡を受け、ＸとＹは、Ｙが平成23年６月30日限り11億5000万円を支払ったときは、Ｘが残余を免除する旨を合意したが、Ｙが平成24年２月、民事再生手続開始の申立てをしたことから、Ｘが賃貸借契約を解除する等し、Ｙに対して選択的に期間の満了、信頼関係の破壊による解除、特約による解除を主張し、本件建物部分の明渡し等を請求した。

本判決は、信頼関係の破壊を理由とする賃貸借契約の解除を認め、請求を認容した。

[78] 福岡高判平成24年10月18日判タ1388号200頁

前記［77］福岡地判平成24年６月６日判タ1388号203頁の控訴審判決であり、Ｙが控訴した。

本判決は、本件賃貸借契約、債務弁済契約の目的は５年間を目処にＹの経済的再生にＸが協力するというもので、相互に密接に関連づけられていて、社会通念上、どちらか一方の契約のいずれかが履行されるだけでは契約を締結した目的が全体として達成されず、債務弁済契約の不履行を理由として本件賃貸借契約につき法定解除権を行使することができるとし、控訴を棄却した。

[79] 東京地判平成25年２月25日判時2201号73頁

Ａは、平成６年３月、昭和56年の建築に係る９階建てのビルの地下１階部分をＹ株式会社に店舗使用の目的で賃貸し、Ｙは、飲食店舗を経営していたところ（その後、賃貸期間を３年間として合意更新された）、平成18年１月、Ａは、本件ビルを取得して賃貸人の地位を承継し、Ｘは、約定解約権を行使したと主張し、Ｙに対して本件建物部分の明渡し等を請求し（その後、老朽化、耐震性能の欠如による更新拒絶を主張した）、Ｙは反訴として、本件建物部分の修繕を請求した。

本判決は、耐震性能は新耐震基準に照らせば十分なものではないが、不足の程度は建物の建替えの必要を直ちに肯定し得る域ではなく、立退料の申出によっても正当事由を認めることはできないとし、本訴請求、反訴請求を棄却した。

[80] 東京地判平成27年2月24日判時2260号73頁

　X株式会社は、平成25年12月、Y₁にマンション内の建物部分を近隣迷惑行為、使用規則違反等を禁止し、解除原因とする特約で賃貸し、Y₁は、妻Y₂、子A（平成19年11月生まれ）とともに居住していたが、Aは、平成26年4月4日ないしそれ以前に、本件マンション内の他の建物部分のドアにマニキュアを付け、廊下で大便を漏らし、竹輪、納豆ご飯を放置することがあったことから（Xが設置していた監視カメラによって確認された）、Xは、平成26年5月22日、本件契約を解除し、Y₁に対して本件建物の明渡し、賃料相当損害金の支払、Y₁らに対して責任無能力者の監督義務者の責任に基づき損害賠償を請求した。

　本判決は、Aが当時6歳であったこと等から信頼関係が破壊されていないとし、解除の効力を否定し、Y₁らがAの教育・指導義務違反を認め、明渡請求を棄却し、損害賠償請求を認容した。

◆マンションの区分所有建物の賃貸借契約は、契約の当事者間で解除がされるだけでなく、マンションの適正な管理を図るため、区分所有者の全員又は管理組合法人が一定の手続を経て、賃貸借契約を解除する等することができ（建物の区分所有等に関する法律（マンション法）60条）、時々見かける事例であるが、裁判例としては、次のようなものがある。

【参考裁判例】

[81] 京都地判平成10年2月13日判時1661号115頁

　Y₁は、マンションの専有部分を区分所有していたところ、平成7年10月、A宗教団体の信者であるY₂に賃貸し、Y₂、Y₃らが専有部分を団体の施設として使用したため、マンションのB管理組合の理事長・管理者XがY₁らに対して、区分所有者の共同の利益に反すると主張し、賃貸借契約の解除、専有部分からの退去を請求した。

　本判決は、共同利益に反することを認め、請求を認容した。

[82] 東京地判平成10年5月12日判時1664号75頁

　X₁、X₂ら（3名）は、共同住宅（複合マンション）の一室を共有していたところ、平成7年7月、Y₁にその一室を「賃借人は騒音をたてたり風紀を乱すなど近隣の迷惑となる一切の行為をしてはならない」などの特約で賃貸し、Y₁はY₂と同居して居住していたが、入居直後から隣室の居住者らに対して騒音に関する執拗な抗議を繰り返したため、X₁らが平成8年12月に賃貸借契約

を解除し、Y_1、Y_2に対して建物の明渡し等を請求した。

本判決は、賃借人らの行為が共同生活上の秩序を乱す行為に当たるとし、信頼関係も破壊するに足りるものであるとし、賃貸借契約の解除を肯定し、請求を認容した。

[83] 大阪高判平成10年12月17日判時1678号89頁

前記［81］京都地判平成10年2月13日判時1661号115頁の控訴審判決であり、Y_1らが控訴した。

本判決は、共同の利益に反することを肯定し、控訴を棄却した。

◆賃貸借の混同による終了が問題になった裁判例としては、【参考判例】として紹介した判例の一連の裁判例がある。
【参考裁判例】
[84] 大阪地岸和田支部判平成21年9月29日金融・商事判例1400号27頁

Y_1は、A（Y_1の妻の父）から土地、建物を購入する売買契約を締結し、A、B（Y_1の妻の母）から土地を購入する売買契約を締結したところ（Y_1につき所有権移転登記等を経由した）、X株式会社は、A、B株式会社（Aが代表取締役）に対して債権を有していたことから（確定判決を取得していた）、XがY_1に対して主位的に、通謀虚偽表示による無効を主張し、予備的に、詐害行為取消権を行使したと主張し、所有権移転登記等の抹消登記手続等を請求するとともに（A事件）、BがY_2株式会社に建物を賃貸していたことから、XがBの賃料債権を仮差押えし、その後、本執行に移行したため、Y_2に対して賃料の支払を請求した（B事件）。

本判決は、A事件につきXの主張を排斥し、請求を棄却し、B事件につき弁済、相殺の主張を一部認め、請求を一部認容した。

[85] 大阪高判平成22年3月26日金融・商事判例1400号22頁

前記［84］大阪地岸和田支部判平成21年9月29日金融・商事判例1400号27頁の控訴審判決であり、X、Y_2が控訴した（Xは、訴えを交換的に変更するとともに、BがY_2に建物の所有権を譲渡し、混同により賃貸借契約が終了した旨の主張を追加したものである）。

本判決は、A事件の控訴を棄却し、B事件については、混同による賃料債権の消滅を否定し、原判決を変更し、請求を認容し、Y_2の控訴を棄却した。

[86] 最三判平成24年9月4日判時2171号42頁、金融・商事判例1400号16頁

前記［85］大阪高判平成22年3月26日金融・商事判例1400号22頁の上告審判

決であり、Y₂が上告受理を申し立てた（Y₁との関係のA事件の判決は確定した）。

前記②（204頁）参照。

[87] 大阪高判平成25年2月22日金融・商事判例1415号31頁

前記［86］最三判平成24年9月4日金融・商事判例1400号16頁の差戻控訴審判決である。

本判決は、賃料債権が差し押さえられた後に差押債務者である賃貸人が第三債務者である賃借人に賃貸建物を売買し、混同により賃貸借契約が終了した場合、第三債務者に賃料債権が発生しないことを差押債権者に対して主張することが信義則上許されないなどの特段の事情は認められないとし、差戻しに係るXの請求部分を棄却した。

◆賃貸借契約における損害賠償責任が問題になる事例は様々なものがあるが、近年の裁判例としては、次のようなものがある。

【参考裁判例】

[88] 横浜地判平成10年2月25日判時1642号117頁

Yは、平成5年6月、建物をXに賃貸し、Xは、ピアノ教室を開業する予定で模様替えをし、入居したところ、間もなく建物内に刺激臭がしたことから、賃貸借契約の仲介業者Aらに調査を求めたが、改善せず、建物から退去し、賃貸借契約を解除し、Yに対して化学物質過敏症に罹患したと主張し、債務不履行に基づき損害賠償を請求した。

本判決は、化学物資過敏症の予見可能性がなく、過失がなかった等とし、請求を棄却した。

[89] 東京地判平成15年1月27日判時1129号153頁

Xは、平成10年12月、Y有限会社からビルの一室（1階）を期間2年とし、賃借し、婦人服販売店を経営していたところ、平成12年5月、Yがビルの地下1階を小料理店として賃貸したことから、魚等の臭いがするようになり、XがYに対して債務不履行に基づき損害賠償を請求した（Yは、未払賃料等との相殺等を主張した。なお、Yは、賃貸借契約を解除し、部屋の明渡し等を請求する別件訴訟を提起し、訴訟上の和解が成立し、Xは、部屋を明け渡した）。

本判決は、悪臭による債務不履行を認めたが、未払賃料等との相殺を認め、請求を棄却した。

[90] 横浜地判平成22年5月14日判時2083号105頁

Y市は、昭和27年2月、X市（平塚市）から期間を1年とし、競輪場施設を賃借し、競輪場を運営し、以後、繰り返して賃借してきたところ、Yが、平成12年8月、平成13年度以降競輪場事業から撤退することを表明し、競輪場事業を実施しなくなったため、XがYに対して信義則上損害賠償責任を負うと主張し、2億円の損害賠償を請求した。

　本判決は、本件賃貸借契約は単年度の契約であるが、実質的には継続的な契約関係が成立していたものであるとした上、契約関係を終了させるに際して相手方に不測の損害を発生させないように配慮すべき信義則上の義務があり、相当な予告期間を置くことなく終了させた場合には、通常生ずる損害を賠償すべき義務があるとし、本件では少なくとも3年の予告期間を置くべきであったとし、2年分の賃借料等の損害を認め、請求を一部認容した。

[91] 東京地判平成22年9月2日判時2093号87頁

　X有限会社は、平成20年3月、共同住宅の建物（ワンルームマンション）を賃料月額12万6000円でY_1に賃貸し、Y_2が保証をしたが、Y_1が同年4月頃、Xに無断でAに転貸していたところ、平成21年6月、Aが本件建物内で自殺したことから、XとY_1が合意解除し、Xは、本件建物の管理業者であるB株式会社の従業員に賃貸したため、XがY_1に対して未払いの賃料、善管注意義務違反を主張し、新規賃貸借までの期間（58か月）の賃料の差額分、原状回復費用の損害賠償、Y_2に対して保証債務の履行を請求した。

　本判決は、無断転借人の自殺につき賃借人の善管注意義務違反を認め（3年間の逸失利益等の損害を認めた）、保証人の責任も認め、請求を認容した。

[92] 東京地判平成22年10月28日判時2110号93頁

　不動産賃貸業を営むY株式会社は、平成9年11月、大手の家電販売業者であり、家電販売店を営むX株式会社に建物の1階部分を賃貸期間を20年間、賃料月額800万円、建設協力金5億円（保証金4億円、敷金1億円とする）、年末年始を除き、連続3日間を超えて建物における営業を休業とするときは、予めYに書面で申し入れ、Yの書面による承諾を得なければならず、これに違反したときは、通知催告することなく契約を解除することができる旨の特約で賃貸し、その後、賃料の減額をめぐる紛争が発生し、訴訟を経て訴訟上の和解をしたり、Xが転貸候補を紹介したものの、Yがこれを紹介しなかったりし、平成20年7月、Xが店舗を閉鎖したことから、Yが賃貸借契約を解除する等したため、XがYに対して保証金、敷金の返還等を請求したのに対し、Yが特約違反の債務不履行に基づき損害賠償請求権による相殺を主張し、反訴として残額の

損害賠償を請求した。

　本判決は、前記特約が公序良俗に違反しないとし、Xの特約違反を認め、債務不履行による損害賠償請求権による相殺の効力を認め、Xの本訴請求を棄却し、残額につきYの反訴請求を認容した。

[93] 東京地判平成24年６月26日判時2171号62頁

　テレマーケッティング事業を営むX株式会社は、平成19年５月、信託銀行業を営むY株式会社から都内新宿区所在のビルの１階を月額賃料218万4008円等の約定で賃借し、コールセンター事務所として使用していたところ、同年７月頃からコバエが発生し、殺虫剤で対応する等していたが、事務に支障が生じる等し、平成21年７月、本件賃貸借契約を解除し、同年10月、本件建物を明け渡したことから、XがYに対して賃貸借契約上の債務不履行、不法行為に基づき備品、設置費用、移転・新設費用、調査費用、労務費増加分、慰謝料、弁護士費用等6000万円の損害賠償を請求した。

　本判決は、賃貸人は賃貸借の目的に従った使用ができるよう建物を維持、管理する契約上の義務があるとし、本件ではコバエの発生により契約目的に沿った利用が一定程度妨げられる事態が生じていたとし、債務不履行を認め（不法行為は否定した）、請求を認容した（調査費用157万5000円、経済的損害250万円、無形の損害200万円の損害を認めた）。

[94] 東京地判平成27年４月28日判時2276号61頁

　信託銀行であるY株式会社は、昭和63年７月、A株式会社に、期間を20年間とし、プールを含む建物部分を総合スポーツ施設として使用する目的とし、建物部分の保守点検等の管理業務はAが責任をもって当たる、鉄骨及び屋根はY、空調設備部分はAが各々維持管理、修理取替えを自己の責任と費用をもって行う等の特約で賃貸したが、その後、空調ダクト接続部等が錆により腐食して破損し、ダクトが脱落し、プールから塩素を含んだ湿潤した空気が天井裏に拡散したところ、X株式会社は、平成13年４月、Aを吸収合併した後、平成22年11月、プールの天井裏の屋根回り部材（鉄骨）の腐食により、天井が崩落する危険が生じたため、一時、プールの営業を休止したことから、Yに損害賠償を求め、Yは、休業期間中の賃料を免除するとともに、B株式会社に改修工事を施工させる等したものの、XはYに対して債務不履行に基づき屋根回り部材の腐食等による損害賠償を請求したのに対し、Yが反訴としてXの債務不履行を主張し、損害賠償を請求した。

　本判決は、Yの債務不履行を否定し、他方、Xの債務不履行を肯定したもの

の、Yの主張に係る損害との因果関係を否定し、本訴、反訴を棄却した。

[95] 東京地判平成27年9月1日判タ1422号278頁

　販売業を営むX₁株式会社（代表者は、X₂）は、平成25年5月、Y₂株式会社、Y₃株式会社の仲介により、Y₁株式会社からマンションの一室を事務所用として賃借し、X₂が保証をし、インターネット販売業を営んでいたところ、警察庁等のホームページに本件事務所の住所が振込め詐欺の金員送付先住所として公開されており、X₁がこれを知り、本件賃貸借契約を解除したため、Y₁らに対して本件事務所の瑕疵、告知・説明義務違反を主張し、瑕疵担保責任、不法行為、債務不履行に基づき損害賠償を請求したのに対し、Y₁がX₁、X₂に対して解除に伴う約定解約金等の支払を請求した。

　本判決は、瑕疵が認められるには、通常の事業者であれば本件建物の利用を差し控えると認められることが必要であるとし、本件では隠れた瑕疵は認められないとし、Y₁らが本件賃貸借の当時本件事務所の住所が振込め詐欺の関連住所として公開されていたことを知っていたとは認められないとし、不法行為、債務不履行を否定し、X₁の請求を棄却し、Y₁の請求を認容した。

27 現行民法621条（損害賠償及び費用の償還の請求権についての期間の制限）・改正民法621条（賃借人の原状回復義務）

(1) 改正民法621条は、形式的には現行民法621条を全面的に改正するものであり、実質的には現行民法において明文の規定のなかった事項につき新たな内容の規定を設けるものである。なお、現行民法621条の内容は、改正民法621条によって廃止されたかのような印象を与えるが、実際には改正民法622条に移動して規定されているところである。

改正民法621条は、次のとおり定めている。

【改正民法】

（賃借人の原状回復義務）

第621条　賃借人は、賃借物を受け取った後にこれに生じた損傷（通常の使用及び収益によって生じた賃借物の損耗並びに賃借物の経年変化を除く。以下この条において同じ。）がある場合において、賃貸借が終了したときは、その損傷を原状に復する義務を負う。ただし、その損傷が賃借人の責めに帰することができない事由によるものであるときは、この限りでない。

(2) 現行民法621条の内容は、次のとおりである。

【現行民法】

（損害賠償及び費用の償還の請求権についての期間の制限）

第621条　第600条の規定は、賃貸借について準用する。

(3) 改正民法621条は、従来、明文の規定がなかった賃貸借契約の終了時における賃借人の原状回復義務について定めるものであり、新設の規定である。

賃貸借契約が賃貸期間の満了、解除等によって終了した場合、賃借人は賃借物の返還義務を負うところ、どのような状態で返還する義務を負うかが重要な問題である。従来、民法上は、賃貸借における明文の規定はなかったが、使用貸借における現行民法598条（賃貸借に準用されていた。現行民法616条参照）の解釈によって、賃借人の原状回復義務を認める見解が広く採用されていた。もっとも、現行民法598条の規定の内容、文言に照らすと、この解釈にはいささか無理があることは否定で

219

きなかった。

　また、賃貸借契約の終了・賃借物の明渡時における賃借人の賃借物の返還義務（明渡義務）が具体的にどのようなものかは、建物の賃貸借の実務においては日常的に発生する重要な問題であり、特に住宅用の建物の賃貸借の実務において紛争になることが少なくなかったところである。賃貸借の実務においては、賃借人の賃借物の返還・明渡しの際における義務は、原状回復義務と呼ばれることが多かったものの、賃貸借契約の締結時である「原状」の意味が不明確であること、疑問が残ること等から、この義務の明確化、判断基準の具体化・明確化が課題として指摘されることが多かった。

　建物の賃貸借の実務においては、住居用、事業用を問わず、賃貸借契約の締結に当たって賃借人の原状回復義務の範囲、原状回復費用の負担に関する特約（原状回復特約）が利用されることが多く、従来、様々な内容のものが使用されてきた。裁判例も事案ごとに様々な判断を示してきたところであり、自然損耗、通常の使用に伴う損耗（自然損耗、通常損耗と呼ばれることがある）につき賃借人の負担とする旨の特約の効力等が議論され、否定的に判断されてきた。なお、原状回復特約は、敷金の返還に関する特約、修理・修繕に関する特約にも関連しており、これらの内容も併せて原状回復特約が定められることもある。

(4)　住宅用の建物の賃貸借における賃借人の原状回復義務については、住宅行政を所管する建設省も関心を持っていたところ、平成8年、財団法人不動産適正取引推進機構に検討を委託し、同機構は、「賃貸住宅リフォームの促進方策検討調査委員会（ソフト部会）」を設け、原状回復に係るトラブル事例、判例等の収集、分析並びに費用負担等のルールの在り方等について、約2年間にわたって調査、検討を行い、平成10年3月、その結果を報告書としてとりまとめ、公表した。この報告書においては、原状回復義務の範囲、原状回復費用の負担等に関する多数の下級審の判決が紹介され、自然損耗、通常損耗に関する原状回復費用は賃貸人とし、これを超える原状回復費用は賃借人とする傾向を示すものと評価された。

　建設省は、この報告書を踏まえ、平成10年3月、原状回復をめぐるトラブルの未然防止のため、賃貸住宅標準契約書の考え方、裁判例及び取

㉗ 現行民法621条（損害賠償及び費用の償還の請求権についての期間の制限）・改正民法621条（賃借人の原状回復義務）

引の実務等を考慮の上、原状回復の費用負担の在り方について、妥当と考えられる一般的な基準をガイドラインとしてとりまとめ、「原状回復をめぐるトラブルとガイドライン」（原状回復ガイドライン）を策定、公表した。

原状回復ガイドラインは、原状回復につき「賃借人の居住、使用により発生した建物価値の減少のうち、賃借人の故意・過失、善管注意義務違反、その他通常の使用を超えるような使用による損耗・毀損を復旧すること」と定義し、その費用を賃借人の負担とするものとし、経年変化、通常の使用による損耗等の修繕費は賃料に含まれるものとした。

原状回復ガイドラインは、現在、平成23年8月に作成された「再改訂版」になり、引き続き利用されているが（再改訂版の作成の前提となった国土交通省の設置に係る平成21年度の「民間賃貸住宅の原状回復に関する検討調査委員会」、平成22年度の「原状回復ガイドライン検討委員会」においては、いずれも筆者が委員長を務めた）、原状回復ガイドラインに紹介された裁判例も増加してきた。

(5)　平成17年12月には、後記の最高裁の判例が公表される等し、賃借人の建物の賃貸借契約における原状回復義務とその範囲が判例、裁判例上明らかにされてきたこと等から、改正民法において賃借人の賃借物に関する原状回復義務の存在及び範囲に関する明文の規定が新設されることになったものである。

後記のとおり、判例、裁判例においては、主として住宅用の建物の賃貸借契約における賃借人の原状回復義務が問題になったものであり、事業用の建物の賃貸借契約、土地の賃貸借契約、その他の賃貸借契約の事例ではないが、改正民法621条は、後者の類型の賃貸借契約における賃借人の原状回復義務についても住宅用の建物の賃貸借契約と同様な法理を認めるものである。

改正民法621条の解釈に当たっては、従来の判例、裁判例が参考になるものであるし、前記の原状回復ガイドラインも参考になるところである。

(6)　改正民法621条は、任意規定であり、賃貸借の目的、賃借物の特性・規模・用途、当事者の属性等の事情によって、これと異なる内容の原状回復特約を締結することは可能であり、従来利用されていた原状回復特

約は原則として有効である。特に事業用の建物の賃貸借契約においては、詳細な内容の原状回復特約を締結することが多いし、建物の構造体部分の状態による賃貸借契約の事例も見られるところであり、原状回復特約の解釈が重要になっている。

◆**賃貸借契約における賃借人の原状回復義務が問題になった最高裁の判例としては、次のようなものがあり、改正民法においても妥当する。**
【参考判例】
①最三判昭和29年2月2日民集8巻2号321頁、判タ38号55頁

　賃借人が賃借家屋を改造した場合における賃借人の原状回復義務が問題になった事案について、次のとおり判示している。

「案ずるに原審が民法第616条その他判文挙示の規定により一般的に賃借人は特約なき限り現状恢復の義務なきものとしたのは法律の解釈を誤つた嫌なきを得ない。賃借人は賃貸人の承諾なくして賃借家屋の改造をした様な場合には一般的には現状恢復の義務あるものというべきである。しかし原審の認定した事実によると本件賃貸借においてはその目的物を工場に改造することが契約の内容となつて居たものというべく、かかる場合には特約なき限り賃借人は原状恢復の義務なきものと解するを相当とする。されば原審が被上告人に原状恢復の義務なしとしたことは本件賃貸借に関する限り結局正当であり、前記法律の誤解は主文に影響なきものといわなければならない。そしてこのことは本件建物の改築を上告人又は被上告人の何れが現実になしたかによつて左右される処はない。それ故論旨第一点所論の点について原審が上告人の認めなかつた事実につき「争なし」と判示した違法ありとするも、これ亦判決主文に影響なきものであり、此点に関する論旨も結局理由なきに帰する。その他の論旨は最高裁判所における民事上告事件の審判の特例に関する法律所定の上告理由に該当しないし又同法にいう法令の解釈に関する重要な主張を含むものでもない。」

②最三判昭和53年2月14日金融・商事判例544号7頁

　土地賃貸借契約の終了を原因とする原状回復義務の履行に当たって、地上建物の所有権の帰属いかんが問題になった事案について、次のとおり判示している。

27 現行民法621条(損害賠償及び費用の償還の請求権についての期間の制限)・改正民法621条(賃借人の原状回復義務)

「本訴が被上告人と上告人らとの間の本件土地の賃貸借契約の終了を原因として原状回復義務の履行を求めるものであることは原判決の事実摘示に照らして明らかであるから、本件土地上にある本件建物の所有権の帰属いかんは、上告人らの本件建物の収去による本件土地の明渡義務を定めるにつき影響を及ぼすものではない。」

③最一判平成17年3月10日判時1895号60頁、判タ1180号187頁

土地の賃借人が、土地を無断で転貸し、転借人が同土地上に産業廃棄物を不法に投棄し、賃借人の原状回復義務が問題になった事案について、次のとおり判示している。

「1　原審の確定した事実関係の概要は、次のとおりである。

(1)　上告人らは、平成3年11月、第一審判決別紙物件目録記載の各土地(以下「本件土地」という。)を購入し、栃木県の許可を得て、これを上告人X₁の経営する会社の産業廃棄物最終処分場として使用していたが、平成7年10月以降は使用を中止し、その売却先又は借受先の紹介を被上告人及びA(以下「A」という。)に依頼していた。

(2)　上告人らは、被上告人及びAの仲介により、平成9年10月6日、B(以下「B」という。)に対し、賃料を年額150万円、使用目的を資材置場、契約期間を1年とし、賃貸人の作成した承諾書なしに本件土地を転貸し又は賃借権を譲渡することを禁ずるとの約定で、本件土地を賃貸した(以下、この契約を「本件賃貸借契約」という。)。また、被上告人は、同日、上告人らに対し、Bが本件賃貸借契約に基づき負担する債務につき、連帯保証した(以下、この契約を「本件連帯保証契約」という。)。

不動産の賃借人は、賃貸借契約上の義務に違反する行為により生じた賃借目的物の毀損について、賃貸借契約終了時に原状回復義務を負うことは明らかである。前記事実関係によれば、Bは、本件賃貸借契約上の義務に違反して、Cに対し本件土地を無断で転貸し、Cが本件土地に産業廃棄物を不法に投棄したというのであるから、Bは、本件土地の原状回復義務として、上記産業廃棄物を撤去すべき義務を免れることはできないというべきである。」

④最二判平成17年12月16日判時1921号61頁、判タ1200号127頁

住宅用の建物の賃貸借契約において賃借建物の通常の使用に伴い生ず

る損耗について賃借人が原状回復義務を負う旨の特約の成否等が問題になった事案について、次のとおり判示している。具体的な事案は、Y公社は、特定優良賃貸住宅の供給の促進に関する法律の適用を受けるマンションを有していたところ、平成9年12月、Yの会議室において賃借希望者に入居説明会を開催し、契約書の重要な条項等につき説明をし、質疑応答がされ、Xの義母Aが出席し、説明を聞き、配布された書類の交付を受け、Xは、同月末頃、Yからマンションの一室を原状回復費用は賃借人が負担する旨の特約で賃借し、賃料の3か月分の敷金を交付したが、Xが賃貸借契約を解約し、建物部分を明け渡し、敷金の返還を求めたところ、Yが補修工事費用として30万2547円を要すると主張し、その部分の返還を拒否したため、XがYに対して敷金の一部の返還を請求した。

第一審判決は、特約が賃借人に不当に不利益な負担を強いるものではなく、公序良俗に反しない等とし、請求を棄却したため、Xが控訴した。

控訴審判決は、通常損耗は原状回復義務の範囲に含まれず、その修繕費用は賃貸人が負担すべきであるが、これと異なる特約を設けることも認められ、本件特約は賃借人に不当に不利益な負担を強いるものではなく、公序良俗に反しない等とし、控訴を棄却し、Xが上告受理を申し立てた。

本判決は、賃貸建物の通常損耗につき賃借人が原状回復義務を負うためには、賃借人が補修費を負担することになる通常損耗の範囲につきその旨の特約が明確に合意されていることが必要であるとし、本件では特約が成立したとはいえないとし、原判決を破棄し、本件を大阪高裁に差し戻した。

「(1) 賃借人は、賃貸借契約が終了した場合には、賃借物件を原状に回復して賃貸人に返還する義務があるところ、賃貸借契約は、賃借人による賃借物件の使用とその対価としての賃料の支払を内容とするものであり、賃借物件の損耗の発生は、賃貸借という契約の本質上当然に予定されているものである。それゆえ、建物の賃貸借においては、賃借人が社会通念上通常の使用をした場合に生ずる賃借物件の劣化又は価値の減少を意味する通常損耗に係る投下資本の減価の回収は、通常、減価償却費

27 現行民法621条（損害賠償及び費用の償還の請求権についての期間の制限）・改正民法621条（賃借人の原状回復義務）

や修繕費等の必要経費分を賃料の中に含ませてその支払を受けることにより行われている。そうすると、建物の賃借人にその賃貸借において生ずる通常損耗についての原状回復義務を負わせるのは、賃借人に予期しない特別の負担を課すことになるから、賃借人に同義務が認められるためには、少なくとも、賃借人が補修費用を負担することになる通常損耗の範囲が賃貸借契約書の条項自体に具体的に明記されているか、仮に賃貸借契約書では明らかでない場合には、賃貸人が口頭により説明し、賃借人がその旨を明確に認識し、それを合意の内容としたものと認められるなど、その旨の特約（以下「通常損耗補修特約」という。）が明確に合意されていることが必要であると解するのが相当である。

　(2)　これを本件についてみると、本件契約における原状回復に関する約定を定めているのは本件契約書22条2項であるが、その内容は上記1(5)に記載のとおりであるというのであり、同項自体において通常損耗補修特約の内容が具体的に明記されているということはできない。また、同項において引用されている本件負担区分表についても、その内容は上記1(6)に記載のとおりであるというのであり、要補修状況を記載した「基準になる状況」欄の文言自体からは、通常損耗を含む趣旨であることが一義的に明白であるとはいえない。したがって、本件契約書には、通常損耗補修特約の成立が認められるために必要なその内容を具体的に明記した条項はないといわざるを得ない。被上告人は、本件契約を締結する前に、本件共同住宅の入居説明会を行っているが、その際の原状回復に関する説明内容は上記1(3)に記載のとおりであったというのであるから、上記説明会においても、通常損耗補修特約の内容を明らかにする説明はなかったといわざるを得ない。そうすると、上告人は、本件契約を締結するに当たり、通常損耗補修特約を認識し、これを合意の内容としたものということはできないから、本件契約において通常損耗補修特約の合意が成立しているということはできないというべきである。

　(3)　以上によれば、原審の上記3(2)の判断には、判決に影響を及ぼすことが明らかな法令の違反がある。論旨は、この趣旨をいうものとして理由があり、原判決は破棄を免れない。そして、通常損耗に係るものを除く本件補修約定に基づく補修費用の額について更に審理をさせるため、本件を原審に差し戻すこととする。」

⑤最一判平成23年3月24日民集65巻2号903頁、判時2128号33頁、金融・商事判例1378号28頁

　Xは、平成18年8月、Yとの間で、マンションの一室を賃貸期間を2年間とし、賃料月額9万6000円、保証金40万円、明渡しの後は契約経過年数に応じて決められた一定額の金員（敷引金）を控除する、通常損耗、自然損耗の回復費用は敷引金でまかなう旨の特約で賃借し、平成20年4月、契約が終了し、Xは、本件建物を明け渡したところ、保証金から敷引金として21万円が控除され、19万円の返還を受けたため、Xが敷引特約が消費者契約法10条に違反して無効であると主張し、Yに対して敷金の返還等を請求した。

　第一審判決（京都地判平成20年11月26日金融・商事判例1378号37頁）は、消費者契約法10条に違反しないとし、請求を棄却したため、Xが控訴した。

　控訴審判決（大阪高判平成21年6月19日金融・商事判例1378号34頁）も、同様に解し、控訴を棄却したため、Xが上告受理を申し立てた。

　本判決は、敷引特約は、建物に生ずる通常損耗等の補修費用として通常想定される額、賃料の額、礼金等他の一時金の授受の有無及びその額等に照らし、敷引金の額が高額に過ぎると評価すべきものである場合には、当該賃料が近傍同種の建物の賃料相場に比して大幅に低額であるなど特段の事情のない限り、信義則に反して消費者である賃借人の利益を一方的に害するものであって、消費者契約法10条により無効となると解するのが相当であるとした上、本件では無効とはいえないとし、上告を棄却した。

「賃貸借契約に敷引特約が付され、賃貸人が取得することになる金員（いわゆる敷引金）の額について契約書に明示されている場合には、賃借人は、賃料の額に加え、敷引金の額についても明確に認識した上で契約を締結するのであって、賃借人の負担について明確に合意されている。そして、通常損耗等の補修費用は、賃料に含ませてその回収が図られているのが通常だとしても、これに充てるべき金員を敷引金として授受する旨の合意が成立している場合には、その反面において、上記補修費用が含まれないものとして賃料の額が合意されているものとみるのが相当であって、敷引特約によって賃借人が二重に負担するということは

できない。また、上記補修費用に充てるために賃貸人が取得する金員を具体的な一定の額とすることは、通常損耗等の補修の要否やその費用の額をめぐる紛争を防止するといった観点から、あながち不合理なものとはいえず、敷引特約が信義則に反して賃借人の利益を一方的に害するものであると直ちにいうことはできない。

　もっとも、消費者契約である賃貸借契約においては、賃借人は、通常、自らが賃借する物件に生ずる通常損耗等の補修費用の額については十分な情報を有していない上、賃貸人との交渉によって敷引特約を排除することも困難であることからすると、敷引金の額が敷引特約の趣旨からみて高額に過ぎる場合には、賃貸人と賃借人との間に存する情報の質及び量並びに交渉力の格差を背景に、賃借人が一方的に不利益な負担を余儀なくされたものとみるべき場合が多いといえる。

　そうすると、消費者契約である居住用建物の賃貸借契約に付された敷引特約は、当該建物に生ずる通常損耗等の補修費用として通常想定される額、賃料の額、礼金等他の一時金の授受の有無及びその額等に照らし、敷引金の額が高額に過ぎると評価すべきものである場合には、当該賃料が近傍同種の建物の賃料相場に比して大幅に低額であるなどの特段の事情のない限り、信義則に反して消費者である賃借人の利益を一方的に害するものであって、消費者契約法10条により無効となると解するのが相当である。」

⑥最三判平成23年7月12日判時2128号43頁、金融・商事判例1378号41頁

　Xは、平成14年5月23日、A株式会社との間で、マンションの一室を賃貸期間を平成16年5月31日まで、賃料月額7万5000円、保証金100万円（預託分40万円、敷引分60万円）とし、明渡しを完了したときは預託分を返還する旨の特約で賃借し、その後、Y株式会社にAの賃貸人の地位が移転し、契約が更新され、更新時、賃料額を月額17万円とする合意がされ、平成20年5月、賃貸借契約が終了し、Xは、本件建物を明け渡したところ、Yが敷引金60万円を控除し、原状回復費用等20万8074円を控除し、19万1926円を返還したため、Xが敷引特約が消費者契約法10条に違反して無効であると主張し、Yに対して保証金の未返還分の返還を請求した。

　第一審判決（京都地判平成21年7月30日金融・商事判例1378号50頁）

は、敷引特約が無効であるとし、原状回復費用として16万3996円を控除し、残額の範囲で請求を認容したため、Ｙが控訴した。

　控訴審判決（大阪高判平成21年12月15日金融・商事判例1378号46頁）は、同様に解し、控訴を棄却したため、Ｙが上告受理を申し立てた。

　本判決は、本件特約が信義則に反してＹの利益を一方的に害するものということはできず、消費者契約法10条により無効であるということはできないとし、原判決中、Ｙの敗訴部分を変更し、Ｙの控訴に基づき第一審判決を変更し、4万4078円の範囲で請求を認容した。

「本件特約は、本件保証金のうち一定額（いわゆる敷引金）を控除し、これを賃貸借契約終了時に賃貸人が取得する旨のいわゆる敷引特約である。賃貸借契約においては、本件特約のように、賃料のほかに、賃借人が賃貸人に権利金、礼金等様々な一時金を支払う旨の特約がされることが多いが、賃貸人は、通常、賃料のほか種々の名目で授受される金員を含め、これらを総合的に考慮して契約条件を定め、また、賃借人も、賃料のほか賃借人が支払うべき一時金の額や、その全部ないし一部が建物の明渡し後も返還されない旨の契約条件が契約書に明記されていれば、賃貸借契約の締結に当たって、当該契約によって自らが負うこととなる金銭的な負担を明確に認識した上、複数の賃貸物件の契約条件を比較検討して、自らにとってより有利な物件を選択することができるものと考えられる。そうすると、賃貸人が契約条件の一つとしていわゆる敷引特約を定め、賃借人がこれを明確に認識した上で賃貸借契約の締結に至ったのであれば、それは賃貸人、賃借人双方の経済的合理性を有する行為と評価すべきものであるから、消費者契約である居住用建物の賃貸借契約に付された敷引特約は、敷引金の額が賃料の額等に照らし高額に過ぎるなどの事情があれば格別、そうでない限り、これが信義則に反して消費者である賃借人の利益を一方的に害するものということはできない（最高裁平成21年（受）第1679号同23年3月24日第一小法廷判決・民集65巻2号登載予定参照）。

　これを本件についてみると、前記事実関係によれば、本件契約書には、1か月の賃料の額のほかに、被上告人が本件保証金100万円を契約締結時に支払う義務を負うこと、そのうち本件敷引金60万円は本件建物の明渡し後も被上告人に返還されないことが明確に読み取れる条項が置

かれていたのであるから、被上告人は、本件契約によって自らが負うこととなる金銭的な負担を明確に認識した上で本件契約の締結に及んだものというべきである。そして、本件契約における賃料は、契約当初は17万5000円、更新後は17万円であって、本件敷引金の額はその3.5倍程度にとどまっており、高額に過ぎるとはいい難く、本件敷引金の額が、近傍同種の建物に係る賃貸借契約に付された敷引特約における敷引金の相場に比して、大幅に高額であることもうかがわれない。

　以上の事情を総合考慮すると、本件特約は、信義則に反して被上告人の利益を一方的に害するものということはできず、消費者契約法10条により無効であるということはできない。」

◆建物の賃貸借契約において原状回復義務の範囲、原状回復特約の効力等が問題になった裁判例は、近年特に多数公表されているが、これらの裁判例としては、次のようなものがある。

【参考裁判例】

[96] 大阪地判平成11年10月22日判タ1067号210頁

　Xは、契約が終了したときは、賃借人の費用をもって本物件を当初契約時の原状に復旧させ、賃貸人に明け渡さなければならない旨の特約で敷金37万5000円を交付して共同住宅の建物をYから賃借したが、その後、本件建物を明け渡したものの、Yが原状回復請求権と敷金返還請求権を相殺したと主張し、敷金の返還を拒んだため、XがYに対して敷金の一部の返還を請求した。

　第一審判決は、畳、クロスの汚れ等の原状回復請求権との相殺を認め、請求を認容したため、Xが控訴した。

　本判決は、同様に相殺を認め、控訴を棄却した。

[97] 東京簡判平成12年6月27日判時1758号70頁

　Xは、平成6年3月、サブリース業を営むY株式会社から敷金22万5000円、明渡時に畳表の取替え、襖の張替え、クロスの張替え、ハウスクリーニングの費用を賃借人が負担する旨の特約でマンションの一室を賃借し（Yが区分所有者から賃借した建物である）、使用していたが、平成11年5月、賃貸借が終了し、本件建物を明け渡したところ、畳表の取替え等の費用として23万8875円を支出する等したとしたため、XがYに対して特約が無効であると主張し、敷金の返還を請求した。

本判決は、消費者保護、住宅金融公庫法35条、同法施行規則10条1項の趣旨から自然損耗分は賃借人の負担から除かれるとし、請求を一部認容した。

[98] 大阪高判平成12年8月22日判タ1067号209頁

前記［96］大阪地判平成11年10月22日判タ1067号210頁の上告審判決であり、Xが上告した。

本判決は、本件特約が通常の使用による損耗汚染を原状に復する費用を賃借人が負担する特約ではないとし、原判決を破棄し、本件を大阪地裁に差し戻した。

[99] 東京地判平成12年12月18日判時1758号66頁

前記［97］東京簡判平成12年6月27日判事1758号70頁の控訴審判決であり、Xが控訴し、Yが附帯控訴した。

本判決は、特約が公序良俗に反せず、有効であるとし、控訴を棄却し、附帯控訴に基づきYの敗訴部分を取り消し、請求を棄却した。

[100] 東京高判平成12年12月27日判タ1095号176頁

Y_1、Y_2は、X_1株式会社らに賃借人が原状に回復すべき義務を負い、原状回復費用は保証金とは別途賃借人が負担するなどの特約で新築のビルを賃貸し、保証金1200万円の交付を受け、X_1らが使用をしたが、賃貸借が終了し、X_1らが保証金から償却費、未払賃料等を控除したほか、自ら原状回復費用を算定して控除し、その保証金残額の返還を求めたところ、Y_1らがこれを拒否したため、X_1らがY_1らに保証金残額の返還を請求したのに対し、Y_1らがX_1らに対して保証金から控除しても不足額が存在すると主張し、反訴として原状回復費用、約定損害金の支払を請求した。

第一審判決は、X_1らの本訴請求を棄却し、Y_1らの反訴請求を一部認容したため、Y_1らが控訴し、X_1らが附帯控訴した。

本判決は、原状回復義務に関する特約を有効とする等し、控訴に基づき原判決を変更し、Y_1らの反訴請求を一部認容し、附帯控訴を棄却した。

[101] 神戸地尼崎支部判平成14年10月15日判時1853号109頁

Y公社は、特定有料賃貸住宅の供給の促進に関する法律等の適用を受ける建物（マンション）につき賃貸事業を行っていたところ、平成7年8月、Xから通常の使用に伴う損耗分の修繕等は賃借人が負担する旨の特約で、敷金36万8400円の交付を受け、マンションの一室を賃貸したが、Xは、平成9年1月、貸室を明け渡したところ、Yが住宅復旧費の合計21万2468円を控除し、残額を返還したため、XがYに対して前記特約が公序良俗に違反して無効であると主

張し、控除分の返還を請求した。

本判決は、費用の控除が前記法律の精神に反しているとしても、公序良俗に反し、無効であるとまではいえないとし、請求を棄却した。

[102] 大阪地判平成15年7月18日判時1877号81頁

Y公社は、特定優良賃貸住宅の供給の促進に関する法律の適用を受けるマンションを有していたところ、平成7年12月、賃借希望者に入居説明会を開催し、契約書の重要な条項等につき説明をし、質疑応答がされ、Xが出席し、説明を聞き、配布された書類の交付を受け、Xは、同月末頃、Yからマンションの一室を建物内の物件を撤去して原状に復するものとし、補修費用は賃貸人の指示により賃借人が負担する旨の特約で賃借し、賃料として44万2500円（賃料の3か月分）の敷金を交付したが、Xが賃貸借契約を解約し、平成14年8月に建物部分を明け渡し、敷金の返還を求めたところ、Yが補修工事費用として34万2378円を要すると主張し、その部分の返還を拒否したため（10万122円は返還した）、XがYに対して敷金の一部の返還を請求した。

本判決は、本件特約が公序良俗に反しない等とし、請求を棄却した。

[103] 大阪高判平成15年11月21日判時1853号99頁

前記[101]神戸地尼崎支部判平成14年10月15日判時1853号109頁の控訴審判決であり、Xが控訴した。

本判決は、前記特約は賃借人がその趣旨を十分に理解し、自由な意思に基づいてこれに同意したことが積極的に認定されない限り、認めることができないとし、前記特約に係る合意を認定することができないとし、500円の費用の控除を認め、原判決を変更し、請求を認容した。

[104] 大阪高判平成16年5月27日判時1877号73頁

Y公社は、特定優良賃貸住宅の供給の促進に関する法律の適用を受けるマンションを有していたところ、平成9年12月、Yの会議室において賃借希望者に入居説明会を開催し、契約書の重要な条項等につき説明をし、質疑応答がされ、Xの義母Aが出席し、説明を聞き、配布された書類の交付を受け、Xは、同月末頃、Yからマンションの一室を原状回復費用は賃借人が負担する旨の特約で賃借し、賃料の3か月分の敷金を交付したが、Xが賃貸借契約を解約し、建物部分を明け渡し、敷金の返還を求めたところ、Yが補修工事費用として30万2547円を要すると主張し、その部分の返還を拒否したため、XがYに対して敷金の一部の返還を請求した。

第一審判決は、特約が賃借人に不当に不利益な負担を強いるものではなく、

公序良俗に反しない等とし、請求を棄却したため、Xが控訴した。

本判決は、通常損耗は原状回復義務の範囲に含まれず、その修繕費用は賃貸人が負担すべきであるが、これと異なる特約を設けることも認められ、本件特約は賃借人に不当に不利益な負担を強いるものではなく、公序良俗に反しない等とし、控訴を棄却した。

[105] 大阪高判平成16年7月30日判時1877号81頁

前記[102]大阪地判平成15年7月18日判時1877号81頁の控訴審判決であり、Yが控訴した。

本判決は、通常損耗分の原状回復義務を賃借人に負わせることは特優賃貸規則13条の禁止する不当な負担に当たるとし、本件特約が公序良俗に反して無効である等とし、原判決を取り消し、請求を認容した。

[106] 大阪高判平成16年12月17日判時1894号19頁

Xは、平成10年7月、Yから自然損耗、通常の使用による損耗につき賃借人が原状回復義務を負う旨の特約で、敷金20万円を交付してマンションの一室を賃借し、平成13年7月、合意更新したが、平成14年6月、賃貸借が終了し、建物部分を明け渡したため、XはYに対して敷金の返還を請求した。

第一審判決は本件特約は賃借人の目的物返還義務を加重するものであるし、賃借人の利益を一方的に害するものであるとし、消費者契約法10条により無効であるとし、請求を認容したため、Yが控訴した。

本判決は、合意更新には消費者契約法が適用されるとした上、本件特約は信義則に反して賃借人の利益を一方的に害するものであり、消費者契約法10条により無効であるとし、控訴を棄却した。

[107] 京都地判平成20年4月30日判時2052号86頁、判タ1281号316頁、金融・商事判例1299号56頁

Xは、平成17年3月、賃貸マンションの一室を賃貸期間を2年間とし、更新料として前家賃の1か月分、家賃月額6万3000円、定額補修分担金16万円としてY有限会社から賃借し、16万円を支払ったところ、平成19年2月、更新料として6万3000円を支払ったが、同年4月、本件部屋を退去したため、定額補修分担金特約、更新料特約が消費者契約法10条により無効であると主張し、Yに対して支払済みの更新料、定額補修分担金の返還を請求した（Xは、口頭弁論期日において更新料の支払を受けた）。

本判決は、定額補修分担金特約が消費者契約法10条に該当し、無効であるとし、請求を認容した。

[108] 京都地判平成20年11月26日金融・商事判例1378号37頁

　Xは、平成18年8月、Yとの間で、マンションの一室を賃貸期間を2年間とし、賃料月額9万6000円、保証金40万円、明渡しの後は契約経過年数に応じて決められた一定額の金員（敷引金）を控除する、通常損耗、自然損耗の回復費用は敷引金でまかなう旨の特約で賃借し、平成20年4月、契約が終了し、Xは、本件建物を明け渡したところ、保証金から敷引金として21万円が控除され、19万円の返還を受けたため、Xが敷引特約が消費者契約法10条に違反して無効であると主張し、Yに対して敷引金の返還等を請求した。
　本判決は、敷引特約が消費者契約法10条に違反しないとし、請求を棄却した。

[109] 大阪高判平成20年11月28日判時2052号93頁

　前記[107]京都地判平成20年4月30日判時2052号86頁、判タ1281号316頁、金融・商事判例1299号56頁の控訴審判決であり、Yが控訴した。
　本判決は、定額補修金特約が消費者契約法10条に該当して無効であるとし、控訴を棄却した。

[110] 神戸地尼崎支部判平成21年1月21日判時2055号76頁

　Xは、平成12年1月、Y公社から特定優良賃貸住宅の供給の促進に関する法律所定の共同住宅の一室を賃料月額11万7000円、敷金35万1000円で賃借し、平成19年6月頃、解約をし、本件部屋を明け渡し、日割賃料5992万の控除を合意したものの、Yが住宅の復旧費28万3368円と記載した書面を交付したため、XがYに対して敷金28万3368円の返還を請求した。
　本判決は、クロスの張替え費用、室内の傷の補修費用の控除を認めたものの、タバコのヤニの洗浄費用等の控除を否定し、25万3298円の範囲で請求を認容した。

[111] 大阪高判平成21年6月12日判時2055号72頁

　前記[110]神戸地尼崎支部判平成21年1月21日判時2055号76頁の控訴審判決であり、Yが控訴した。
　本判決は、基本的に原判決を維持し、控訴を棄却した。

[112] 大阪高判平成21年6月19日金融・商事判例1378号34頁

　前記[108]京都地判平成20年11月26日金融・商事判例1378号37頁の控訴審判決であり、Xが控訴した。
　本判決は、第一審判決と同様に、敷引特約が消費者契約法10条により無効ではないとし、控訴を棄却した。

[113] 京都地判平成21年7月23日判時2051号119頁、判タ1316号192頁、金融・商事判例1327号26頁

　前記［53］（184頁）参照

[114] 京都地判平成21年7月30日金融・商事判例1378号50頁

　Xは、平成14年5月23日、A株式会社との間で、マンションの一室を賃貸期間を平成16年5月31日まで、賃料月額7万5000円、保証金100万円（預託分40万円、敷引分60万円）とし、明渡しを完了したときは預託分を返還する旨の特約で賃借し、その後、Y株式会社にAの賃貸人の地位が移転し、契約が更新され、更新時、賃料額を月額17万円とする合意がされ、平成20年5月、賃貸借契約が終了し、Xは、本件建物を明け渡したところ、Yが敷引金60万円を控除し、原状回復費用等20万8074円を控除し、19万1926円を返還したため、Xが敷引特約が消費者契約法10条に違反して無効であると主張し、Yに対して保証金の未返還分の返還を請求した。

　本判決は、消費者契約法10条により敷引特約が無効であるとし、原状回復費用として16万3996円を控除し、残額の範囲で請求を認容した。

[115] 京都地判平成21年9月25日判時2066号95頁、判タ1317号214頁

　大学生Xは、平成15年4月、Y株式会社から賃貸マンションの一室を賃貸期間を1年間とし、更新料を賃料の2か月分として賃借し、定額補修分担金として12万円を支払い、Zが連帯保証をし、入居し、その後、平成16年2月、平成17年2月、平成18年2月、それぞれ更新料を支払い、合意更新したが、平成19年4月には法定更新となったため、XがYに対して更新料条項、定額補修分担金条項が消費者契約法10条に違反して無効であると主張し、支払済みの更新料、定額補修分担金につき不当利得の返還、未払いの更新料の支払債務の不存在確認を請求したのに対し、Yが反訴としてXに対して未払いの更新料の支払、Zに対して保証債務の履行を請求した。

　本判決は、更新料条項、定額補修金分担金条項が消費者契約法10条に違反して無効であるとし、Xの不当利得返還請求を認容し、確認請求に係る訴えを却下し、Yの請求を棄却した。

[116] 京都地判平成21年9月30日判時2068号134頁、判タ1319号262頁

　不動産賃貸業を営むY株式会社は、不特定多数の消費者との間で定額補修分担金条項の入った契約書を利用して賃貸借契約を締結していたところ、適格消費者団体であるX特定非営利活動法人が消費者契約法12条に基づき契約の申込み等の禁止、契約書用紙の破棄等を請求した。

本判決は、定額補修分担金条項が消費者契約法10条により無効である等とし、契約締結時における定額補修分担金条項を含む契約の申込み等の禁止請求を認容し、他の請求を棄却し、却下した。

[117] **大阪高判平成21年12月15日金融・商事判例1378号46頁**

前記[114]京都地判平成21年7月30日金融・商事判例1378号50頁の控訴審判決であり、Yが控訴した。

本判決は、敷引特約が消費者契約法10条により無効であるとし、控訴を棄却した。

[118] **最一判平成23年3月24日民集65巻2号903頁、判時2128号33頁、金融・商事判例1378号28頁**

前記⑤(226頁)参照

[119] **東京地判平成24年10月31日判タ1409号377頁**

Y株式会社は、平成12年4月に開業予定の大型テーマパークの周辺地域に土地を賃借し、ホテル事業用の建物を建築し、賃貸することを計画し、ホテル事業の運営受託等を業とするX株式会社をホテル事業者として選定し、平成12年2月、Xとの間でホテル事業に関する基本合意書、ホテル賃貸借に関する交渉経緯確認書を取り交わし、テーマパークが開業した後である平成13年5月、建設予定の建物のうちホテル部分、駐車場部分につき賃貸期間を20年間とし、Xの責に帰すべき事由による修繕等を除き、Yは規模の大小を問わず、その責任と費用負担により、修繕等の一切の維持管理を行う等の内容の賃貸借契約を締結し、平成14年3月、建物が完成され、XとYとの間で具体的に賃料額の合意がされる等し(敷金については、15億3413万7552円と合意された)、同年4月、Xは、完全子会社であるA株式会社との間で、ホテルの運営委託契約を締結し、本件ホテルが開業したところ、本件ホテルの収支が悪化し、Xは、平成18年には、賃料の減額、減額に応じない場合における期中解約の通知をし、Yがこれを拒絶し、Xは、平成19年4月、簡易裁判所に賃料減額の調停を申し立てたものの、Yがこれに拒絶する等した後、Xは、同年10月、平成20年3月末日をもって本件ホテルの運営を終了する旨を公表し、Yは、同年2月、信頼関係の破壊を理由に賃貸借契約を解除し、補修義務の履行を求める等し、Xは、同年3月末日、本件ホテルの営業を終了し、同年4月、建物部分を明け渡したことから(その間、平成20年4月には、他のホテル事業者が別のホテルを開業する旨を公表し、同年5月、ホテルが開業した)、XがYに対して敷金全額の返還、設備買取の特約に基づく代金の支払を請求したのに対し、Yが反訴として

債務不履行に基づき損害賠償、違約金の支払を請求した。

本判決は、賃借人に通常損耗の原状回復義務が認められるためには、その旨の特約が明確に合意されていることが必要であるとした上、本件ではその旨の特約が認められないとし、通常損耗を超える範囲の費用を484万7130円とし、設備の時価を２億円と算定し、他方、Ｘの債務不履行を否定し、本訴請求の大半を認容し、反訴請求を棄却した。

[120] 大阪地判平成24年11月12日判時2174号77頁、判タ1387号207頁、金融・商事判例1407号14頁

不動産業を営むＹ株式会社は、賃貸借契約を締結するに当たって、解散、破産、民事再生、会社整理、会社更生、競売、仮差押、仮処分、強制執行、成年被後見人、被保佐人の宣告や申立てを受けたときは、賃貸人が直ちに解除できる旨の解除条項、損害金条項、賃借人が家賃を滞納したときは定額の催告料を支払うなどの旨の特約が記載された契約書を利用していたことから、適格消費者団体であるＸ特定非営利活動法人が前記契約条項を利用する意思表示を行ってはならないなどの差止めを請求した。

本判決は、本件解除条項のうち後見開始又は保佐開始の審判や申立てがあったときに解除を認めることは消費者契約法10条に該当するとしたものの、他の条項については賃借人の負担を加重していても、信義則に反するものではない等とし、同法10条、９条の適用を否定し、請求を一部認容した。

㉘ 現行民法622条（削除されていたもの）・改正民法622条（使用貸借の規定の準用）

(1) 現行民法622条は、削除され、いわば空席になっていたところであるが、改正民法622条は、使用貸借の規定の準用に関する規定を定めるものであり、その内容は、次のとおりである。

> 【改正民法】
> （使用貸借の規定の準用）
> 第622条　第597条第1項、第599条第1項及び第2項並びに第600条の規定は、賃貸借について準用する。

(2) 民法622条は、もともと使用貸借の規定の準用に関する規定であり、民法600条を準用する内容であった。現行民法622条は、平成16年の民法の一部改正（平成16年法律第147号）により、削除されたが、その内容は、当時の民法621条の賃借人の破産による解約の申入れに関する規定が廃止されたことに伴い、当時の民法621条に移されたものであった。

改正民法621条について説明したように、現行民法621条は、使用貸借に関する現行民法600条を準用する内容のものであった。

(3) 改正民法616条について説明したように、現行民法616条、621条に規定されていた使用貸借の規定の準用については、その内容が見直され、次のとおり変更されたものである。

現行民法においては、使用貸借の規定の準用については、現行民法616条、621条によって、現行民法594条1項、597条1項、598条、600条が準用されていた。

改正民法においては、現行民法597条1項、598条、599条、600条等が改正の対象になり、598条、599条は、それぞれ全体としては実質的な変更はさほどないものの、個々の条文の内容が変更されている。

改正民法においては、これらの使用貸借の規定の改正を踏まえ、現行民法594条1項、改正民法597条1項、改正民法599条1項、2項、改正民法600条を準用している。

改正民法616条が準用するのは、現行民法594条1項のみである。

改正民法622条が準用するのは、改正民法597条1項、改正民法599条1項、2項、改正民法600条である。

(4) 改正民法622条によって準用される条文は、次のとおりである。

【改正民法】
（期間満了等による使用貸借の終了）
第597条　当事者が使用貸借の期間を定めたときは、使用貸借は、その期間が満了することによって終了する。
（借主による収去等）
第599条　借主は、借用物を受け取った後にこれに附属させた物がある場合において、使用貸借が終了したときは、その附属させた物を収去する義務を負う。ただし、借用物から分離することができない物又は分離するのに過分の費用を要する物については、この限りでない。
2　借主は、借用物を受け取った後にこれに附属させた物を収去することができる。
（損害賠償及び費用の償還の請求権についての期間の制限）
第600条　契約の本旨に反する使用又は収益によって生じた損害の賠償及び借主が支出した費用の償還は、貸主が返還を受けた時から1年以内に請求しなければならない。
2　前項の損害賠償の請求権については、貸主が返還を受けた時から1年を経過するまでの間は、時効は、完成しない。

(5) 改正民法における使用貸借の規定の準用と、現行民法における準用状況を比べてみると、準用される使用貸借の規定が整理されたため、一見すると、形式的には準用の範囲が変更されているようであるが、実質的にはほとんど変更はないということができる。

(6) 準用されている改正民法597条1項は、期間の定めのある使用貸借の期間満了による終了を定めているものである。

　使用貸借には、期間の定めのあるものと期間の定めのないものがあり、改正民法597条1項は、そのうち、期間の定めのある使用貸借が期間満了によって終了することを定めている。

　賃貸借についても、期間の定めのあるものと期間の定めのないものがあるところ、改正民法597条1項の準用によって、期間の定めのある賃貸借は、期間満了により終了することになる。期間の定めのある賃貸借の終了について当然の事理を定めているということもできる。

23 現行民法622条(削除されていたもの)・改正民法622条(使用貸借の規定の準用)

なお、期間の定めのある賃貸借契約において更新に関する特約がある場合には、この特約は有効であり、この特約によって更新されることがあるし、建物の賃貸借等のように借地借家法等の特別法において更新に関する規定がある場合には、この規定に従って更新されることがある。また、改正民法619条によって更新が認められることもある。

(7) 準用されている改正民法599条は、現行民法598条を改正したものであるが、使用貸借の終了時における借主の収去義務、収去権を定めるものである(現行民法598条は、借主の収去権だけを定めていた)。

具体的には、借主(賃貸借の場合には、賃借人と読み替えることになる)の収去義務については、借主は、借用物(賃貸借の場合には、賃借物と読み替えることになる)を受け取った後にこれに附属させた物がある場合、使用貸借(賃貸借の場合には、賃貸借と読み替えることになる)が終了したときは、その附属させた物を収去する義務を負うものとし、例外的に、当該附属物が借用物から分離することができない物又は分離するのに過分の費用を要する物であるときは、収去義務を負わないとするものである(改正民法599条1項)。

他方、借主の収去権については、借主は、借用物を受け取った後にこれに附属させた物を収去することができるとしている(改正民法599条2項)。

賃貸借においても、使用貸借と同様に、賃借物に附属させた物の収去義務、収去権の問題が生じるところ、改正民法599条1項の準用により、賃借人は、賃借物を受け取った後にこれに附属させた物がある場合、賃貸借が終了したときは、その附属させた物を収去する義務を負うものとし、例外的に、当該附属物が借用物から分離することができない物又は分離するのに過分の費用を要する物であるときは、収去義務を負わないことになる。

また、改正民法599条2項の準用により、賃借人は、賃借物を受け取った後にこれに附属させた物を収去することができることになる。

賃貸借契約においては、賃借物に附属させた物の賃貸借の終了時における取扱いを定める特約を締結することが少なくないが、この特約は原則として有効である。

賃貸借の終了時における賃借人の収去義務、収去権については、賃借

人の原状回復義務（改正民法621条）に関係するところがあり、原状回復義務とともに特約として締結されることが多い。

建物の賃貸借契約においては、賃借人が造作を設置することが少なくなく、借地借家法33条に造作買取請求権に関する規定が設けられており、これを踏まえた特約が締結されていることが多い。

(8) 準用されている改正民法600条は、損害賠償及び費用の償還の請求権についての期間の制限に関する規定であるが、同趣旨の規定である現行民法600条につき若干の改正を加えたものである。

改正民法600条のうち1項は、現行民法600条と同様に、使用貸借の借主の用法違反による損害賠償義務、費用償還義務について権利行使の期間の制限を定めるものであり、その性質は徐斥期間であると解されてきたし、現在でもそのように解することができる。なお、貸主（賃貸借の場合には、賃貸人と読み替えることになる）は、借用物の返還を受けた時から1年以内に訴訟の内外を問わず、借主に損害賠償、費用償還を請求することが必要であり、それで足りるものである。

貸主の前記損害賠償請求権、費用償還請求権は、前記の徐斥期間の適用を受けるほか、一般の消滅時効の規定（現行民法166条以下。なお、これらの諸規定は改正民法によって大きく改正されている）の適用を受けるものであるが、現行民法600条は、使用貸借に特有な規定を設けていなかった。

改正民法600条2項は、前記の徐斥期間とは別に、貸主の損害賠償請求権につき貸主が返還を受けた時から1年を経過するまでの間は、時効は、完成しないとし（消滅時効の時効の完成猶予になる）、改正民法600条1項所定の1年間と平仄を合わせるものである。

賃借人の賃借物の用法違反（契約の本旨に反する使用又は収益）によって生じた、賃貸人の賃借人に対する損害賠償請求権、費用償還請求権は、賃貸人が賃借物の返還を受けた時から1年以内に請求しなければならないものであるとともに（前記のとおり、徐斥期間である）、このうち損害賠償の請求権については、賃貸人が賃借物の返還を受けた時から1年を経過するまでの間は、時効は、完成しないとし、消滅時効の時効の完成猶予の規定を設けるものである。

㉙　改正民法622条の２（敷金）

(1) 改正民法622条の２は、新設された規定であり、従来の民法において「敷金」の用語のみが規定されていたものについて、実質的な内容を定めたものである。改正民法622条の２の内容は、次のとおりである。

> 【改正民法】
> 第622条の２　賃貸人は、敷金（いかなる名目によるかを問わず、賃料債務その他の賃貸借に基づいて生ずる賃借人の賃貸人に対する金銭の給付を目的とする債務を担保する目的で、賃借人が賃貸人に交付する金銭をいう。以下この条において同じ。）を受け取っている場合において、次に掲げるときは、賃借人に対し、その受け取った敷金の額から賃貸借に基づいて生じた賃借人の賃貸人に対する金銭の給付を目的とする債務の額を控除した残額を返還しなければならない。
> 　一　賃貸借が終了し、かつ、賃貸物の返還を受けたとき。
> 　二　賃借人が適法に賃借権を譲り渡したとき。
> ２　賃貸人は、賃借人が賃貸借に基づいて生じた金銭の給付を目的とする債務を履行しないときは、敷金をその債務の弁済に充てることができる。この場合において、賃借人は、賃貸人に対し、敷金をその債務の弁済に充てることを請求することができない。

(2) 改正民法622条の２は、新設された規定ではあるが、その内容は、現行民法における多数の判例の見解、学説上の一般的な理解、賃貸借の実務の慣行等を考慮して定められたものである。改正民法622条の２は、現行民法の下における敷金の取扱いを変更するものではなく、現行民法における敷金の取扱いを明文の規定として明らかにしたものである。なお、後記のとおり、敷金に関する判例、裁判例は、多数法律雑誌に公表されており、様々な法律問題が取り上げられてきたが、改正民法622条の２は、これらのうち基本的で重要な事項を明文の規定として定めたものである。

(3) 敷金は、日常的に使用されている言葉ではあり、一見すると馴染みがあるようであるが、よく見ると、何故賃貸借契約上の賃借人の債務の担保としての意味を持つのか不思議ではある。敷金の用語は、遅くとも日

本の中世において使用されてきたものであり、「敷く」とは、担保の意味を持つものとして使用されてきた。なお、敷金の額は、賃貸借の目的物の種類・規模、賃貸借の目的、賃貸期間、月額の賃料額等の事情によって合意されているが、月額の賃料を基準として合意されることが多い。

敷金は、賃貸借契約とは密接に関係するものの、これとは別個の敷金契約に基づき交付される金銭であると解されている。

敷金は、特に建物の賃貸借契約において一般的に使用されてきた概念であり、交付されてきた金銭であるが、最近に至って、敷金の意味を持つ保証金の用語が使用される等している。

保証金のうちには、敷金と併用して交付されるもの、全体が敷金の意味を持つもの、敷金と他の性質を併せ持つもの等が見られるところであり、保証金名目の金銭については、敷金としての性質を持つか、その範囲をめぐる紛争が生じることがある。

他方、敷金の名目の金銭であっても、月額の賃料の数年分に相当する額とか、極端な事例では数十年に相当する額の敷金特約を見かけることがあり（実際に敷金として交付されているかどうか不明なものも少なくない）、敷金の性質を持つ範囲をめぐる紛争が生じることがある。

改正民法622条の2は、敷金の定義として、「いかなる名目によるかを問わず、賃料債務その他の賃貸借に基づいて生ずる賃借人の賃貸人に対する金銭の給付を目的とする債務を担保する目的で、賃借人が賃貸人に交付する金銭」であるとしているが、従来の判例、裁判例、学説に照らして妥当なものであり、民法の明文上、その定義を明らかにしたものである。

(4) 敷金は、賃貸借契約の締結の際に、賃借人が賃貸人に交付する金銭であるが、従来の事例、裁判例によると、敷金の分割交付の合意を見かけることがある。また、賃貸借契約においては、賃貸借契約が更新され、賃料が増額されたり、賃貸人が敷金の一部を賃借人の債務に充当したり等する事態に備えて、敷金の不足額の交付をする旨の特約を見かけることもある。

このような合意・特約の効力は有効と解すべきであるが、改正民法622条の2第1項は、賃貸人は、賃借人から敷金を受け取った場合、一

定の事由が生じたときに、敷金の返還義務を定めるとともに、敷金の返還時期、返還すべき敷金の額を明らかにする規定である。

改正民法622条の2第1項の内容は、従来の判例、通説的な見解によるものであり、これを民法上明文の規定として採用したものである。

(5) 敷金を返還すべき義務が生じる場合と返還時期については、民法622条の2第1項1号は、賃貸借が終了し、かつ、賃貸物の返還を受けたとき、又は賃借人が適法に賃借権を譲り渡したときであることを定めている。

敷金の返還は、建物の賃貸借契約において通常問題になる事項であり、特に賃貸借契約が終了した場合、どの時点で、賃借人の賃貸借契約上の債務額を確定し、返還すべき敷金の額を確定するかが日常的に問題になっている。敷金によって担保される賃貸借契約上の賃借人の債務の範囲として、未払い賃料、原状回復費用が問題になるほか（原状回復をめぐる紛争が生じているときは、原状回復費用の範囲・額を判断することは困難である）、賃貸借契約の終了事由・態様によっては違約金、賃料の逸失利益、損害賠償、その他の費用が問題になることがある。

建物の賃貸借契約においては、敷金の返還時期を定める特約が利用されることが少なくなく、建物の明渡後、一定期間の経過した日に返還するとか、建物の明け渡しを相互に確認した後、一定期間の経過した日に返還するなどの内容の特約を見かけることもある。

敷金の返還時期について特段の特約がない場合には、後記の判例によって賃貸借契約が終了し、賃貸物（例えば、建物）が返還されたとき（例えば、建物が明け渡されたとき）に返還すべき義務が具体的に生じるとの法理が形成され、確立している。敷金の返還と賃貸物の返還が同時履行の関係にはなく、賃貸物の返還が先履行の関係にあることになる。

他方、敷金は、賃借人が適法に賃借権を譲り渡した場合にも、賃貸人の返還義務が生じるとするのが、改正民法622条の2第1項2号である。この規定は、後記のとおり、賃借権が賃貸人の承諾を得て旧賃借人から新賃借人に移転された場合であっても、敷金に関する敷金交付者の権利義務関係は、敷金交付者において賃貸人との間で敷金をもって新賃借人の債務の担保とすることを約し又は新賃借人に対して敷金返還請求権を

譲渡するなど特段の事情のない限り、新賃借人に承継されないとの法理が明らかにされており、この判例の法理を明文の規定として取り上げたものである。この場合、賃借権の譲渡により賃貸人と譲受人との間に賃貸借関係が生じることになるが、賃貸人と譲受人との間に敷金関係が承継されないことになるところ、賃貸人が賃借権の譲渡を承諾するに当たって、譲受人（新賃借人）から必要な額の敷金を交付させることが可能であり、通常は交付されるものと考えられる。なお、賃貸借の目的物が譲渡された場合には、賃貸人の地位が新所有者に移転し、これに伴って敷金関係も、賃貸借の目的物の譲渡の時点において賃借人の債務額を控除した残額について承継されるとの法理を明らかにされているが（従来の賃貸借の目的物の所有者・譲渡人は、敷金関係から離脱することになる）、賃借権が適法に譲渡された場合には、この法理と異なる法理を採用している。

　賃借人が適法に賃借権を譲り渡した場合としては、明示の承諾がある場合だけでなく、黙示の承諾がある場合も含まれるが、黙示の承諾といっても諸事情から黙示の承諾が認められるため、賃貸人が新賃借人から敷金の交付を受ける機会がないため、敷金の取扱いが問題になる。さらに、賃借人が賃貸人の承諾を得ることなく賃借権を譲渡し、無断の譲渡が信頼関係を破壊するに足りる特段の事情がある場合等には、結局、賃借権が譲渡されたと同様な効果が生じることになるが、この場合にも、賃貸人が新賃借人から敷金の交付を受ける機会がないため、敷金の取扱いが問題になる。これらの場合には、賃借権の譲渡に伴って賃貸借関係が譲受人（新賃借人）に移転し、承継されるところ、賃貸借関係の中には敷金関係も含まれていることから、賃貸人は、これに基づき新たに敷金の交付を譲受人に対して請求することができるというべきである。

(6) 返還すべき敷金の額は、賃貸人が賃借人から受け取った敷金の額から賃貸借に基づいて生じた賃借人の賃貸人に対する金銭の給付を目的とする債務の額を控除した残額である。

　返還すべき敷金の額を算定し、敷金から控除するに当たって、賃貸借契約上の賃借人の債務が存在する場合には、債務額につき当然に敷金から充当するものと解されている。この場合、賃貸人としては、相殺をす

る必要がないし、何らかの意思表示をする必要もないものである。

　賃貸借契約の中には、例えば、建物の賃貸借契約に敷金から一定の金額、一定の割合の金額を当然に控除する旨の敷金特約が定められていることがあり（このような敷金特約は、関西地方を中心にして敷引特約と呼ばれることがあるし、他の地方では控除特約などと呼ばれることがある）、このような特約は原則として有効であると解されている（後記のとおり、多数の裁判例によって様々な判断が示されてきたが、敷引特約が原則有効であることは判例上明らかにされている）。

　賃貸借契約、特に建物の賃貸借契約の終了、目的物の返還時においては、原状回復費用の算定が困難であったり、賃借人の損害賠償債務額をめぐる争いがあったりして敷金からの控除額が問題になることが少なくない。このような事態に備えて、原状回復費用の算定の手順・手続、基準を具体的に明らかにしたり、原状回復ガイドラインを参照しつつ双方の立会いによる確認手続をとることにしたり等する特約を締結することも有用である。

(7)　賃貸借契約において賃借人が敷金を交付した場合、敷金により担保されている債務に充当することができるが、この時期、方法が問題になる。改正民法622条の2第2項は、これらの事項を定めるものである。

　改正民法622条の2第2項前段は、賃貸人は、賃借人が賃貸借に基づいて生じた金銭の給付を目的とする債務を履行しない場合、敷金をその債務の弁済に充てることができるとしているが、前記の改正民法622条の2第1項所定の事由が生じる前であっても、賃貸借契約上の債務につき賃貸人が敷金の全部又は一部を弁済に充てることを認めるものである。この場合には、前記の改正民法622条の2第1項の場合と異なり、賃借人に対して弁済に充てる旨の意思表示をすることが必要である。

　他方、賃借人は、賃貸人に対し、敷金をその債務の弁済に充てることを請求することができないことは当然であり、改正民法622条の2第2項後段は、この当然の事理を示すものである。

　改正民法622条の2第2項のように賃貸借契約の継続中、敷金が賃借人の債務の弁済に充当された場合、賃貸人が敷金の不足額を賃借人に交付を請求することができるかが問題になるところ、賃貸借の実務においてはこのような事態に備えて不足額の交付を請求したり、不足額を交付

すべきである旨の特約を見かけることがある。このような特約がある場合には、特約に従って対応すれば足りるが（賃借人が特約に違反して不足額を交付しなかった場合には、賃貸借契約の解除事由になるということができる）、特約がない場合、賃借人が不足額の交付義務を負わないと解することは、賃貸借契約上の敷金の重要性と敷金特約の意義を無視、あるいは著しく軽視するものであるから、敷金特約の合理的な解釈として、敷金の不足額の交付義務を肯定するのが相当である。

◆**賃貸借契約における敷金に関する最高裁の判例としては、次のようなものがあり、改正民法においても妥当する。**
【参考判例】
①最一判昭和44年7月17日民集23巻8号1610頁、判時569号39頁、判タ239号153頁

　建物の賃貸借契約において賃貸建物の所有権が移転した場合、敷金の承継が承継されるかが問題になった事案について、次のとおり判示している（64頁参照）。

「原判決が昭和36年3月1日以降同39年3月15日までの未払賃料額の合計が543750円である旨判示しているのは、昭和33年3月1日以降の誤記であることがその判文上明らかであり、原判決には所論のごとき計算違いのあやまりはない。また、所論賃料免除の特約が認められない旨の原判決の認定は、挙示の証拠に照らし是認できる。

　しかして、上告人が本件賃料の支払をとどこおつているのは昭和33年3月分以降の分についてであることは、上告人も原審においてこれを認めるところであり、また、原審の確定したところによれば、上告人は、当初の本件建物賃貸人訴外亡谷口徳次郎に敷金を差し入れているというのである。思うに、敷金は、賃貸借契約終了の際に賃借人の賃料債務不履行があるときは、その弁済として当然これに充当される性質のものであるから、建物賃貸借契約において該建物の所有権移転に伴い賃貸人たる地位に承継があつた場合には、旧賃貸人に差し入れられた敷金は、賃借人の旧賃貸人に対する未払賃料債務があればその弁済としてこれに当然充当され、その限度において敷金返還請求権は消滅し、残額についてのみその権利義務関係が新賃貸人に承継されるものと解すべきである。

したがつて、当初の本件建物賃貸人訴外亡谷口徳次郎に差し入れられた敷金につき、その権利義務関係は、同人よりその相続人訴外谷口トシエらに承継されたのち、右トシエらより本件建物を買い受けてその賃貸人の地位を承継した新賃貸人である被上告人に、右説示の限度において承継されたものと解すべきであり、これと同旨の原審の判断は正当である。」

②最二判昭和48年2月2日民集27巻1号80頁、判時704号44頁、判タ294号337頁

　建物の賃貸借終了後における賃貸建物の所有権が移転された場合、敷金の承継の成否、賃貸建物の明渡前後における敷金返還請求権の内容等が問題になった事案について、次のとおり判示している。

「思うに、家屋賃貸借における敷金は、賃貸借存続中の賃料債権のみならず、賃貸借終了後家屋明渡義務履行までに生ずる賃料相当損害金の債権その他賃貸借契約により賃貸人が賃借人に対して取得することのあるべき一切の債権を担保し、賃貸借終了後、家屋明渡がなされた時において、それまでに生じた右の一切の被担保債権を控除しなお残額があることを条件として、その残額につき敷金返還請求権が発生するものと解すべきであり、本件賃貸借契約における前記条項もその趣旨を確認したものと解される。しかしながら、ただちに、原判決の右の見解を是認することはできない。すなわち、敷金は、右のような賃貸人にとつての担保としての権利と条件付返還債務とを含むそれ自体一個の契約関係であつて、敷金の譲渡ないし承継とは、このような契約上の地位の移転にほかならないとともに、このような敷金に関する法律関係は、賃貸借契約に付随従属するのであつて、これを離れて独立の意義を有するものではなく、賃貸借の当事者として、賃貸借契約に関係のない第三者が取得することがあるかも知れない債権までも敷金によつて担保することを予定していると解する余地はないのである。したがつて、賃貸借継続中に賃貸家屋の所有権が譲渡され、新所有者が賃貸人の地位を承継する場合には、賃貸借の従たる法律関係である敷金に関する権利義務も、これに伴い当然に新賃貸人に承継されるが、賃貸借終了後に家屋所有権が移転し、したがつて、賃貸借契約自体が新所有者に承継されたものでない場合には、敷金に関する権利義務の関係のみが新所有者に当然に承継され

るものではなく、また、旧所有者と新所有者との間の特別の合意によっても、これのみを譲渡することはできないものと解するのが相当である。このような場合に、家屋の所有権を取得し、賃貸借契約を承継しない第三者が、とくに敷金に関する契約上の地位の譲渡を受け、自己の取得すべき賃借人に対する不法占有に基づく損害賠償などの債権に敷金を充当することを主張しうるためには、賃貸人であつた前所有者との間にその旨の合意をし、かつ、賃借人に譲渡の事実を通知するだけでは足りず、賃借人の承諾を得ることを必要とするものといわなければならない。しかるに、本件においては、被上告人から竹内への敷金の譲渡につき、上告人の差押前に粟田が承諾を与えた事実は確定されていないのであるから、被上告人および竹内は、右譲渡が有効になされ敷金に関する権利義務が竹内に移転した旨、および竹内の取得した損害賠償債権に敷金が充当された旨を、粟田および上告人に対して主張することはできないものと解すべきである。したがつて、これと異なる趣旨の原判決の前記判断は違法であつて、この点を非難する論旨は、その限度において理由がある。

　しかし、さらに検討するに、前述のとおり、敷金は、賃貸借終了後家屋明渡までの損害金等の債権をも担保し、その返還請求権は、明渡の時に、右債権をも含めた賃貸人としての一切の債権を控除し、なお残額があることを条件として、その残額につき発生するものと解されるのであるから、賃貸借終了後であつても明渡前においては、敷金返還請求権は、その発生および金額の不確定な権利であつて、券面額のある債権にあたらず、転付命令の対象となる適格のないものと解するのが相当である。そして、本件のように、明渡前に賃貸人が目的家屋の所有権を他へ譲渡した場合でも、賃借人は、賃貸借終了により賃貸人に家屋を返還すべき契約上の債務を負い、占有を継続するかぎり右債務につき遅滞の責を免れないのであり、賃貸人において、賃借人の右債務の不履行により受くべき損害の賠償請求権をも敷金によつて担保しうべきものであるから、このような場合においても、家屋明渡前には、敷金返還請求権は未確定な債権というべきである。したがつて、上告人が本件転付命令を得た当時粟田がいまだ本件各家屋の明渡を了していなかつた本件においては、本件敷金返還請求権に対する右転付命令は無効であり、上告人は、

これにより右請求権を取得しえなかつたものと解すべきであつて、原判決中これと同趣旨の部分は、正当として是認することができる。」

③最一判昭和48年3月22日金融法務事情685号26頁

建物の賃貸借に際し賃借人が賃貸人に差し入れた保証金の返還義務は、その返還義務が具体化した後に譲渡により建物の所有者となった者に承継されるかが問題になった事案について、次のとおり判示している。

「論旨は、訴外岩崎宏吉こと岩崎義彦が上告人富士建設株式会社に対し本件建物階上部分の引渡義務を履行しなかつたことにより、本件建物賃貸借契約の特約に基づき、右上告人の岩崎に対する所論保証金の返還請求権が発生したことを前提として、その返還義務が、本件建物所有権の移転に伴い賃貸人の地位を承継した被上告人に承継される旨主張するものであるが、すでに具体化した右返還義務が当然に被上告人に承継される理由のないことは明らかであり、たとえ、右保証金が敷金の性質を有するとしても、敷金について右のような新賃貸人が承継するのは、いまだ返還義務の具体化しない敷金についての権利義務関係にすぎないのであるから（最高裁昭和43年(オ)第483号同44年7月17日第一小法廷判決・民集23巻8号1610頁参照）、その理は異ならない。原判決に所論の違法はなく、論旨は採用することができない。

……

本件保証金がたとえ敷金の性質を有し、そのため前示の意義における敷金についての権利義務関係が被上告人に承継されたとしても、敷金返還請求権は、賃貸借終了後、建物が明け渡された時において、それまでに生じた延滞賃料や賃料相当損害金などを控除した残額につき発生するものと解すべきところ（最高裁昭和46年(オ)第357号同48年2月2日第二小法廷判決）、原審の認定によれば、上告人富士建設株式会社は被上告人に対して本件建物部分を明け渡していないことが明らかであるから、いまだ本件保証金返還請求権は発生していないわけであり、したがつて、この点だけからいつても、右請求権をもつてした上告人の相殺は、その効力を生ずるに由ないものといわなければならない。」

④最一判昭和49年9月2日民集28巻6号1152頁、判時758号45頁、判タ315号220頁

賃借家屋明渡債務と敷金返還債務との間の同時履行関係があるかが問題になった事案について、次のとおり判示している。

「原審は、被上告人が任意競売手続において昭和45年10月16日本件家屋を競落し同年11月21日競落代金の支払を完了してその所有権を取得し同月26日その所有権移転登記を経由したこと、および、上告人が本件家屋の一部を占有していることを認定したうえ、上告人が昭和44年9月1日本件家屋の前所有者から右占有部分を、期限を昭和46年8月31日までとして、賃借しその引渡を受けた旨の上告人の主張につき、右賃貸借は同日限り終了しているものと判断し、かつ、右の賃貸借に際し上告人が前所有者に差し入れたという敷金の返還請求権をもつてする同時履行および留置権の主張を排斥して、被上告人の所有権にもとづく本件家屋部分の明渡請求を認容したものである。

そこで、期間満了による家屋の賃貸借終了に伴う賃借人の家屋明渡債務と賃貸人の敷金返還債務が同時履行の関係にあるか否かについてみるに、賃貸借における敷金は、賃貸借の終了後家屋明渡義務の履行までに生ずる賃料相当額の損害金債権その他賃貸借契約により賃貸人が賃借人に対して取得することのある一切の債権を担保するものであり、賃貸人は、賃貸借の終了後家屋の明渡がされた時においてそれまでに生じた右被担保債権を控除してなお残額がある場合に、その残額につき返還義務を負担するものと解すべきものである（最高裁昭和46年(オ)第357号同48年2月2日第二小法廷判決・民集27巻1号80頁参照）。そして、敷金契約は、このようにして賃貸人が賃借人に対して取得することのある債権を担保するために締結されるものであつて、賃貸借契約に附随するものではあるが、賃貸借契約そのものではないから、賃貸借の終了に伴う賃借人の家屋明渡債務と賃貸人の敷金返還債務とは、一個の双務契約によつて生じた対価的債務の関係にあるものとすることはできず、また、両債務の間には著しい価値の差が存しうることからしても、両債務を相対立させてその間に同時履行の関係を認めることは、必ずしも公平の原則に合致するものとはいいがたいのである。一般に家屋の賃貸借関係において、賃借人の保護が要請されるのは本来その利用関係についてであるが、当面の問題は賃貸借終了後の敷金関係に関することであるから、賃借人保護の要請を強調することは相当でなく、また、両債務間に同時履

行の関係を肯定することは、右のように家屋の明渡までに賃貸人が取得することのある一切の債権を担保することを目的とする敷金の性質にも適合するとはいえないのである。このような観点からすると、賃貸人は、特別の約定のないかぎり、賃借人から家屋明渡を受けた後に前記の敷金残額を返還すれば足りるものと解すべく、したがつて、家屋明渡債務と敷金返還債務とは同時履行の関係にたつものではないと解するのが相当であり、このことは、賃貸借の終了原因が解除（解約）による場合であつても異なるところはないと解すべきである。そして、このように賃借人の家屋明渡債務が賃貸人の敷金返還債務に対し先履行の関係に立つと解すべき場合にあつては、賃借人は賃貸人に対し敷金返還請求権をもつて家屋につき留置権を取得する余地はないというべきである。」

⑤最二判昭和53年12月22日民集32巻9号1768頁、判時915号49頁、判タ377号78頁

土地の賃借権が譲渡された場合、敷金に関する敷金交付者（賃借権の譲渡人）の権利義務関係が新賃借人（賃借権の譲受人）に承継されるかが問題になった事案について、次のとおり判示している。

「土地賃貸借における敷金契約は、賃借人又は第三者が賃貸人に交付した敷金をもつて、賃料債務、賃貸借終了後土地明渡義務履行までに生ずる賃料額相当の損害金債務、その他賃貸借契約により賃借人が賃貸人に対して負担することとなる一切の債務を担保することを目的とするものであつて、賃貸借に従たる契約ではあるが、賃貸借とは別個の契約である。そして、賃借権が旧賃借人から新賃借人に移転され賃貸人がこれを承諾したことにより旧賃借人が賃貸借関係から離脱した場合においては、敷金交付者が、賃貸人との間で敷金をもつて新賃借人の債務不履行の担保とすることを約し、又は新賃借人に対して敷金返還請求権を譲渡するなど特段の事情のない限り、右敷金をもつて将来新賃借人が新たに負担することとなる債務についてまでこれを担保しなければならないものと解することは、敷金交付者にその予期に反して不利益を被らせる結果となつて相当でなく、敷金に関する敷金交付者の権利義務関係は新賃借人に承継されるものではないと解すべきである。なお、右のように敷金交付者が敷金をもつて新賃借人の債務不履行の担保とすることを約し、又は敷金返還請求権を譲渡したときであつても、それより以前に敷

金返還請求権が国税の徴収のため国税徴収法に基づいてすでに差し押えられている場合には、右合意又は譲渡の効力をもって右差押をした国に対抗することはできない。

これを本件の場合についてみるに、原審の適法に確定したところによれば、(1)訴外山下興業株式会社は、上告人から本件土地を賃借し、敷金として3000万円を、賃貸借が終了し地上物件を収去して本件土地を明渡すのと引換えに返還を受ける約定のもとに、上告人に交付していた、(2)被上告人は、同会社の滞納国税を徴収するため、国税徴収法に基づいて同会社が上告人に対して有する将来生ずべき敷金返還請求権全額を差し押え、上告人は昭和46年6月29日ころその通知書の送達を受けた、(3)同会社が本件土地上に所有していた建物について競売法による競売が実施され、同47年5月18日訴外太平産業株式会社がこれを競落し、右建物の所有権とともに本件土地の賃借権を取得した、(4)上告人は同年6月ころ同会社に対し右賃借権の取得を承諾した、(5)右承諾前において、山下興業株式会社に賃料債務その他賃貸借契約上の債務の不履行はなかつた、というのであり、右事実関係のもとにおいて、上告人は太平産業株式会社の賃借権取得を承諾した日に山下興業株式会社に対し本件敷金3000万円を返還すべき義務を負うに至つたものであるとし、上告人が右承諾をした際に太平産業株式会社との間で、敷金に関する権利義務関係が同会社に承継されることを前提として、賃借権移転の承諾料1900万円を敷金の追加とする旨合意し、山下興業株式会社がこれを承諾したとしても、右合意及び承諾をもつて被上告人に対抗することはできないとして、これに関する上告人の主張を排斥し、被上告人の上告人に対する右3000万円の支払請求を認容した原審の判断は、前記説示と同趣旨にでたものであつて、正当として是認することができ、原判決に所論の違法はない。」

⑥最一判平成10年9月3日民集52巻6号1467頁、判時1653号96頁、判タ985号131頁

Xは、昭和51年8月、賃貸期間を2年とし、明渡しに際して敷金の2割引きした金額を返還するとの特約で敷金として100万円を交付し、Yから建物を賃借したところ、平成7年1月、阪神・淡路大震災によって建物が倒壊したことから、Yに対して敷金の返還を請求した。

第一審判決は、敷引特約の適用を否定し、請求を認容したため、Yが

控訴した（Xは、Yから80万円の返還を受けたため、請求を20万円の支払に減縮した）。

控訴審判決は、敷引特約を有効であるとし、原判決を取り消し、請求を棄却したため、Xが上告した。

本判決は、敷引特約は、災害により建物が滅失して賃貸借が終了した場合には、特段の事情のない限り、適用できないとし、原判決を破棄し、控訴を棄却した。

「居住用の家屋の賃貸借における敷金につき、賃貸借契約終了時にそのうちの一定金額又は一定割合の金員（以下「敷引金」という。）を返還しない旨のいわゆる敷引特約がされた場合において、災害により賃貸家屋が滅失し、賃貸借契約が終了したときは、特段の事情がない限り、敷引特約を適用することはできず、賃貸人は賃借人に対し敷引金を返還すべきものと解するのが相当である。けだし、敷引金は個々の契約ごとに様々な性質を有するものであるが、いわゆる礼金として合意された場合のように当事者間に明確な合意が存する場合は別として、一般に、賃貸借契約が火災、震災、風水害その他の災害により当事者が予期していない時期に終了した場合についてまで敷引金を返還しないとの合意が成立していたと解することはできないから、他に敷引金の不返還を相当とするに足りる特段の事情がない限り、これを賃借人に返還すべきものであるからである。

これを本件について見ると、原審の適法に確定した事実関係によれば、本件賃貸借契約においては、阪神・淡路大震災のような災害によって契約が終了した場合であっても敷引金を返還しないことが明確に合意されているということはできず、その他敷引金の不返還を相当とするに足りる特段の事情も認められない。したがって、被上告人は敷引特約を適用することはできず、上告人は、被上告人に対し、敷引金の返還を求めることができるものというべきである。」

⑦最一判平成11年1月21日民集53巻1号1頁、判時1667号71頁、判タ995号73頁

Xは、Aから建物を賃借し、保証金を交付したところ、Aが建物の所有権をYに移転し、Yが賃貸人の地位を承継したが、保証金の差し入れを争ったため、XがYに対して敷金返還請求権の確認を請求した。

第一審判決は、具体的な権利内容が確定しておらず、抽象的な権利にすぎないとし、即時確定の利益を欠くものとし、訴えを却下したため、Xが控訴した。

控訴審判決は、敷金返還義務の存在自体が争われているから、賃貸借関係の継続中でもこれを確定しておくことが必要であるとし、訴えの利益を肯定し、原判決を取り消し、事件を第一審に差し戻したため、Yが上告した。

本判決は、条件付の権利の存否を確定すれば法律上の地位に現に生じている不安ないし危険が除去されるとし、確認の利益を肯定し、上告を棄却した。

「建物賃貸借における敷金返還請求権は、賃貸借終了後、建物明渡しがされた時において、それまでに生じた敷金の被担保債権一切を控除しなお残額があることを条件として、その残額につき発生するものであって（最高裁昭和46年(オ)第357号同48年2月2日第二小法廷判決・民集27巻1号80頁）、賃貸借契約終了前においても、このような条件付きの権利として存在するものということができるところ、本件の確認の対象は、このような条件付きの権利であると解されるから、現在の権利又は法律関係であるということができ、確認の対象としての適格に欠けるところはないというべきである。また、本件では、上告人は、被上告人の主張する敷金交付の事実を争って、敷金の返還義務を負わないと主張しているのであるから、被上告人・上告人間で右のような条件付きの権利の存否を確定すれば、被上告人の法律上の地位に現に生じている不安ないし危険は除去されるといえるのであって、本件訴えには即時確定の利益があるということができる。したがって、本件訴えは、確認の利益があって、適法であり、これと同旨の原審の判断は是認することができる。」

⑧最一判平成18年12月21日民集60巻10号3964頁、判時1961号53頁

銀行業を営むA株式会社は、B株式会社に融資をし、貸金債権を有しており、C株式会社が建物をB株式会社に賃貸したことに伴う敷金返還請求権につき質権を設定していたところ（同時に、D銀行、E銀行、F銀行、G銀行にも質権を設定した）、Aが債権、付随担保等をX株式会社に譲渡したが、平成11年1月、Aが破産宣告を受け、弁護士Yが破産管財人に選任され、その後、Yは、Cに賃料を支払わず、Cとの間で破

産宣告後の賃料等を敷金に充当する旨の合意をしたため、XがYに対して破産財団が賃料の支払を免れ、Xの質権が消滅したなどと主張し、不当利得の返還、損害賠償を請求した。

第一審判決は、請求を一部認容したため、Yが控訴し、Xが附帯控訴した。

控訴審判決（東京高判平成16年10月27日判時1882号33頁）は、破産管財人は総債権者の債権実現の引当になる責任財産を確保すべきである等とし、Yの善管注意義務違反を否定し、不当利得の成立を否定し、原判決中Yの敗訴部分を取り消し、請求を棄却したため、Xが上告受理を申し立てた。

本判決は、破産管財人が未払賃料等に敷金を充当し、敷金返還請求権の上に存する質権を消滅させたことは質権者に対する目的債権の担保価値を維持すべき義務に違反するとしたものの、本件では、破産裁判所の許可も得た上で充当処理がされたこと等の事情にあり、善管注意義務違反になるとはいえないが、質権者の損失において破産財団が減少を免れたと評価すべきであるとし、不当利得の成立を認め、原判決の一部を破棄し、Xの請求を一部認容した。

「三　破産管財人は、職務を執行するに当たり、総債権者の公平な満足を実現するため、善良な管理者の注意をもって、破産財団をめぐる利害関係を調整しながら適切に配当の起訴となる破産財団を形成すべき義務を負うものである（旧破産法164条1項、185条〜227条、76条、59条等）。そして、この善管注意義務違反にかかる責任は、破産管財人としての地位において一般的に要求される平均的な注意義務に違反した場合に生ずると解するのが相当である。この見地からみると、本件行為が質権者に対する義務に違反することになるのは、本件行為によって破産財団の減少を防ぐという破産管財人の職務上の義務と質権設定者が質権者に対して負う義務との関係をどのように解するかによって結論の異なり得る問題であって、この点について論ずる学説や判例も乏しかったことや、被上告人が本件行為（本件第三者賃貸借に係るものを除く。）につき破産裁判所の許可を得ていることを考慮すると、被上告人が、質権者に対する義務を違反するものではないと考えて本件行為を行ったとしても、このことをもって破産管財人が善管注意義務違反の責任を負うと

いうことはできないというべきである。
　……
　本件質権の被担保債権の額が本件敷金の額を大幅に上回ることが明らかである本件においては、本件敷金返還請求権は、別途権である本件質権によってその価値の全部を把握されていたというべきであるから、破産財団が支払を免れた本件宣告後賃料等の額に対応して本件敷金返還請求権の額が減少するとしても、これをもって破産財団の有する財産が実質的に減少したとはいえない。そうすると、破産財団は、本件充当合意により本件宣告後賃料等の支出を免れ、その結果、同額の本件敷金返還請求権が消滅し、質権者が優先弁済を受けることができなくなったのであるから、破産財団は、質権者の損失において本件宣告後賃料等に相当する金額を利得したというべきである。これと異なる原審の判断には、判決に影響を及ぼすことが明らかな法令の違反がある。論旨は理由があり、原判決中、主文第1、2項は破棄を免れない。」

⑨最一判平成18年12月21日判時1961号62頁
　銀行業を営むA株式会社は、B株式会社に融資をし、貸金債権を有しており、C株式会社が建物をB株式会社に賃貸したことに伴う敷金返還請求権につき質権を設定していたところ（同時に、D銀行、E銀行、F銀行、G銀行にも質権を設定した）、Aが、平成10年9月、債権、付随担保等をX会社に譲渡したが、平成11年1月、Aが破産宣告を受け、弁護士Yが破産管財人に選任され、その後、Yは、Cに賃料を支払わず、Cとの間で破産宣告後の賃料等を敷金に充当する旨の合意をしたため、XがYに対して破産財団が賃料の支払を免れ、Xの質権が消滅したなどと主張し、不当利得の返還を請求した。
　第一審判決（横浜地判平成16年1月29日判時1870号72頁）は、破産財団から破産宣告後賃料等を支払うことは十分に可能であったと認め、質権を害してはならず、賃料等を不払いにして敷金から充当されないように対処すべき担保保存義務を負うところ、Yがこの義務に違反したとし、不当利得の成立を認め、請求を認容したため、Yが控訴した。
　控訴審判決（東京高判平成16年10月19日判時1882号33頁）は、充当の合意により質権者に損害を与えたものであるから、悪意の受益者として不当利得返還義務があるとしたものの、原状回復費用は敷金をもって充

当できる特約があるところ、一般にも充当されているとし、この範囲では質権設定者としての義務に反したということはできないとし、原判決を変更し、請求を一部認容したため、Yが上告受理を申し立てた。

本判決は、破産管財人の行為が質権者に対する目的債権の担保価値を維持すべき義務に違反するものであり、破産財団に不当利得が成立するとした原審の判断は正当であるとし、上告を棄却した。

⑩最一判平成23年3月24日民集65巻2号903頁、判時2128号33頁、金融・商事判例1378号28頁

Xは、平成18年8月、Yとの間で、マンションの一室を賃貸期間を2年間とし、賃料月額9万6000円、保証金40万円、明渡しの後は契約経過年数に応じて決められた一定額の金員（敷引金）を控除する、通常損耗、自然損耗の回復費用は敷引金でまかなう旨の特約で賃借し、平成20年4月、契約が終了し、Xは、本件建物を明け渡したところ、保証金から敷引金として21万円が控除され、19万円の返還を受けたため、Xが敷引特約が消費者契約法10条に違反して無効であると主張し、Yに対して敷金の返還等を請求した。

第一審判決（京都地判平成20年11月26日金融・商事判例1378号37頁）は消費者契約法10条に違反しないとし、請求を棄却したため、Xが控訴した。

控訴審判決（大阪高判平成21年6月19日金融・商事判例1378号34頁）は、同様に解し、控訴を棄却したため、Xが上告受理を申し立てた。

本判決は、敷引特約は、建物に生ずる通常損耗等の補修費用として通常想定される額、賃料の額、礼金等他の一時金の授受の有無及びその額等に照らし、敷引金の額が高額に過ぎると評価すべきものである場合には、当該賃料が近傍同種の建物の賃料相場に比して大幅に低額であるなど特段の事情のない限り、信義則に反して消費者である賃借人の利益を一方的に害するものであって、消費者契約法10条により無効となると解するのが相当であるとした上、本件では無効とはいえないとし、上告を棄却した。

「賃貸借契約に敷引特約が付され、賃貸人が取得することになる金員（いわゆる敷引金）の額について契約書に明示されている場合には、賃借人は、賃料の額に加え、敷引金の額についても明確に認識した上で契

約を締結するのであって、賃借人の負担について明確に合意されている。そして、通常損耗等の補修費用は、賃料に含ませてその回収が図られているのが通常だとしても、これに充てるべき金員を敷引金として授受する旨の合意が成立している場合には、その反面において、上記補修費用が含まれないものとして賃料の額が合意されているものとみるのが相当であって、敷引特約によって賃借人が二重に負担するということはできない。また、上記補修費用に充てるために賃貸人が取得する金員を具体的な一定の額とすることは、通常損耗等の補修の要否やその費用の額をめぐる紛争を防止するといった観点から、あながち不合理なものとはいえず、敷引特約が信義則に反して賃借人の利益を一方的に害するものであると直ちにいうことはできない。

　もっとも、消費者契約である賃貸借契約においては、賃借人は、通常、自らが賃借する物件に生ずる通常損耗等の補修費用の額については十分な情報を有していない上、賃貸人との交渉によって敷引特約を排除することも困難であることからすると、敷引金の額が敷引特約の趣旨からみて高額に過ぎる場合には、賃貸人と賃借人との間に存する情報の質及び量並びに交渉力の格差を背景に、賃借人が一方的に不利益な負担を余儀なくされたものとみるべき場合が多いといえる。

　そうすると、消費者契約である居住用建物の賃貸借契約に付された敷引特約は、当該建物に生ずる通常損耗等の補修費用として通常想定される額、賃料の額、礼金等他の一時金の授受の有無及びその額等に照らし、敷引金の額が高額に過ぎると評価すべきものである場合には、当該賃料が近傍同種の建物の賃料相場に比して大幅に低額であるなどの特段の事情のない限り、信義則に反して消費者である賃借人の利益を一方的に害するものであって、消費者契約法10条により無効となると解するのが相当である。」

⑪最三判平成23年7月12日判時2128号43頁、金融・商事判例1378号41頁

　Xは、平成14年5月23日、A株式会社との間で、マンションの一室を賃貸期間を平成16年5月31日まで、賃料月額7万5000円、保証金100万円（預託分40万円、敷引分60万円）とし、明渡しを完了したときは預託分を返還する旨の特約で賃借し、その後、Y株式会社にAの賃貸人の地位が移転し、契約が更新され、更新時、賃料額を月額17万円とする合意

がされ、平成20年5月、賃貸借契約が終了し、Xは、本件建物を明け渡したところ、Yが敷引金60万円を控除し、原状回復費用等20万8074円を控除し、10万1926円を返還したため、Xが敷引特約が消費者契約法10条に違反して無効であると主張し、Yに対して保証金の未返還分の返還を請求した。

第一審判決（京都地判平成21年7月30日金融・商事判例1378号50頁）は、敷引特約が無効であるとし、原状回復費用として16万3996円を控除し、残額の範囲で請求を認容したため、Yが控訴した。

控訴審判決（大阪高判平成21年12月15日金融・商事判例1378号46頁）は、同様に解し、控訴を棄却したため、Yが上告受理を申し立てた。

本判決は、本件特約が信義則に反してYの利益を一方的に害するものということはできず、消費者契約法10条により無効であるということはできないとし、原判決中、Yの敗訴部分を変更し、Yの控訴に基づき第一審判決を変更し、4万4078円の範囲で請求を認容した。

◆**敷金をめぐる裁判例は多数を数えるが、敷金の性質を持つ範囲が様々な場面で問題になったものとしては、次のようなものがある。**

【参考裁判例】

[121] **東京地判平成12年10月26日金融・商事判例1132号52頁**
前記［32］（68頁）参照

[122] **東京高判平成12年12月27日判タ1095号176頁**
前記［100］（230頁）参照

[123] **大阪高判平成14年4月17日判タ1104号193頁**
Y株式会社は、昭和59年3月、建物の一部につき賃貸期間を4年間、賃料月額を約443万円、敷金を1283万7800円、保証金を9977万1200円とし、保証金は10年間据え置き、5年間の分割返還、5年以内に本件契約を解除したときは保証金の20％を短期解約金として負担する旨の特約でA会社に賃貸したところ、Aは、昭和60年8月、本件契約の解約を申し入れ、本件建物を明け渡したところ、Y（国）が昭和60年6月にAに対する物品税を徴収するため、本件保証金返還請求権を差し押さえ、Yに対して本件保証金から短期解約金を控除した残額につき返還を請求した。

第一審判決は、請求を認容したため、Yが控訴した。

本判決は、本件保証金が敷金としての性質を有しない等とし、控訴を棄却した。

[124] 東京地判平成16年4月28日金融法務事情1721号49頁

X株式会社は、平成14年5月、A株式会社に店舗として建物を賃貸し、駐車場を賃貸したところ、Aは、本件建物の一部と駐車場の一部をY株式会社に賃貸（転貸）し、保証金として1200万円の預託を受け、保証金は契約終了による明渡し後賃料の1か月分を差し引いた残額を返還する旨を合意したところ、Xは、平成14年12月、本件建物等の賃料債権を請求債権として本件転貸借に基づくAのYに対する賃料債権を仮差押えし、平成15年8月、本執行として差し押さえ（Yは、平成15年8月末、本件建物の一部等の明渡しを了した）、Xは、Yに対して取立権に基づき賃料の支払を請求した。

本判決は、敷金が授受された賃貸借契約に係る賃料債権に対し差押えがされた場合において、当該賃貸借契約が終了し目的物が明け渡されたときは、賃料債権は敷金の充当によりその限度で消滅するとし、本件では保証金返還請求権を有している880万円の範囲内で充当を認め、請求を一部認容した。

[125] 東京高判平成16年9月15日金融法務事情1731号64頁

前記[124]東京地判平成16年4月28日金融法務事情1721号49頁の控訴審判決であり、Xが控訴した。

本判決は、敷金が授受された賃貸借契約に係る賃料債権が差し押さえられた場合、当該賃貸借契約が終了し、賃貸建物が明け渡されたときは、賃料債権は敷金の充当によりその限度で消滅するとし、充当関係を一部変更し、原判決を変更し、請求を一部認容した。

[126] 大阪地判平成19年8月31日判時2078号50頁

A株式会社は、遊休地に3階建てのスポーツ・アミューズメント施設として建物の建築を計画し、平成12年6月、Y株式会社と本件建物の1階につき賃貸借契約を締結し、同日、Yは、X株式会社と本件建物部分につきパチンコ店として賃貸借契約（出店契約）を締結し、XがYに予約証拠金を交付し（その後、敷金に充当された）、敷金を交付し、敷金はYからAに交付され、同年8月、Xは本件建物部分の基本工事を除く工事の費用をAに支払う等したが、Yが平成17年5月に民事再生手続開始の申立てをし、民事再生手続開始決定がされる等したため、XがYに対し、Aに対して本件敷金の返還請求権を有すること等を請求した。

本判決は、本件敷金の返還請求権につき信託契約の成立を認め、信託契約が

終了したことにより、本件敷金の返還請求権がXに帰属したとし、請求を認容した。

[127] 大阪高判平成20年9月24日判時2078号38頁

前記［126］大阪地判平成19年8月31日判時2078号50頁の控訴審判決であり、Yが控訴した（この間、Xが本件敷金返還請求権につき債権処分禁止等の仮処分を申し立て、認容されたため、Aが債権者不確知を理由に本件敷金を供託し、Xは、訴えを交換的に変更した）。

本判決は、信託契約の成立を否定し、Xの請求を棄却した（なお、原判決中、勝訴部分の失効を宣言した）。

◘次に、敷引特約が問題になった裁判例としては、次のようなものがある。

【参考裁判例】

[128] 神戸地判平成17年7月14日判時1901号87頁

Xは、平成15年7月、Y株式会社から賃貸期間を2年間、賃料月額5万6000円、共益費6000円、賃貸借終了時に敷引金として25万円を差し引いた残額を返還する旨の特約で保証金30万円を交付して建物を賃借し、賃貸借契約を解約し、平成16年2月末、本件建物を明け渡したところ、Yが敷引金25万円を差し引いた5万円を返還したため、XがYに対して敷引特約が消費者契約法10条により無効であると主張し、保証金25万円の返還を請求した。

第一審判決は、請求を棄却したため、Xが控訴した。

本判決は、敷引特約が賃借人の義務を加重し、信義則に反して賃借人の利益を一方的に害するものであり、消費者契約法10条により無効であるとし、原判決を取り消し、請求を認容した。

[129] 大阪地判平成19年3月30日判タ1273号221頁

Xは、平成15年8月、Y有限会社（代表者はA）から賃料月額5万2000円、共益費3000円、賃貸期間1年間、保証金40万円（賃貸借終了時・建物明渡し時に30万円と延滞賃料等を差し引いて返還する旨の特約）、管理上必要があるときは、賃借人の承諾を得て建物内に立ち入ることができる旨の特約で、建物（マンションの一室）を賃借し、その後更新されたところ、AがXに無断で本件建物内に立ち入ったことから、Xが平成17年8月に本件賃貸借契約を解除し、同年9月、本件建物を明け渡したため、XがYに対して無断立入りにつき債務不履行、不法行為に基づき損害賠償、保証金の返還を請求した。

第一審判決は、賃貸借契約の解除の効力を否定し、解約を認め、無断立入りの債務不履行及び不法行為を認め（慰謝料として３万円の損害を認めた）、敷引特約は消費者契約法10条により25万円につき無効であり、５万円につき有効であるとし、未払い額を控除し、Ｘの請求を一部認容したため、Ｘが控訴し、Ｙが附帯控訴した。

　本判決は、賃貸借契約の解除の効力を否定し、解約を認め、無断立入りの債務不履行及び不法行為を認め（慰謝料として３万円の損害を認めた）、敷引特約は賃貸借契約の締結時の交渉において賃料共益費を5000円値引きする代わりに５万円の敷引を増額した経緯から５万円の範囲で有効であるとし、原判決を変更し（原判決の計算上の誤りを訂正した）、請求を一部認容した。

[130]　京都地判平成20年11月26日金融・商事判例1378号37頁

　Ｘは、平成18年８月、Ｙとの間で、マンションの一室を賃貸期間を２年間とし、賃料月額９万6000円、保証金40万円、明渡しの後は契約経過年数に応じて決められた一定額の金員（敷引金）を控除する、通常損耗、自然損耗の回復費用は敷引金でまかなう旨の特約で賃借し、平成20年４月、契約が終了し、Ｘは、本件建物を明け渡したところ、保証金から敷引金として21万円が控除され、19万円の返還を受けたため、Ｘが敷引特約が消費者契約法10条に違反して無効であると主張し、Ｙに対して敷金の返還等を請求した。

　本判決は、敷引特約が消費者契約法10条に違反しないとし、請求を棄却した。

[131]　大阪高判平成21年６月19日金融・商事判例1378号34頁

　前記［130］京都地判平成20年11月26日金融・商事判例1378号37頁の控訴審判決であり、Ｘが控訴した。

　本判決は、第一審判決と同様に、敷引特約が消費者契約法10条により無効ではないとし、控訴を棄却した。

[132]　京都地判平成21年７月23日判時2051号119頁、判タ1316号192頁、金融
　　　・商事判例1327号26頁

　Ｘは、平成18年４月、Ｙからマンションの一室を賃料月額５万8000円、保証金35万円、解約引き30万円、賃貸期間２年間、更新料賃料２か月分の特約で賃借し、保証金を支払い、更新時には更新料11万6000円を支払ったが、本件建物を明け渡した後、Ｙに対して敷引特約、更新料特約が消費者契約法10条により無効であると主張し、保証金、更新料の返還を請求した。

　本判決は、敷引特約、更新料特約が消費者契約法10条により無効であると

し、請求を認容した。

[133] 京都地判平成21年7月30日金融・商事判例1378号50頁

前記［114］（234頁）参照

[134] 大阪高判平成21年12月15日金融・商事判例1378号46頁

前記［133］京都地判平成21年7月30日金融・商事判例1378号50頁の控訴審判決であり、Yが控訴した。

本判決は、敷引特約が消費者契約法10条により無効であるとし、控訴を棄却した。

[135] 神戸地尼崎支部判平成22年11月12日判タ1352号186頁

Xは、平成13年2月、ビル経営等を業とするY株式会社からマンションの一室を賃貸期間3年間、賃料月額17万7000円、敷金150万円、敷引として10年未満には40％控除、10年以上全額返還の約定で賃借し、平成21年9月、解約を申し入れ、同年10月、賃貸借契約が終了したため（約定どおりに控除され、残額がXに返還された）、Xが敷引特約が消費者契約法10条に違反して無効であると主張し、控除に係る敷金の返還を請求した。

本判決は、敷引特約が契約書に明記され、賃借人も認識しており、賃貸建物の美装に相当程度の費用を要することから、信義則に反し消費者である賃借人の利益を侵害すると認めることはできない等とし、消費者契約法10条違反を否定し、請求を棄却した。

◆建物の賃貸借契約においては、協力金等の名目の金銭が賃借人から賃貸人に交付されることがあり、その性質・内容をめぐる紛争が生じることがあるが、この問題に関する裁判例としては、次のようなものがある。

【参考裁判例】

[136] 大阪高判平成10年9月24日判時1662号105頁

Yは、A公庫から融資を受けて建物を建築し、建物の一部をX_1、X_2に賃貸し、敷金の交付を受けたが、Xが賃貸期間の途中で賃貸借契約を解約し、建物を明け渡し、X_1らがYに対して敷金の返還を請求したのに対し、Yが反訴として建物に設置されている冷暖房設備の使用の見返り等として設備協力金を支払う約束に基づき精算した後の残金の支払を請求した。

第一審判決は、X_1らの本訴請求を認容する等したため、Yが控訴した。

本判決は、設備協力負担金の約束が住宅金融公庫法35条等に違反し、一部無効であるとし、原判決を変更し、X_1らの請求を一部認容し、Yの反訴請求を

棄却した。

[137] 津地判平成11年10月22日金融・商事判例1108号48頁
　　　前記［31］（68頁）参照

[138] 東京地判平成13年10月29日金融法務事情1645号55頁
　Aは、ビルを所有し、その地下１階部分をY_1有限会社、Y_2に賃貸期間を２年間とし、賃料月額39万9600円とし、保証金を1554万円とする等の内容で賃貸し、合意更新を繰り返していたが、本件ビルに設定された抵当権に基づき不動産競売手続が開始され、X株式会社が本件ビルを買い受けたところ、Xに対抗することができる賃借権を有するY_1らとの間で敷金額をめぐる紛争が生じたため、XがY_1らに対して保証金返還債務の不存在確認を請求した。

　本判決は、本件保証金は月額賃料の38か月分以上のものであり、建設協力金、敷金の性質を併せもつものであり、執行裁判所の評価の記載に敷金としての性格を有する金額が10か月分であると記載されていること等を考慮し、10か月分の賃料相当額の限度においてXが承継するとし、請求を一部認容した。

◆賃貸借の実務においては、主として事業用の建物の賃貸借契約で多額の敷金が交付され、敷金返還請求権に質権が設定され、質権をめぐる紛争が生じることがあるが、この問題に関する裁判例としては、次のようなものがある。

【参考裁判例】

[139] 東京高判平成13年１月31日判時1743号67頁、金融・商事判例1115号14頁
　Aは、BがCとの間で締結した建物賃貸借契約においてCに差し入れた保証金返還請求権につき、昭和63年８月、Bとの間で質権を設定し、Bから賃貸借契約書のコピーの交付を受け、Cは、確定日付のある証書により質権設定を承諾し、X株式会社は、平成９年１月、この質権の譲渡を受け、Y株式会社は、平成７年５月、前記保証金返還請求権につき質権を設定し、Bから賃貸借契約書の原本、保証金預り証２通の交付を受け、BがCに対して平成10年７月内容証明郵便により質権設定を通知したところ、XがYに対してXが前記保証金返還請求権につき質権を有することの確認を請求した。

　第一審判決は、質権設定には賃貸借契約書が債権の証書であり（保証金の預り証が債権の証書ではないとした）、原本の交付が要件ではないとし、請求を認容したため、Yが控訴した。

本判決は、質権の設定には原本の交付が必要であるとし、原判決を取り消し、請求を棄却した。

[140] 横浜地判平成16年1月29日判時1870号72頁

銀行業を営むA株式会社は、B株式会社に融資をし、貸金債権を有しており、C株式会社が建物をB株式会社に賃貸したことに伴う敷金返還請求権につき質権を設定していたところ（同時に、D銀行、E銀行、F銀行、G銀行にも質権を設定した）、Aが、平成10年9月、債権、付随担保等をX会社に譲渡したが、平成11年1月、Aが破産宣告を受け、弁護士Yが破産管財人に選任され、その後、Yは、Cに賃料を支払わず、Cとの間で破産宣告後の賃料等を敷金に充当する旨の合意をしたため、XがYに対して破産財団が賃料の支払を免れ、Xの質権が消滅したなどと主張し、不当利得の返還を請求した。

本判決は、破産財団から破産宣告後賃料等を支払うことは十分に可能であったと認め、質権を害してはならず、賃料等を不払いにして敷金から充当されないように対処すべき担保保存義務を負うところ、Yがこの義務に違反したとし、不当利得の成立を認め、請求を認容した。

[141] 神戸地尼崎支部判平成16年2月6日金融法務事情1731号73頁、金融・商事判例1197号12頁

Aは、平成元年12月、Yから建物部分を賃借し、入居保証金1000万円を預託したところ、X信用金庫は、平成8年7月、Aに700万円を貸し付け、その担保として本件保証金の返還請求権に質権を設定し、Yは、これを承諾したが、平成8年12月、Yらは、本件建物部分を含む建物をB株式会社に譲渡し、Aは、その後、貸金の返済を怠ったため（Aは、本件建物部分を明け渡した）、XがYに質権実行の通知をし、保証金の支払を請求した。

本判決は、保証金返還請求権に質権を設定していることを賃貸人が承諾した後、賃貸人が質権者の同意を得ずに保証金返還義務を処分しているものであり、その効果を質権者に主張することは許されない等とし、請求を認容した。

[142] 大阪高判平成16年7月13日金融法務事情1731号67頁、金融・商事判例1197号6頁

前記[141]神戸地尼崎支部判平成16年2月6日金融法務事情1731号73頁、金融・商事判例1197号12頁の控訴審であり、Yが控訴した。

本判決は、賃貸建物が譲渡されたときは、新所有者に敷金関係が承継されるところ、この理は、建物譲渡前に敷金返還請求権に質権が設定されている場合も当てはまり、質権が設定されているからといって、質権者の同意を得なけれ

ば敷金返還義務者の変更を質権者に主張できないと解すべき理由はないとし、原判決を取り消し、請求を棄却した。

[143] 東京高判平成16年10月19日判時1882号33頁

前記［140］の横浜地判平成16年1月29日判時1870号72頁の控訴審判決であり、Yが控訴した。

本判決は、充当の合意により質権者に損害を与えたものであるから、悪意の受益者として不当利得返還義務があるとしたものの、原状回復費用は敷金をもって充当できる特約があるところ、一般にも充当されているとし、この範囲では質権設定者としての義務に反したということはできないとし、原判決を変更し、請求を一部認容した。

[144] 東京高判平成16年10月27日判時1882号33頁

銀行業を営むA株式会社は、B株式会社に融資をし、貸金債権を有しており、C株式会社が建物をB株式会社に賃貸したことに伴う敷金返還請求権につき質権を設定していたところ（同時に、D銀行、E銀行、F銀行、G銀行にも質権を設定した）、Aが債権、付随担保等をX株式会社に譲渡したが、平成11年1月、Aが破産宣告を受け、弁護士Yが破産管財人に選任され、その後、Yは、Cに賃料を支払わず、Cとの間で破産宣告後の賃料等を敷金に充当する旨の合意をしたため、XがYに対して破産財団が賃料の支払を免れ、Xの質権が消滅したなどと主張し、不当利得の返還、損害賠償を請求した。

第一審判決は、請求を一部認容したため、Yが控訴し、Xが附帯控訴した。

本判決は、破産管財人は総債権者の債権実現の引当になる責任財産を確保すべきである等とし、Yの善管注意義務違反を否定し、不当利得の成立を否定し、原判決中Yの敗訴部分を取り消し、請求を棄却した。

30 賃貸借の保証

(1) 建物の賃貸借契約を締結する場合、賃貸人、あるいは賃貸建物の管理業者、仲介業者は賃借人に保証人を立てることを求めることが通常である（なお、賃貸借における保証、あるいは保証人は、連帯保証、連帯保証人であることが通常である）。賃借人が個人である場合、家族以外の者に連帯保証を依頼することは困難であることが多いし、賃借人が高齢者、低額所得者、外国人等である場合には、さらに困難である。現代社会においては、事業用にしろ、住居用にしろ、建物を賃借しようとすると、保証人を容易には確保することができないことから、建物の賃借が困難である事態が普通に生じている。

保証人の確保が困難である等の状況において、賃借人のための保証を引き受ける保証事業が行われ、拡大の傾向が見られるところ、保証事業者が賃借人の依頼を受け、保証事業を行う場合であっても、賃借人の求償債務につき保証人が求められる事例も普通に見られる。

賃借人のための保証については、民法の改正前においても重要な問題となることが少なくなかったし、賃貸借の実務、あるいは住宅行政においても重要な課題として認識されてきたところである。

(2) 賃借人のための保証契約（賃貸借の保証契約）の締結に当たっては、現行民法においても、書面でしなければ効力を生じないとされ（現行民法446条2項）、保証人となる者の慎重な考慮を促す規定が設けられている。保証契約の締結は、書面を作成して行わなければ、無効であるから、口頭の契約は認められない。また、賃借人が賃料を支払わなかったり、原状回復義務を履行しなかったり等し、保証人の責任が現実に問題になった場合、賃貸人の賃貸管理の事情によっては、信義則を根拠に保証人の責任を限定する裁判例が散見される。

保証人の債務・責任は、現行民法446条以下に規定されているところであり（改正民法においても同様である）、賃貸借の保証人の債務・責任を判断するに当たっては、これらの規定を理解することが重要である。

賃貸借の保証契約は、保証人の責任の範囲について契約で個別的な事項のみに限定して交渉し、合意をすることもできるが、賃借人が賃貸借契約上負う債務、責任を連帯して保証する旨を定めることが多い。後者

のような保証契約は、賃貸借契約上の賃借人の債務という一定の範囲の不特定の債務を保証する内容のものであり、根保証契約（根保証と呼ばれることも多い）に当たるものである（賃貸借の保証契約は、継続的保証としての性質も有するものである）。なお、従来、一般的に、根保証契約については、保証金額、保証期間の限定のない包括根保証契約と、保証金額の限定のある限定根保証契約があり、それぞれ利用されてきた。

　賃貸借の保証契約は、賃貸期間が定められている賃貸借の場合、賃貸期間の定められていない賃貸借の場合もあるし、賃貸期間が更新された後の場合（法定更新の場合には、賃貸期間の定めのないものになる）もあり得る。保証契約において保証期間の範囲が限定されている場合には、その特約は有効であるが、特段の特約がない場合には、賃貸期間の満了の際に法定更新したときであっても、更新後も保証契約が継続すると解されている。

　保証期間の限定のない根保証契約については、従来、一定の事由（例えば、相当期間の経過、主債務者の財産状態の悪化等の発生）がある場合には、保証人に解約権を認めるべきであるとか、保証人が死亡した場合には根保証は相続されないとの議論があり、判例もこれを認めるものがあるところ、この法理は、保証期間の限定のない賃貸借の保証契約にも妥当するものである。

　また、根保証契約については、保証人が過大な責任を負うことがあり、責任の限定が裁判例において争点になることが多く、責任の限定の根拠として信義則が援用され、これを根拠に根保証人の責任を限定する裁判例も見られるところである。

(3)　近年は、賃借人の家族、親族、知人による賃貸借の保証契約が利用されているだけでなく、保証業者による保証契約の事例が増加しているようであり、後者の事例におけるトラブル、裁判例を見かけることも多い。保証業者の利用する保証契約は、その内容が様々なものがあり、単に保証の内容、求償権の行使にとどまらず、賃貸借契約の内容にも関係する事項を含むものがある。保証業者の立場は、単に保証人というものだけでなく、賃貸借の管理に関係するものであり、保証人の法的な地位が複雑になっており、利益相反等の問題が生じるおそれもある。今後、

保証業者をめぐる新たな法律問題が生じる可能性があり、裁判例の動向が注目される。

(4) 個人の根保証人の責任と保護をめぐる議論を背景として、現行民法は、貸金等根保証契約に関する規定を設けていたが（現行民法465条の2ないし5）、これらの規定は、一定の範囲に属する不特定の債務を主たる債務とする保証契約であって、その債務の範囲に金銭の貸渡し又は手形の割引を受けることによって負担する債務が含まれる個人の保証を対象とするものであり、少なくとも金銭の貸渡し又は手形の割引を主たる債務とすることが必要であり、保証人の保護の適用範囲が限定されているものである。

改正民法においては、広く根保証につき保証人の保護の範囲を拡大することとし、個人根保証契約に関する規定が新設されている（改正民法465条の2）。なお、貸金等根保証契約に関する規定も、一部の改正をしながら、個人貸金等根保証契約として存続している。

(5) 改正民法における個人根保証契約に関する規定は、次のとおりである。

【改正民法】

（個人根保証契約の保証人の責任等）

第465条の2　一定の範囲に属する不特定の債務を主たる債務とする保証契約（以下「根保証契約」という。）であって保証人が法人でないもの（以下「個人根保証契約」という。）の保証人は、主たる債務の元本、主たる債務に関する利息、違約金、損害賠償その他その債務に従たる全てのもの及びその保証債務について約定された違約金又は損害賠償の額について、その全部に係る極度額を限度として、その履行をする責任を負う。

2　個人根保証契約は、前項に規定する極度額を定めなければ、その効力を生じない。

3　第446条第2項及び第3項の規定は、個人根保証契約における第1項に規定する極度額の定めについて準用する。

（個人根保証契約の元本の確定事由）

第465条の4　次に掲げる場合には、個人根保証契約における主たる債

務の元本は、確定する。ただし、第1号に掲げる場合にあっては、強制執行又は担保権の実行の手続の開始があったときに限る。
　一　債権者が、保証人の財産について、金銭の支払を目的とする債権についての強制執行又は担保権の実行を申し立てたとき。
　二　保証人が破産手続開始の決定を受けたとき。
　三　主たる債務者又は保証人が死亡したとき。
２　前項に規定する場合のほか、個人貸金等根保証契約における主たる債務の元本は、次に掲げる場合にも確定する。ただし、第1号に掲げる場合にあっては、強制執行又は担保権の実行の手続の開始があったときに限る。
　一　債権者が、主たる債務者の財産について、金銭の支払を目的とする債権についての強制執行又は担保権の実行を申し立てたとき。
　二　主たる債務者が破産手続開始の決定を受けたとき。

　なお、改正民法465条の2第3項の準用する446条2項、3項については、446条2項は、改正民法によって改正されていないが、446条3項は、一部改正されているところであり、その内容は、次のとおりである。

【現行民法】

（保証人の責任等）

第446条　（略）

２　保証契約は、書面でしなければ、その効力を生じない。

３　（略）

【改正民法】

（保証人の責任等）

第446条　（略）

２　（略）

３　保証契約がその内容を記載した電磁的記録によってされたときは、その保証契約は、書面によってされたものとみなして、前項の規定を準用する。

(6)　また、個人根保証契約に関する規定のほか、賃貸借の保証において賃貸人、管理業者に影響を与える規定として、改正民法は、賃貸人による

情報提供に関する重要な規定を新設しているが、その内容は、次のとおりである。

> 【改正民法】
> （主たる債務の履行状況に関する情報の提供義務）
> 第458条の2　保証人が主たる債務者の委託を受けて保証をした場合において、保証人の請求があったときは、債権者は、保証人に対し、遅滞なく、主たる債務の元本及び主たる債務に関する利息、違約金、損害賠償その他その債務に従たる全てのものについての不履行の有無並びにこれらの残額及びそのうち弁済期が到来しているものの額に関する情報を提供しなければならない。
> （主たる債務者が期限の利益を喪失した場合における情報の提供義務）
> 第458条の3　主たる債務者が期限の利益を有する場合において、その利益を喪失したときは、債権者は、保証人に対し、その利益を喪失を知った時から2箇月以内に、その旨を通知しなければならない。
> 2　前項の期間内に同項の通知をしなかったときは、債権者は、保証人に対し、主たる債務者が期限の利益を喪失した時から同項の通知を現にするまでに生じた遅延損害金（期限の利益を喪失しなかったとしても生ずべきものを除く。）に係る保証債務の履行を請求することができない。
> 3　前2項の規定は、保証人が法人である場合には、適用しない。

(7)　改正民法のこれらの規定は、賃貸借の保証にも適用されるものであり、重要な内容を定めるものであることから、賃貸人、仲介業者、管理業者にとっては特に注意を払う必要のあるものである。

　賃貸借の保証契約の勧誘、交渉、締結に当たっては、改正民法465条の2が適用されるものであり、保証契約を書面によって締結することだけでなく、極度額を定めることが必要である。また、この場合、保証期間、保証の対象である賃借人の債務の範囲、更新の際の取扱い、敷金・保証金の額、保証契約の解約、保証人に対する情報提供等に関する規定を設けることも有用である。極度額については、保証の金額の限度額を一義的に判断できるよう具体的な金額を明示して定めることが必要であり、曖昧な内容にすると、極度額を定めていないものとして無効にな

る。

　極度額につき特定の金額を明示して定める場合、賃借人が賃貸借契約上負う可能性のある債務をどの程度予想するかは、一応の予想、抽象的な予想は可能であるものの、具体的に金額まで予想することは困難であることが多い。賃借人の負う債務については、建物の賃貸借の場合には、建物の規模、賃貸借の目的、賃借人の属性、敷金・保証金の額、月額賃料、賃貸期間、解除・解約の特約の内容、原状回復特約の内容等の事情を考慮して判断するほかないが、適正で必要な極度額を定めることは容易ではない。個人が賃借する住宅用の建物の賃貸借契約を締結し、個人が保証する場合（法人が保証をする場合には、前記の改正民法の規定は適用されない）、可能性を幅広く想定し、金額を高めに算定すると（例えば、極度額を1000万円とするなどと定める場合）、保証人になることを承諾し難いことになるし、逆に未払賃料、賃料相当損害金程度を想定し、金額を低めに算定すると（例えば、極度額を50万円とするなどと定める場合）、実際に賃借人の負う債務額の一部を保証人から回収できなくなる。

　賃貸借の保証契約を締結する場合における極度額の設定は、賃貸管理にも密接に関係する事柄であり、賃借人の財産状態ではなく、保証人の財産状態を当てにして賃貸管理を行い、未払賃料額が増加しても、保証人への連絡、賃借人への回収、契約の解除、賃貸建物の明渡請求を杜撰に判断する等すれば、賃借人の負う債務が拡大し、債務額が増加することになり、極度額を相当に高めに設定することが必要になる。逆に賃貸管理を日頃から適切、的確に行っていれば、極度額を月額賃料の半年ないし1年分程度を基準にして設定することで大半の事例に対処することができよう。極度額をいくらと定めるかは、賃貸住宅の競争の状況において、賃借人に対する債権の管理・回収、敷金の設定、保険の利用、契約解除等の賃貸管理の在り方・運用の中で検討し、判断すべき事柄であろう。

　賃借人が高齢者の場合には、現在の賃貸借の実務においては、孤独死、火災等の事故が発生する可能性があり、相当に高額な極度額を設定することが必要である等の見解もあるが、必要な範囲で損害賠償責任保険を利用するとか、見守りサービスを併用する等して相当程度対応する

ことができる。このような事例においても、どのような金額を極度額として設定するかは、賃貸管理と密接に関係しているわけである。

賃貸借の保証契約における極度額の設定は、さらに個々の賃貸人、仲介業者、管理業者による建物の賃貸業の営業方針に密接に関係するものであり、高額過ぎる極度額の設定は、他の建物の賃貸人、仲介業者、管理業者との競争の中で判断されるべき事柄でもあり、競争力を低下させ、失わせる原因にもなりかねない。なお、高額過ぎる極度額の定めは、個々の事情によっては、公序良俗に反して無効になることもある。

極度額の設定による保証人の保護は、賃貸借における求償債務の保証にも認められている。賃貸借の保証人が保証業者等の法人であり、当該法人が賃貸借の保証契約（根保証契約）を締結する場合において、改正民法465条の2第1項に規定する極度額の定めがないときは、その賃貸借の保証契約の保証人の主たる債務者（賃借人のことである）に対する求償権に係る債務（求償債務）を主たる債務とする保証契約（求償債務の保証契約のことである）は、その効力を生じないとされている（改正民法465条の5第1項）。この求償債務の保証に関する規定は、求償債務の保証人が個人である場合に適用され、法人の場合には適用されないとされている（改正民法465条の5第3項）。保証業者等の法人が賃貸借の保証人となり、個人が当該法人との間で求償債務の保証契約を締結することがあるが、この場合、改正民法465条の5の前記規定が適用されるものであり、前記内容の極度額の定めがないときは、個人と当該法人との間の求償債務の保証契約が無効となるものである。また、求償債務の保証自体が根保証契約に該当し、個人が保証人である場合には（前記の個人根保証契約になる）、改正民法465条の2が適用され、極度額の定めがないときは、当該保証契約は無効である。

(8) また、賃貸借の保証契約が継続中においては、賃貸人は、保証人に対し、主たる債務である賃借人の債務の履行状況に関する情報の提供義務を負うものである（改正民法458条の2）。

具体的には、賃貸借の保証人が主たる債務者である賃借人の委託を受けて保証をした場合においては、保証人の請求があったときは、債権者である賃貸人は、保証人に対し、遅滞なく、主たる債務の元本及び主たる債務に関する利息、違約金、損害賠償その他その債務に従たる全ての

ものについての不履行の有無並びにこれらの残額及びそのうち弁済期が到来しているものの額に関する情報を提供しなければならないとされている。

　賃貸人が保証人の請求を受け、この情報の提供を怠ったり、不正確な情報を提供したような場合、将来、保証人の責任が問題になったときは、その責任が信義則上制限される可能性がある。

　さらに、賃貸借の保証人の責任が、主たる債務者である賃借人が主たる債務の期限の利益を喪失し、現実化した場合にも、賃貸人は、保証人に対し、情報の提供義務を負うものである（改正民法458条の3）。

　具体的には、主たる債務者である賃借人が期限の利益を有する場合において、その利益を喪失したときは、債権者である賃貸人は、保証人に対し、その利益の喪失を知った時から2か月以内に、その旨を通知しなければならず（改正民法458条の3第1項）、賃貸人がこの期間内にこの通知をしなかったときは、賃貸人は、保証人に対し、賃借人が期限の利益を喪失した時からこの通知を現にするまでに生じた遅延損害金（期限の利益を喪失しなかったとしても生ずべきものを除く）に係る保証債務の履行を請求することができないとされ、保証債務履行請求権の行使につき制限を受けることになる。

　建物の賃貸借の場合には、これらの規定も、賃貸管理に密接に関係する事柄であるから、賃貸人、仲介業者、管理業者にとって十分に注意を払うべきところである。

(9)　根保証、継続的保証における保証人の責任については、従来、下級審においてその責任の限定をめぐる問題が審理され、この限定を肯定する裁判例も相当数見られたところである。改正民法において前記のとおり保証人の保護に関する規定が新設されているが、これらの規定の内容、趣旨に反しない限り、従来の裁判例は今後とも妥当するということができ、必要に応じて関連裁判例として参照することができる。

(10)　前記のとおり、高齢者、低額所得者、障害者等（住宅確保要配慮者と呼ばれることがある）が住宅の確保に困る状況が様々な事情から生じているのが現代社会の側面の1つであることから、政治、行政の施策も一部始められているところであり、その一環として、平成29年4月、住宅確保要配慮者に対する賃貸住宅の供給の促進に関する法律の一部を改正

する法律が制定、公布され、同年10月25日、施行されている。この改正法によって新たな住宅セーフティネット制度が開始されている。今後、国、地方自治体、不動産業者、賃貸住宅の所有者らによって住宅セーフティネット制度の積極的な運用、活用が行われることが予想される。前記改正法の施行に備え、国土交通省住宅局によって「住宅セーフティネット制度活用ハンドブック研究会」が設置され（筆者が委員長を務めた）、平成29年10月、同研究会、国土交通省住宅局によって「大家さん向け住宅確保要配慮者受け入れハンドブック」、「大家さん向け住宅確保要配慮者受け入れハンドブック解説版」がとりまとめられ、公表されている。このような行政上の施策においても高齢者等の住宅確保のためには、住宅そのものの確保だけでなく、保証人の要否、保証人の確保等が重要な課題になっているところである。

(11) 保証契約に関する改正民法の時間的な適用関係（改正民法の施行前に締結された保証契約とか、締結交渉等の保証契約に改正民法が適用されるか等の問題）も保証の実務上、賃貸借の実務上重要であるが、施行日前に締結された保証契約については、なお従前の例によるとされており（改正民法附則21条1項）、改正民法の施行日（平成32年4月1日）前に締結された保証契約については現行民法が適用され、施行日以後に締結された保証契約に前記の改正民法465条の2、458条の2等の規定が適用されるものである。

◨**保証人の責任が賃貸期間の満了による更新後にも継続するかが問題になった最高裁の判例としては、次のものがあり、改正民法においても妥当するものである。**

【参考判例】
・最一判平成9年11月13日判時1633号81頁、判タ969号126頁
　期間の定めのある建物賃貸借における保証人は、更新後の賃貸借契約に基づく債務についても責任を負うかが問題になった事案について、次のとおり判示している。
　「建物の賃貸借は、一時使用のための賃貸借等の場合を除き、期間の定めの有無にかかわらず、本来相当の長期間にわたる存続が予定された継続的な契約関係であり、期間の定めのある建物の賃貸借においても、賃

貸人は、自ら建物を使用する必要があるなどの正当事由を具備しなければ、更新を拒絶することができず、賃借人が望む限り、更新により賃貸借関係を継続するのが通常であって、賃借人のために保証人となろうとする者にとっても、右のような賃貸借関係の継続は当然予測できるところであり、また、保証における主たる債務が定期的かつ金額の確定した賃料債務を中心とするものであって、保証人の予期しないような保証責任が一挙に発生することはないのが一般であることなどからすれば、賃貸借の期間が満了した後における保証責任について格別の定めがされていない場合であっても、反対の趣旨をうかがわせるような特段の事情のない限り、更新後の賃貸借から生ずる債務についても保証の責めを負う趣旨で保証契約をしたものと解するのが、当事者の通常の合理的意思に合致するというべきである。もとより、賃借人が継続的に賃料の支払を怠っているにもかかわらず、賃貸人が、保証人にその旨を連絡するようなこともなく、いたずらに契約を更新させているなどの場合に保証債務の履行を請求することが信義則に反するとして否定されることがあり得ることはいうまでもない。

　以上によれば、期間の定めのある建物の賃貸借において、賃借人のために保証人が賃貸人との間で保証契約を締結した場合には、反対の趣旨をうかがわせるような特段の事情のない限り、保証人が更新後の賃貸借から生ずる賃借人の債務についても保証の責めを負う趣旨で合意がされたものと解するのが相当であり、保証人は、賃貸人において保証債務の履行を請求することが信義則に反すると認められる場合を除き、更新後の賃貸借から生ずる賃借人の債務についても保証の責めを免れないというべきである。

　四　これを本件についてみるに、前記事実関係によれば、前記特段の事情はうかがわれないから、本件保証契約の効力は、更新後の賃貸借にも及ぶと解すべきであり、被上告人において保証債務の履行を請求することが信義則に反すると認めるべき事情もない本件においては、上告人は、本件賃貸借契約につき合意により更新された後の賃貸借から生じた健三の被上告人に対する賃料債務等についても、保証の責めを免れないものといわなければならない。」

◆保証期間の定めのない根保証について、保証人の解約権が問題になった最高裁の判例としては、次のようなものがあり、改正民法においても妥当する。

【参考判例】

・最二判昭和39年12月18日民集18巻10号2179頁、判時399号31頁、判タ172号106頁

　保証期間の定めのない継続的保証契約（根保証契約）につき保証人が解約することができるかが問題になった事案について、次のとおり判示している。

「原判決が上告人の予備的主張を斥ける理由として、本件のごとき期間の定めのない継続的保証契約は保証人の主債務者に対する信頼関係が害されるに至つた等保証人として解約申入れをするにつき相当の理由がある場合においては、右解約により相手方が信義則上看過しえない損害をこうむるとかの特段の事情ある場合を除き、一方的にこれを解約しうるものと解するのを相当とするし、挙示の証拠により、被上告人は治の叔父でこれまでも同人のために多額の出金を余儀なくされたことがあるのであるが、上告人に対し前記保証をなすに際し、治は被上告人に対し、自分が上告人との取引再開後同人から仕入れる小麦粉の代金はその各翌月の５日までに被上告人方に持参することを約していたのにかかわらず、これを再三怠り、そのために被上告人自身の出金が相当の額に達したので、被上告人として前途に不安を感じ解約の申入れをするに至った事情を認定判示し、このような事情のもとでは被上告人として本件解約の申入れをなすにつき相当の理由があつたというべきであり、他面上告人側にも前示のような特段の事情はないものとして、被上告人のなした本件保証契約の解約申入れを有効と判断したことは、正当として是認できる。

　次に所論は、大審院判例をあげて、「期間ならびに金額の定めのない将来発生することあるべき主債務についての保証契約」においては、「契約後相当の期間を経過した場合か、そうでなくても債務者の資産状態が著しく悪化した場合においてのみ」保証人の一方的意思によつて保証契約を解約することができると解すべき旨主張するが、本件にあつては保証契約後相当期間経過後の解約申入れであることは原判文上明らか

であり、所論挙示の大審院判例（論旨が昭和9年(オ)第246号というのは同第206号の誤記と認める。）の趣旨は「債務者の資産状態が急激に悪化したような保証契約締結の際に予測しえなかつた特別の事情があれば、相当の期間を経過しなくても解除できる」ところにあるのであるから、挙示の判例をもつて論旨のごとくに解することは、右判例の趣旨を独自の見解に牽強附会するものであつて採用できない。」

◆建物の賃貸借契約における賃借人の保証人の保証をめぐる問題に関する裁判例としては、次のようなものがある。
【参考裁判例】

[145] 東京地判平成10年12月28日判時1672号84頁
　X株式会社は、平成6年3月、Aに建物を賃貸し、Yが連帯保証をしたところ、平成8年3月、法定更新されたが、Aが賃料、管理費の支払を怠ったため（未払いは、法定更新前から始まっていた）、Xは、賃貸借契約を解除し、Yに対して未払いの賃料等の支払を請求した。
　本判決は、本件の事情の下では、法定更新後の賃借人の債務を保証しないとし、請求を一部認容した。

[146] 東京地判平成22年9月2日判時2093号87頁
　X有限会社は、平成20年3月、共同住宅の建物（ワンルームマンション）を賃料月額12万6000円でY_1に賃貸し、Y_2が保証をしたが、Y_1が同年4月頃、Xに無断でAに転貸していたところ、平成21年6月、Aが本件建物内で自殺したことから、XとY_1が合意解除し、Xは、本件建物の管理業者であるB株式会社の従業員に賃貸したため、XがY_1に対して未払いの賃料、善管注意義務違反を主張し、新規賃貸借までの期間（58か月）の賃料の差額分、原状回復費用の損害賠償、Y_2に対して保証債務の履行を請求した。
　本判決は、無断転借人の自殺につき賃借人の善管注意義務違反を認め（3年間の逸失利益等の損害を認めた）、保証人の責任も認め、請求を認容した。

[147] 東京地判平成24年7月18日判時2198号73頁
　X区は、区営住宅を運営しているところ、平成12年4月、Y_1に住宅の使用許可をし、賃貸し、Y_2が連帯保証をしたが、Y_1の長男で、Y_2の弟AがXの許可なく同居し、Y_1が平成18年2月頃退去した後もAが居住し続け、Y_1が平成18年3月以降、使用料、共益費の支払をせず、使用許可を取り消し、賃貸借契約を解除し、Y_1に対して賃貸借契約に基づき、Y_2に対して連帯保証に基づき

滞納に係る使用料等、明渡しまでの間の使用料等相当損害金の支払を請求した（本件住宅は、当初Ａに対して明渡請求がされていたが、明け渡されたことから、その部分の請求が取り下げられた）。

本判決は、Y_1に対する請求を全部認容し、Y_2に対する請求については、平成21年3月末までの分は保証責任を認めたものの、その後の分は信義則に反し、権利の濫用として許されないとし、請求を一部認容した。

[148] 東京高判平成25年4月24日判時2198号67頁

前記[147]東京地判平成24年7月18日判時2198号73頁の控訴審判決であり、ＸがY_2に対する関係で控訴した。

本判決は、連帯保証人の責任を信義則、権利の濫用により限定すべきであるとし、控訴を棄却した。

[149] 大阪高判平成25年11月22日判時2234号40頁

Ｙは、平成23年12月15日、Ｘ会社との間で、マンションの一室を賃料月額7万1000円、共益費5000円等の内容で賃借し、X_2会社がＹの委託により（月額賃料等の12か月分を上限として代位弁済する旨の特約があった）、連帯保証をしたところ、Ｙが平成24年2月分から賃料等の支払を怠るようになり、同年4月分から8月分までの賃料等の支払をしなかったことから、X_1が催告の上賃貸借契約を解除し、その間、X_2は、同年4月以降、合計39万円の賃料等をX_1に代位弁済したが、X_1がＹに対して本件建物の明渡しを請求し、X_2がＹに対して求償債務の履行等を請求した。

第一審判決は、請求を認容したため、Ｙが控訴した。

本判決は、保証会社の保証は保証委託契約に基づく保証の履行であり、これにより賃借人の賃料不払という事実に消長を来たすものではなく、これによる賃貸借契約の解除原因事実の発生という事態を妨げるものではないから、賃貸借契約の債務不履行の有無を判断するに当たり、保証会社による代位弁済の事実を考慮することは相当でないとし、解除の効力を認め、控訴を棄却した。

31 自力救済による建物の明渡し

(1) 建物の賃貸借の実務においては、賃貸人の賃貸建物を含む賃貸管理は、賃貸建物の維持、賃貸借関係の形成等の観点から不可欠な業務であり、賃貸人の業務を受託する管理業者にとっても重要な業務である。賃貸管理においては、賃貸建物の物理的、機能的、賃借人らの生活環境的な観点からの管理、賃貸借関係の債務・責任の履行の観点からの管理が極めて重要であるが、これらの賃貸管理のうち、賃料債権の回収、賃貸借契約の解除に伴う建物の明渡しは利害が対立する状況における賃貸管理であるため、賃貸人の債務不履行責任、賃貸人、管理業者の不法行為責任が追及される可能性がある。慎重な検討と配慮のある対応が重要な場面である。

(2) 賃貸人、管理業者の法的な責任が問題になり得る場面のうち、賃貸建物の明渡し、これに伴う原状回復のための作業は、一歩間違えば、賃借人の賃借権の侵害、保有する動産類の所有権の侵害が生じかねないものであるため、特に事前にも、実行にも注意を払っておくべき事項である。

賃貸借契約の解除、賃貸建物内の動産類の所有権放棄等について契約書上、賃貸人が簡便に処理すること等の特約を締結する事例を見かけることが多いが、これらの特約の有効性を安易に考え、気安く実行すると、自力救済の法理により、実行者、関与者、助言者に損害賠償責任が認められる可能性が相当にある。近年のこのような問題をめぐる裁判例を紹介しておきたいが、これらの裁判例の前の裁判例も合わせて概観してみると、裁判所の慰謝料を含め損害額の算定が高額になる傾向が窺われる。

【参考裁判例】

[150] 札幌地判平成11年12月24日判時1725号160頁

Xは、マンションの一室をAから賃借し（賃借人が賃料の支払を7日以上怠ったときは、賃貸人は、直ちに賃貸物件に施錠をすることができ、その後7日以上を経過したときは賃貸物件内にある動産を賃借人の費用負担において賃貸人が自由に処分しても異議の申立てをしない旨の特約があった）、家族とともに居住していたところ、雨漏りの被害が生じたのに、マンションの管理を

行っていたY₁株式会社が被害弁償をしなかったと主張して賃料の支払を停止したことから、Y₁の取締役Y₂の指示により、Y₁の従業員が居室内に立ち入り、水道の水を抜き、ガスストーブのスイッチを切り、鍵を取り替える等したため、XがY₁、Y₂に対して不法行為に基づき損害賠償を請求した。

本判決は、前記特約による自力救済は、特別の事情が存する場合を除き、原則として許されず、特段の事情がない限り、公序良俗に反して無効である等とし、Y₁らの不法行為を肯定し、請求を認容した（慰謝料として10万円、鍵の取替費用として1万7850円、弁護士費用として2万円の損害を認めた）。

[151] 東京地判平成16年6月2日判時1899号128頁

X株式会社（代表者Aの夫Bが実質的に経営していた）は、平成10年10月、事務所用建物をY合資会社から賃借し、事務所兼倉庫として使用し、Yの承諾を得て、Bが代表者である関連会社Cの事務所として使用していたところ、Xは、平成11年3月分、4月分の賃料の支払を遅滞し、Bが刑事事件で逮捕拘留され、同年5月分以降の賃料を支払わなくなったことから、Yが賃料の不払いを条件として賃貸借契約を解除するとともに、鍵を交換する旨を通知したものの、賃料の支払がされず、偶々居合わせたCの従業員を立ち合わせて建物の鍵を交換したため、XがYに対して債務不履行、不法行為に基づき逸失利益の損害賠償を請求した。

本判決は、鍵の交換は占有権を侵害する自力救済であり、緊急やむを得ない事情は認められないとし、不法行為を認めたものの、鍵の交換当時、逸失利益の前提となる正常な事業を遂行していたとは認められないとし、損害の発生を否定し、請求を棄却した。

[152] 東京地判平成18年5月30日判時1954号80頁

Xは、平成15年12月、不動産業を営むY₁株式会社との間で、用途を住居、賃貸期間を1年間とし、賃料を滞納した場合には賃貸人は賃借人の承諾を得ずに本件建物に立ち入り適当な処置をとることができ、1か月以上賃料、共益費を滞納した場合には契約を解除することができる旨の特約でマンションの一室を賃借していたところ、平成17年7月、Y₂株式会社がY₁の委任を受け、賃料の滞納が2か月に及んでいるとして賃貸借契約を解除し、その後2度にわたり本件建物の扉に施錠をし、本件建物に立ち入るなどしたため、XがY₂に対して不法行為に基づき損害賠償を請求したところ（甲事件）、Y₁がXに対して賃料の支払、汚損修復費用の支払を請求した（乙事件）。

本判決は、本件特約が法的な手続によらずにXの平穏に生活する権利を許容

する内容の特約であり、原則として許されない権利の行使であり、公序良俗に反して無効であるとし、立入り等が不法行為に当たるとし、慰謝料5万円を認め、Xの請求を一部認容し、Y₁の未払賃料の支払請求を認容した。

[153] 大阪簡判平成21年5月22日判時2053号70頁

　Xは、平成20年2月、Y株式会社からマンションの一室を賃貸期間を2年間として賃借し、Aが連帯保証をし、Xは、平成20年5月、5月分の賃料等の支払を遅滞して支払ったところ、Yは、6月分の賃料、遅延損害金を支払うよう催告し、Xは、同年7月分の賃料も遅滞して支払い、8月分の賃料の支払も遅滞したところ、Yの担当者から支払わないと鍵を交換する旨を告げられ、Yは、同年8月、本件建物の玄関の鍵を取り替えたため、Xは、本件建物に入ることができなかったところ、同年9月、延滞賃料等を支払い、本件建物に戻ることができたが、その後も、Xが賃料の支払を遅滞したことから、Yが鍵を取り替えたことがあり、Xは、本件建物に戻ることができ、同年10月以降、賃料を支払わなかったが、XはYに対して不法行為に基づき損害賠償を請求した。

　本判決は、鍵交換によって未払い賃料を支払わせようとしたものであり、権利の濫用として不法行為に当たるとした上、賃料相当の逸失利益、宿泊費相当額、慰謝料（50万円）、代理人費用を損害と認め、請求を認容した。

[154] 大阪地判平成22年5月28日判時2089号112頁

　Xは、平成19年7月、マンションの管理を業とするB株式会社の仲介により、Bからマンションの一室を賃料月額8万5000円で賃借したが、その際、家賃保証等を業とするY株式会社に保証を委託し（Aの仲介による）、YがBに連帯保証をしたところ、Xが平成20年9月分の賃料の支払を怠ったことから、Yは、Bに賃料を支払い、その従業員がXに対して9万円につき求償債権の取立てを行い、玄関ドアに督促状を貼り付け、高圧的な口調で退去させることを示し、支払を請求する等したため、Xは滞納賃料相当額を支払い、Yに対して不法行為に基づき損害賠償を請求した。

　本判決は、社会通念上相当とされる限度を超えた違法な取立てであったとし、不法行為を認め（慰謝料5万円、根拠がなく取り立てられた5000円、弁護士費用1万円の損害を認めた）、請求を認容した。

[155] 大阪高判平成23年6月10日判時2145号32頁

　Xは、平成14年4月、Aから賃貸住宅の一室を賃料月額3万5000円で賃借していたところ、Aが平成18年9月に死亡し、Y₁が相続により本件貸室の賃貸人の地位を承継したが、Xが平成21年5月から同年10月分まで賃料の支払を遅

滞したことから、同年11月、Y_1が賃貸住宅の管理を委託していたY_2株式会社（Y_1は、取締役）の従業員Ｂ（Y_1の子）、同行したリフォーム業者が本件貸室内に入り、Ｘ所有の動産を搬出し（長期にわたって倉庫に放置された）、玄関の鍵を取り替えたため、ＸがＹ₁、Ｙ₂に対して不法行為に基づき損害賠償を請求し、Y_1が反訴として賃料の支払を請求した。

第一審判決は、Y_1らの主張に係る合意解除を否定し、Y_2の不法行為（使用者責任）を認め、請求を一部認容したが、Y_1の共同不法行為を否定し、請求を棄却し、Y_1の反訴請求を認容したため、Ｘが控訴した。

本判決は、Ｂの不法行為を認め、Y_2の使用者責任を肯定し、Y_1の共同不法行為を肯定し、原判決を変更し、請求を認容し（家財道具に係る損害として70万円、慰謝料として80万円、弁護士費用として15万円を認めた）、反訴請求に関する控訴を棄却した。

[156] 東京地判平成24年３月９日判時2148号79頁

Ｘは、平成14年８月、マンションの一室を賃貸期間を２年間とし、賃料月額５万6000円等の特約で、不動産業を営むY_1株式会社の仲介により、Ａ株式会社から賃借し（Y_2株式会社が本件建物の管理を行った）、家族とともに居住していたところ、平成16年10月頃、リストラされ、賃料の支払ができない状態になったことから、Y_1が部屋の扉に張り紙をしたり、関係者が大声で叫んだり、Y_1、Y_2の関係者が部屋に入り、家財等を搬出し、廃棄する等したため、ＸがY_1らに対して不法行為に基づき損害賠償を請求した（財産的損害770万9000円、慰謝料200万円、弁護士費用97万円）。

本判決は、Y_1らはＸらが転居先も決まっていないのに、家財を置いたまま退去をさせたものであり、社会的相当性を欠く等とし、財産的損害100万円、慰謝料100万円、弁護士費用20万円の損害を認め、請求を認容した。

[157] 東京地判平成24年９月７日判時2171号72頁

Ｘは、平成21年７月頃、Ａ株式会社から賃料月額７万9000円等の約定でマンションの一室を賃借し、賃貸借保証を業とするY_1株式会社（代表取締役はY_2）は、Ｘの賃料債務等につき保証をしたところ、Ｘは、平成22年１月頃から賃料を支払うことができなくなり、同年５月、本件部屋のドアの内側にＹの開錠、自主退去の要請等を記載した張り紙がされ、同年７月、Ｘが仕事から帰宅したところ、鍵が取り替えられ、室内の物品が退去されていたこと等から（その後、間もなく処分された）、ＸがY_1に対して不法行為、Y_2に対して会社法429条１項に基づき損害賠償を請求した（家財道具270万円、慰謝料100万

円、弁護士費用37万円）。

　本判決は、Y_1はＸの賃料の滞納後７回訪問し、携帯に65回架電し、連絡を求める書面をドアにはさんでいたのに、Ｘが黙殺する対応をした状況においてY_1が本件部屋に立ち入ったことにはやむを得ない措置として違法性を欠くとしたものの、実力による占有排除、動産の処分につき不法行為を肯定し、Y_2については会社法429条１項の責任を免れないとし、請求を認容した（動産の損害30万円、慰謝料20万円、弁護士費用５万円の損害を認めた）。

[158]　大阪地判平成25年10月17日判時2216号100頁

　Ｘは、平成22年６月、Y_1株式会社（代表取締役はY_3）との間で、Y_1からマンションの一室につき賃料月額８万2000円、共益費月額１万2000円等の内容で賃貸借契約を締結するとともに、Y_2株式会社（代表取締役はY_4）に連帯保証を委託し、Y_2は、Y_1に連帯保証をしていたところ、Ｘは、平成22年９月、賃料の支払を遅滞し、その後一部を支払ったものの、同年11月以降の賃料の支払をしなかったことから、Y_4が同年11月30日に契約を解除したが、その間、Y_1の従業員ら、Y_4は、電話で複数回暴言をし、玄関の鍵穴に鍵ロックをし、平成23年３月まで居住を不可能にし、その後も玄関ドアのチェーンを切って室内に侵入し、鍵を付け替えたり、「犯罪者等」の暴言をする等したため（Y_1は、平成23年11月１日、本件建物を他に譲渡した）、Ｘは、Y_1ないしY_4に対して、不法行為等に基づき損害賠償を請求し（甲事件）、Y_1がＸに対して未払賃料等の支払を請求した。

　本判決は、Y_1、Y_2の従業員らによる暴言行為、鍵ロックの取付け、鍵の付替え、部屋への立入りが不法行為に当たるとし（慰謝料80万円、弁護士費用８万円の損害を認めた）、Y_4の民法709条の責任、Y_3の会社法350条の責任、Y_1の民法715条の責任、Y_3の会社法429条１項の責任を肯定し、甲事件のＸの請求を一部認容し、乙事件のY_1の請求を一部認容した。

[159]　東京地判平成28年４月13日判時2318号56頁

　Ｘは、平成21年１月、Ａから共同住宅の一室を賃貸期間２年、賃料月額４万円で賃借し、賃貸保証業者であるＹ株式会社に賃貸借保証を委託し、Ｙは、Ａに賃貸借保証をし、賃貸借契約が更新されていたところ、Ｘが平成27年３月分の賃料の支払を怠り、Ｙが同年４月に賃料の支払を督促したものの、Ｘが連絡しなかったことから、Ｙが玄関扉に補助錠を設置し、支払を督促する書面を差し入れたほか、Ｘの家財、設置物等を撤去したため（Ｘは、一時期、ホームレス状態に置かれた）、ＸがＹに対して不法行為に基づき損害賠償を請求した

（損害として慰謝料200万円、火災保険における家財の再取得価格である300万円の3分の1に当たる財産的損害、弁護士費用を主張した）。

　本判決は、補助錠の設置、家財撤去につき不法行為を認め、損害として家財相当額30万円、慰謝料20万円、弁護士費用5万円を認め、請求を認容した。

32 物上代位

　物上代位という言葉は、日常生活では聞き慣れないものであるが、賃貸借の実務においては時々この問題に直面することがある。

　土地、建物の賃貸借契約が締結される場合、土地、建物に抵当権が設定されていないことは少なく、金融機関等を抵当権者とする抵当権が設定されていることが多く、時には複数の抵当権が設定されていることもある。物上代位と賃貸借が問題になるのは、賃貸借の目的物である土地、建物に抵当権が設定されている場合である。なお、抵当権には、特定の債務を担保するために設定される普通の抵当権と一定の範囲の不特定の債務を担保する根抵当権があり、抵当権の実行時期、被担保債務の範囲等につき異なるところがあるが、本書が説明しようとする物上代位の問題にはさほどの違いがないから、両者を含めるものとして説明したい。

　抵当権は、土地、建物に設定された後、その被担保債務が履行されない等の事態が生じると、抵当権を実行することができ、これによって被担保債権の回収を図ることができるが、設定後、抵当権が設定された土地、建物が売却、賃貸、滅失又は損傷によって抵当権の設定者（被担保債務の債務者のこともあるが、それ以外の者であることもある）が受けるべき金銭その他の物（例えば、賃料がこれに当たる）に対しても、抵当権を行使することができるとされている（現行民法372条、304条1項本文）。これが物上代位と呼ばれている制度であり、抵当権者の権利である（物上代位権と呼ばれている）。

　抵当権者が賃貸不動産の賃料等に物上代位権を行使するためには、前記の金銭その他の物の払渡し又は引渡しの前に差押えをすることが必要である（現行民法372条、304条1項ただし書）。

　抵当権者が賃貸不動産につき前記の物上代位権を適法に行使すると、抵当権者が賃料債権（事情によっては転貸料債権もその対象になる。後記の最二判平成12年4月14日民集54巻4号1552頁、判時1714号61頁、判タ1035号100頁参照）を取得し、賃貸人は賃料債権を行使することができなくなり、賃借人は賃料を抵当権者に支払うことが必要になる。抵当権者が物上代位権を行使する前に、例えば、設定者、賃借人が賃料債権につき様々な取引を行い、権利を行使することがあり、これらの取引に

よる権利の取得・行使と抵当権者の賃料債権の取得とどちらが優先するか等が問題になることがある。

抵当権者が賃貸不動産の賃料債権につき物上代位権を行使することができるかは、長年裁判所における執行の実務において議論があったところであるが、バブル経済の崩壊の時期、金融機関等が積極的に貸金債権の回収を図ることが要請される等し、判例もこの物上代位を肯定し、一時期、その利用が増加したことがある。金融機関等の抵当権者の賃料債権に対する物上代位を利用する事例が増加するにつれ、設定者（賃貸人でもある）、賃借人らの抵抗も増加し、様々な主張が行われ、多数の裁判例が法律雑誌に公表されるに至った。

本書においては、抵当権者が賃貸不動産の賃料債権に物上代位権を行使し、設定者らがこれを回避するために様々な主張を行い、これを争い、この紛争が最高裁にまで至った事例を参考として、以下に紹介したい。日常的に発生するトラブルではないが、何かの時に参考になろう。

【参考判例】

①最二判平成10年1月30日民集52巻1号1頁、判時1628号3頁、判タ964号73頁

　A株式会社は、X株式会社のB株式会社に対する貸金債権を担保するため、所有建物に抵当権を設定し、建物をY株式会社を含む複数の賃借人に賃貸していたが、Bが債務の弁済を怠り、Aは、C株式会社に賃料債権を譲渡し、Yは、これを承諾して公正証書が作成されたところ、Xが抵当権による物上代位権に基づき賃料債権を差し押さえた後、Yに対して賃料の支払を請求した。

　第一審判決は、物上代位が債権譲渡に優先するとし、請求を一部認容したため、X、Yの双方が控訴した。

　控訴審判決は、債権譲渡が物上代位に優先するとし、Yの控訴に基づき原判決中Xの請求を認容した部分を取り消し、Xの請求を棄却する等したため、Xが上告した。

　本判決は、抵当権者は、物上代位の目的債権が譲渡され、第三者に対する対抗要件が備えられた後にも、自ら目的債権を差し押さえて物上代位権を行使することができるとし、原判決の一部を破棄し、Yの控訴を

棄却し、その余の上告を棄却した。

「1　民法372条において準用する304条1項ただし書が抵当権者が物上代位権を行使するには払渡し又は引渡しの前に差押えをすることを要するとした趣旨目的は、主として、抵当権の効力が物上代位の目的となる債権にも及ぶことから、右債権の債務者（以下「第三債務者」という。）は、右債権の債権者である抵当不動産の所有者（以下「抵当権設定者」という。）に弁済をしても弁済による目的債権の消滅の効果を抵当権者に対抗できないという不安定な地位に置かれる可能性があるため、差押えを物上代位権行使の要件とし、第三債務者は、差押命令の送達を受ける前には抵当権設定者に弁済をすれば足り、右弁済による目的債権消滅の効果を抵当権者にも対抗することができることにして、二重弁済を強いられる危険から第三債務者を保護するという点にあると解される。

2　右のような民法304条1項の趣旨目的に照らすと、同項の「払渡又ハ引渡」には債権譲渡は含まれず、抵当権者は、物上代位の目的債権が譲渡され第三者に対する対抗要件が備えられた後においても、自ら目的債権を差し押さえて物上代位権を行使することができるものと解するのが相当である。

けだし、㈠　民法304条1項の「払渡又ハ引渡」という言葉は当然には債権譲渡を含むものとは解されないし、物上代位の目的債権が譲渡されたことから必然的に抵当権の効力が右目的債権に及ばなくなるものと解すべき理由もないところ、㈡　物上代位の目的債権が譲渡された後に抵当権者が物上代位権に基づき目的債権の差押えをした場合において、第三債務者は、差押命令の送達を受ける前に債権譲受人に弁済した債権についてはその消滅を抵当権者に対抗することができ、弁済をしていない債権についてはこれを供託すれば免責されるのであるから、抵当権者に目的債権の譲渡後における物上代位権の行使を認めても第三債務者の利益が害されることとはならず、㈢　抵当権の効力が物上代位の目的債権についても及ぶことは抵当権設定登記により公示されているとみることができ、㈣　対抗要件を備えた債権譲渡が物上代位に優先するものと解するならば、抵当権設定者は、抵当権者からの差押えの前に債権譲渡をすることによって容易に物上代位権の行使を免れることができるが、このことは抵当権者の利益を不当に害するものというべきだからである。

そして、以上の理は、物上代位による差押えの時点において債権譲渡に係る目的債権の弁済期が到来しているかどうかにかかわりなく、当てはまるものというべきである。」
②最三判平成10年2月10日判時1628号3頁、判タ964号73頁
　Aは、B株式会社から金銭を借り受け、Y株式会社に保証委託をし、A、Cは、共有に係る建物に求償債務を被担保債務として抵当権を設定し、その後、D株式会社に本件建物を賃貸したところ、X株式会社のE株式会社に対する債権を担保するために本件建物の賃料債権を譲渡し、Dに内容証明郵便でその旨を通知したが、Yが抵当権による物上代位権に基づき賃料債権を差し押さえ、Dが賃料を供託したことから、執行裁判所が供託金につき弁済金としてYに交付したため、Xが第三者異議の訴えを提起した。
　控訴審判決は、物上代位が債権譲渡に優先する等とし、既に執行の終了した賃料債権に係る部分については、利益がないから訴えを却下すべきであり、その後の賃料債権に係る部分については、賃料債権が譲渡され、対抗要件が具備されたからといって、抵当権者が自らこれを差し押さえて物上代位権を行使することができなくなるものではないというべきであるから請求を棄却すべきであるとしたため、Xが上告した。
　本判決は、物上代位が債権譲渡に優先する等とし、原判決が正当であるとして上告を棄却した。
　「民法304条1項ただし書は、先取特権者が物上代位権を行使するには払渡し又は引渡しの前に差押えをすることを要すると規定しているところ、同法372条がこの規定を抵当権に準用した趣旨は、抵当権の効力が物上代位の目的となる債権にも及ぶことから、右債権の債務者（以下「第三債務者」という。）は、その債権者である抵当不動産の所有者（以下「抵当権設定者」という。）に弁済をしても弁済による目的債権の消滅の効果を抵当権者に対抗できないという不安定な地位に置かれるおそれがあるため、差押えを物上代位権行使の要件とすることによって、第三債務者は、差押命令の送達を受ける前には抵当権設定者に弁済をすれば、その効果を抵当権者にも対抗することができることとして、二重弁済を強いられる危険から第三債務者を保護しようとする点にあると解される。

右のような民法の趣旨目的に照らすと、同法304条1項の「払渡又ハ引渡」には債権譲渡は含まれず、抵当権者は、物上代位の目的債権が他に譲渡され、その譲渡について第三者に対する対抗要件が備えられた後においても、自ら目的債権を差し押さえて物上代位権を行使することができるものと解するのが相当である。

　けだし、㈠　民法304条1項の「払渡又ハ引渡」という用語は当然には債権譲渡を含むものとは解されない上、物上代位の目的債権が譲渡されたことから必然的に抵当権の効力が右目的債権に及ばなくなるものと解すべき理由もないところ、㈡　物上代位の目的債権が譲渡された後に抵当権者が物上代位権に基づき目的債権の差押えをした場合において、第三債務者は、差押命令の送達を受ける前に債権譲受人に弁済した債権についてはその消滅を抵当権者に対抗することができ、弁済をしていない債権についてはこれを供託すれば免責されるのであるから、抵当権者に目的債権の譲渡後に物上代位権の行使を認めても第三債務者の利益が害されることとはならず、㈢　抵当権の効力が物上代位の目的債権についても及ぶことは抵当権設定登記により公示されているとみることができ、㈣　対抗要件を備えた債権譲渡が物上代位に優先するものと解するならば、抵当権設定者は、抵当権者からの差押えの前に債権譲渡をすることによって容易に物上代位権の行使を免れることができることとなり、この結果を容認することは抵当権者の利益を不当に害するものというべきだからである。

　そして、以上の理は、物上代位による差押えの時点において債権譲渡に係る目的債権の弁済期が到来しているかどうかにかかわりなく、当てはまるものということができる。」

③最一判平成10年3月26日民集52巻2号483頁、判時1638号74頁、判タ973号134頁

　Aは、所有建物をBに賃貸していたところ、金融業を営むY株式会社は、Aに対する債権につき執行証書を有しており、賃料債権を差し押さえた後、銀行業を営むX株式会社が本件建物に根抵当権を設定したが、Xが物上代位により賃料債権を差し押さえたところ、執行裁判所は、X、Yの各届出債権額で按分する配当表を作成し、配当表どおりの配当が実施されたものの、XがYに対して物上代位が優先すると主張し、不

当利得の返還を請求した。

第一審判決（東京地判平成5年8月23日金融法務事情1369号82頁）は、一般債権者による差押えによって物上代位権の行使が妨げられるものではない等とし、請求を認容したため、Yが控訴した。

控訴審判決（東京高判平成6年4月12日判時1507号130頁）は、賃料債権につき差押えがされると、建物の所有者は、賃料債権の処分を禁止され、建物の所有権を対象とする換価権の設定、優先弁済権の設定は禁止されないものの、賃料債権を対象とするものは禁止されるとし、原判決を取り消し、請求を棄却したため、Xが上告した。

本判決は、債権につき一般債権者の差押えと抵当権者の物上代位権に基づく差押えが競合する場合には、両者の優劣は、一般債権者の申立てによる差押命令の第三債務者への送達と抵当権設定登記の先後によって決すべきであるとし、上告を棄却した。

「一般債権者による債権の差押えの処分禁止効は差押命令の第三債務者への送達によって生ずるものであり、他方、抵当権者が抵当権を第三者に対抗するには抵当権設定登記を経由することが必要であるから、債権について一般債権者の差押えと抵当権者の物上代位権に基づく差押えが競合した場合には、両者の優劣は一般債権者の申立てによる差押命令の第三債務者への送達と抵当権設定登記の先後によって決せられ、右の差押命令の第三債務者への送達が抵当権者の抵当権設定登記より先であれば、抵当権者は配当を受けることができないと解すべきである。」

④最二決平成12年4月14日民集54巻4号1552頁、判時1714号61頁、判タ1035号100頁

X株式会社は、A所有の建物につき根抵当権を設定したが、その後、Yが本件建物を賃借し、さらにBに本件建物を転貸していたところ、XがYが転借人に対する転貸料再建につき根抵当権に基づく物上代位による債権差押さえ命令を申し立て、これが認容されたため、Yが執行抗告を申し立てた。

抗告審決定（東京高決平成11年4月19日判時1691号74頁、判タ1057号262頁、金融・商事判例1073号35号）は、転貸料にも物上代位が及ぶとし、抗告を棄却したため、Yが許可抗告を申し立てた。

本決定は、抵当権者は、抵当不動産の賃借人を所有者と同視すること

を相当とする場合を除き、賃借人が取得すべき転貸借賃料債権につき物上代位権を行使することができないとし、原決定を破棄し、本件を東京高裁に差し戻した。

「民法372条によって抵当権に準用される同法304条1項に規定する「債務者」には、原則として、抵当不動産の賃借人（転貸人）は含まれないものと解すべきである。けだし、所有者は被担保債権の履行について抵当不動産をもって物的責任を負担するものであるのに対し、抵当不動産の賃借人は、このような責任を負担するものではなく、自己に属する債権を被担保債権の弁済に供されるべき立場にはないからである。同項の文言に照らしても、これを「債務者」に含めることはできない。また、転貸賃料債権を物上代位の目的とすることができるとすると、正常な取引により成立した抵当不動産の転貸借関係における賃借人（転貸人）の利益を不当に害することにもなる。もっとも、所有者の取得すべき賃料を減少させ、又は抵当権の行使を妨げるために、法人格を濫用し、又は賃貸借を仮装した上で、転貸借関係を作出したものであるなど、抵当不動産の賃借人を所有者と同視することを相当とする場合には、その賃借人が取得すべき転貸賃料債権に対して抵当権に基づく物上代位権を行使することを許すべきものである。

　以上のとおり、抵当権者は、抵当不動産の賃借人を所有者と同視することを相当とする場合を除き、右賃借人が取得すべき転貸賃料債権について物上代位権を行使することができないと解すべきであり、これと異なる原審の判断には、原決定に影響を及ぼすことが明らかな法令の違反がある。」

⑤最三判平成13年3月13日民集55巻2号363頁、判時1745号69頁、判タ1058号89頁

　銀行業を営むX株式会社は、取引関係のあるAとの間で、昭和60年9月、Aの所有土地上の建物（地下2階付4階建て建物）につき根抵当権を設定し、平成8年1月、金銭を貸し付け、他方、Aは、昭和60年11月、Y株式会社に本件建物の1階部分を賃貸し、保証金3150万円の交付を受けたところ、平成9年2月、YとAは、本件賃貸借契約を同年8月末限り解消し、同年9月以降、改めて保証金330万円の約定で賃貸借契約を締結し、この保証金には従前の保証金の一部を充当し、残額2820万

円は返還することを約束したが、Aが返還期限までにこれを履行できなかったことから、2回に分割して返済し、1168万円余の返済は平成12年9月分までの月額賃料債務と対当額で相殺すること等を合意したところ、Xは、Aが前記貸金債務の履行をしないことから、本件根抵当権の物上代位権に基づきAのYに対する賃料債権を差押えの申立をし、差押命令を受けた後、Yに対して差押えに係る賃料の支払を請求したものであり、Yが前記相殺の合意を主張したものである。

　第一審判決は、Xの物上代位権に基づく賃料債権の差押えがYよる相殺に優先するとし、請求を認容したため、Yが控訴した。

　控訴審判決は、第一審判決と同様に解し、控訴を棄却したため、Yが上告受理を申し立てた。

　本判決は、抵当権者が物上代位権を行使して賃料債権の差押えをした後は、抵当不動産の賃借人は、抵当権設定登記の後に賃貸人に対して取得した債権を自働債権とする賃料債権との相殺をもって、抵当権者に対抗することはできないとし、上告を棄却した。

　「抵当権者が物上代位権を行使して賃料債権の差押えをした後は、抵当不動産の賃借人は、抵当権設定登記の後に賃貸人に対して取得した債権を自働債権とする賃料債権との相殺をもって、抵当権者に対抗することはできないと解するのが相当である。けだし、物上代位権の行使としての差押えのされる前においては、賃借人のする相殺は何ら制限されるものではないが、上記の差押えがされた後においては、抵当権の効力が物上代位の目的となった賃料債権にも及ぶところ、物上代位により抵当権の効力が賃料債権に及ぶことは抵当権設定登記により公示されているとみることができるから、抵当権設定登記の後に取得した賃貸人に対する債権と物上代位の目的となった賃料債権とを相殺することに対する賃借人の期待を物上代位の行使により賃料債権に及んでいる抵当権の効力に優先させる理由はないというべきであるからである。

　そして、上記に説示したところによれば、抵当不動産の賃借人が賃貸人に対して有する債権と賃料債権とを対当額で相殺する旨を上記両名があらかじめ合意していた場合においても、賃借人が上記の賃貸人に対する債権を抵当権設定登記の後に取得したものであるときは、物上代位権の行使としての差押えがされた後に発生する賃料債権については、物上

代位をした抵当権者に対して相殺合意の効力を対抗することができないと解するのが相当である。

以上と同旨の見解に基づき、本件建物について賃貸借契約を締結した上告人と京都新建築株式会社との間において上告人が本件根抵当権設定登記の後に取得した同社に対する債権と同社の上告人に対する賃料債権とを対当額で相殺する旨を合意していたとしても、被上告人による物上代位権の行使としての差押えがされた後に発生した賃料債権については、上記合意に基づく相殺をもって被上告人に対抗することができないとした原審の判断は、正当として是認することができ、原判決に所論の違法はない。」

⑥最一判平成14年3月28日民集56巻3号689頁、判時1783号42頁

信託銀行業を営むX株式会社は、A株式会社に対して貸金債権を有し、A所有の建物に根抵当権を設定していたところ、AがB株式会社に本件建物を賃貸し、Bは、Y社団法人に本件建物の一部を転貸し、Yは、保証金を交付したが、Xは、根抵当権の物上代位に基づきBがYに対して有する転貸料債権を差し押さえ、Yに対して取立権に基づき転貸料の支払を請求したものであり、Yが保証金返還債権と賃料債権との相殺、相殺の予約に基づく相殺を主張した。

第一審判決（東京地判平成11年5月10日金融法務事情1557号78頁、金融・商事判例1079号50頁）は、物上代位による差押えの後にされた相殺をもって抵当権者に対抗することはできないとし、Yの相殺が対抗できないとし、相殺の予約を認める証拠を欠くとし、請求を認容したため、Yが控訴した。

控訴審判決（東京高判平成12年3月28日金融法務事情1557号78頁、金融・商事判例1091号3頁）は、敷金は建物明渡時に賃借人の債務と当然差引計算され、抵当権者が賃料を取り立てる前に賃貸借が終了し、明渡しが終了したときは、賃料は敷金から控除され、差押えに係る債権は消滅するから、賃料の取立請求は理由がない等とし、原判決を取り消し、請求を棄却したため、Xが上告受理を申し立てた。

本判決は、敷金からの控除による未払賃料等の消滅は敷金契約から当然に発生する効果であって、相殺のように意思表示によるものではない等とし、敷金が授受された賃貸借契約に係る賃料債権につき抵当権者が物上代位権を行使してこれを差し押さえた場合において、当該賃貸借契

約が終了し、目的物が明け渡されたときは、賃料債権は敷金の充当によりその限度で消滅するとし、上告を棄却した。

「本件は、抵当不動産について敷金契約の付随する賃貸借契約が締結されたところ、抵当権者が物上代位権を行使して賃料債権を差し押さえ、取立権に基づきその支払等を求めた事案であり、賃貸借契約が終了し、目的物が明け渡された場合における敷金の賃料への充当は、上記物上代位権の行使によって妨げられるか否かが争点となっている。

賃貸借契約における敷金契約は、授受された敷金をもって、賃料債権、賃貸借終了後の目的物の明渡しまでに生ずる賃料相当の損害金債権、その他賃貸借契約により賃貸人が賃借人に対して取得することとなるべき一切の債権を担保することを目的とする賃貸借契約に付随する契約であり、敷金を交付した者の有する敷金返還請求権は、目的物の返還時において、上記の被担保債権を控除し、なお残額があることを条件として、残額につき発生することになる（最高裁昭和46年(オ)第357号同48年2月2日第二小法廷判決・民集27巻1号80頁参照）。これを賃料債権等の面からみれば、目的物の返還時に残存する賃料債権等は敷金が存在する限度において敷金の充当により当然に消滅することになる。このような敷金の充当による未払賃料等の消滅は、敷金契約から発生する効果であって、相殺のように当事者の意思表示を必要とするものではないから、民法511条によって上記当然消滅の効果が妨げられないことは明らかである。

また、抵当権者は、物上代位権を行使して賃料債権を差し押さえる前は、原則として抵当不動産の用益関係に介入できないのであるから、抵当不動産の所有者等は、賃貸借契約に付随する契約として敷金契約を締結するか否かを自由に決定することができる。したがって、敷金契約が締結された場合は、賃料債権は敷金の充当を予定した債権になり、このことを抵当権者に主張することができるというべきである。

以上によれば、敷金が授受された賃貸借契約に係る賃料債権につき抵当権者が物上代位権を行使してこれを差し押さえた場合においても、当該賃貸借契約が終了し、目的物が明け渡されたときは、賃料債権は、敷金の充当によりその限度で消滅するというべきであり、これと同旨の見解に基づき、上告人の請求を棄却した原審の判断は、正当として是認することができ、原判決に所論の違法はない。」

33　賃貸借の管理

(1)　賃貸借は、継続的契約の典型であり、相当の期間にわたり契約関係が継続するものであり、特に建物所有を目的とする土地の賃貸借、建物の賃貸借は長期の年月継続することが予定されている契約であるから、その間において適切、的確な賃貸管理を実施することが必要であり、重要である。賃貸管理のうちでも、日常的な賃貸管理が特に必要な賃貸借は、建物の賃貸借であり、賃貸人にとっても、管理業者にとっても、さらに賃借人にとっても適切な賃貸管理の実施は重大な関心事である。

　建物の賃貸借における賃貸管理は、建物自体の物理的、機能的な管理、安全・安心面の管理だけでなく、賃借人と賃貸人との関係、共同住宅における賃借人間の関係、管理業者と賃借人との関係等の多面に及ぶ人間関係の管理がいずれ劣らず重要である。

　賃貸建物のこれらの多方面からの賃貸管理においてその一部に杜撰な管理が行われたり、問題が発生したりすると、建物の損傷、老朽化が急激に進行し、様々な事故が発生するおそれが高まるだけでなく、人間関係が悪化したりすると、関係者の間のトラブルが発生し、深刻なトラブルに発展するおそれが高まる。このような事態に陥ると、賃貸建物による収益を得ることが困難になるだけでなく、損失発生の原因となり、さらにトラブルの解決に苦労し、不要な費用、手間をとることになり、ストレスを蓄積し、病気の原因になることもある。悪循環は、一旦発生すると、留まるところがなく、さらに深刻な事態に陥ることもある。

　賃貸建物の賃貸管理は、日頃の地道な努力によって初めて適切、的確に行われるものであり、管理のどこかに杜撰、手抜きという影が見られるようになると、収益の源は忽ち損失の原因に陥るものであり、急な坂道を転げ落ちるようなものである。

(2)　建物の賃貸借における賃貸管理は、建物につき賃借人を募集する段階から始まるものであり、まず、物理的、機能的、人間関係的に良好に維持された建物を準備することが必要である。良好に維持された賃貸建物には、良好な賃借人が集うものである。

　賃貸管理は、この段階から始まり、賃借の希望者と賃貸借契約を締結し、その関係が継続し、終了し、最終的に明渡しを受け、各種の債務が清算されるに至るまで継続的に適切、的確に行われることが必要であ

る。賃貸借の募集から清算に至るまでには様々な段階を経ることになるが、これらの各段階においては特有の法律問題を含む各種の問題が生じるものであり、日頃からこのような実情を認識して賃貸管理に臨むことが重要である。

　良好な賃借人を確保するためには、賃貸借の募集、交渉の段階において、建物の属性、賃借の希望者の属性、賃貸人の属性、仲介業者・管理業者の属性を踏まえ、賃借人の信用、属性を的確に判断し、良好な賃借人を選択することが不可欠である。また、この段階においては、賃貸人、仲介業者は、賃借の希望者に対して重要な事項につき説明義務を負うものであり、十分に時間をかけて必要な説明を行うことが重要である。この説明に虚偽があってはならないし、説明が不足していたような場合には、後日、原状回復特約の成立が否定されたり、債務不履行、不法行為に基づき損害賠償責任が追及される口実を与えることになる。

　建物の賃貸借契約の締結に当たっては、保証人が必要になることが多いため、賃貸管理においては、保証人の属性、保証人の信用を踏まえ、保証人の選択、保証意思の確認を行い、保証の内容の説明、書面による保証契約の締結を行うことが必要である。

　賃貸借契約の締結に当たっても、合理的な内容の条項の記載された契約書を利用し、賃貸借契約を締結することが重要である。特に賃借人が消費者である場合には、消費者契約法が適用されることから、同法の内容を遵守するものであることの確認が重要である。

　賃貸借契約の締結に当たっては、契約書の内容の確認、特に各種の特約の内容の説明・確認、建物の内部の確認、設備・造作の確認（必要があれば、写真の撮影）、説明書面の交付（定期建物賃貸借契約の場合には、不可欠である）、保証書の内容の確認、共同住宅の使用規則の説明・書面の交付等を行い、賃借人の署名、押印をしてもらうことになる（保証人が同席している場合には、保証人の署名、押印をしてもらうことになる）。

　また、賃貸借契約の締結に当たっては、敷金・保証金等の交付、受領書・領収書の交付が必要である。

　賃貸借契約が締結され、賃借人が入居すると、長期間にわたる賃貸借契約が継続することになる。賃貸借契約は継続的契約の典型であるが、

継続的契約については、固有の法理があり、継続的契約の法理が認められており、信義誠実の原則（信義則）が広く適用されることになっている。

継続的契約である賃貸借契約においては、賃貸期間中、当事者の属性の変化等、様々な事情の変更が見られ（賃料の増減額が典型である）、賃貸借契約書にそのような事情の変更に適切、柔軟に対応することができる条項を事前に設けることは極めて困難である。事情の変更が見られても賃貸借契約をそのまま維持することが不公正、不公平、不適切になることがあるが、この場合、当事者間の協議によって事態を解決し、契約内容を変更することが重要であり、この根拠の一つとなるのが信義則である。

賃貸期間が到来すると、更新するかの検討、判断が必要になるし、更新するとしても、合意更新によるか、法定更新になるかが問題になり、更新料の支払、賃料の増減額が問題になる。賃料の増減額は、賃貸期間の満了をまつ必要はなく、賃料改定特約や借地借家法32条に基づき解決を図ることが必要であるが、賃貸期間が到来する時期には話題になることが多い事項である。

賃貸借契約が継続中には、賃貸人は、契約の目的、内容に従って使用・収益に適した状態を維持することが義務づけられる。賃貸人のこの義務は、基本的な義務であるだけでなく、広い範囲で適用される義務であるから、賃貸管理に当たっては常に留意すべき義務である。例えば、賃貸建物が損傷する等し、修理・修繕が問題になった場合、修理・修繕特約の内容を確認し、誰が費用を負担するか、どのように修理・修繕するかを判断することが必要である。

また、最近は、賃貸住宅における安心・安全の確保が賃借人から要請されることが多く、賃貸人、管理業者による賃借人の募集に当たって防犯対策等、具体的な安心・安全の確保措置を講じる旨が表明されている場合には、盗難等の犯罪のおそれが生じたときは、この事態に対応することが必要になるし、適切な対応を怠ったときは、賃貸人、管理業者につき損害賠償責任が認められる可能性が高まる。

賃貸住宅、特に共同住宅の賃貸借において最も多く発生するのは、賃料の不払、退去の際の原状回復・敷金の返還の問題を除けば、賃借人の

建物利用のマナー違反、共同住宅内の規律違反、騒音、賃借人間のトラブルである。これらのトラブルは、解決の基準が必ずしも明確でないだけでなく、関係者の属性・性格に密接に関わるものである上、トラブルを発生させた者（トラブルメーカー）にとっては些細なものであると認識しているものである等の事情から、容易に解決を図ることができないものである。のみならず、賃貸人自ら解決に当たることは相当に困難であるし、管理業者が解決の努力をしても、トラブルメーカーの逆恨みを受けたり、関係者の反発を受けたりすることが多く、派生的なトラブルを誘発するおそれのあるものである。なお、これらのトラブルの解決に失敗すると、トラブルの関係者が損害を受けた場合には、解決に関与した管理業者の損害賠償責任が問われる可能性があり、実際にも訴訟を提起された事例がある。

　賃貸借契約が継続中においては、契約締結当時の賃借人の事情も様々に変化し、失職、転職、収入の減少等の経済的な信用度が変化することがあるし、婚姻等によって同居者が増加し、建物の利用状況が変化することもある。賃借人の経済的な信用度が変化すると、賃料の支払の遅滞、不払の事態が発生する可能性が高まり、実際のこのような事態が発生した場合には、賃貸人、管理業者が賃料債権を回収することになるが、債権回収は、言うは易く、行うことが極めて困難な業務の一つである。賃料債権の回収に熱心になる余り、回収方法を誤ると、回収の関与者の損害賠償責任が追及される可能性がある。

　賃貸管理においては、賃貸建物の物理的、機能的な観点からの建物自体の見守りだけでは足りないものであり、賃借人、同居者の生活状況、信用状態、属性、人間関係等にわたる賃借人らの見守りも必要であり、重要である。

　賃貸借契約の賃貸期間が到来すると、更新をするかを検討することが必要になるが、賃借人の賃貸借契約の履行状況、属性、トラブルの有無・内容等を検討し、判断することになる。合意更新を選択する場合には、更新料の支払、賃料の改定等の契約内容の改定、賃借人の債務の確認・支払、敷金・保証金の補充等の交渉を行い、合意更新に係る賃貸借契約書を取り交わすことになる。賃貸管理は、賃貸期間が到来する頃には、慌ただしいものである。

更新をしないことを選択する場合には、賃貸期間が到来する6か月前までに更新を拒絶することが必要であるし、賃貸期間の到来後も使用・収益が継続されていると（このような事態が通常である）、これに異議を述べることが必要である。更新をしないことを選択する場合には、事前に賃貸建物の明渡しを現実に求めることを踏まえて検討することが重要であり、仮に法的な手段もとらないという判断であれば、賃貸期間の到来後は、期間の定めのない賃貸借関係になることを明確に認識して対応することが必要である。賃貸管理は、賃貸期間が到来する頃には、慌ただしいだけでなく、相当に困難な判断が迫られるものである。

最近は、日本国内では地震、洪水、土砂崩れ等の自然災害が多数発生しているようであり、建物の耐震性能等の自然災害対策に関心が寄せられ、賃貸建物もその例外ではない。賃貸借の実務においても、自然災害対策を求める賃借人もいるし、そのような対策の実施を表明して勧誘する事例も見られるところである。現代社会においては、賃貸建物の自然災害対策も賃貸管理の一つの検討事項になっている。

前記のとおり、建物の賃貸借においては、賃貸人、管理業者、賃借人、同居者らの間で様々なトラブルが発生するものであり、トラブルの中には原因が明らかでないもの（主観的な認識の齟齬、誤解、相性の不一致等）、原因が明らかであるものの、解決の根拠、解決の内容の判断が困難なもの、法律によっては解決ができないもの等がある上、トラブルの関係者には解決の意欲もなく、執拗にクレームを付けるものがいるし、このようなクレーマー、モンスター・クレーマーも増加する傾向にある。賃貸管理の実務においては、トラブル、クレーマーに適切に対応することが重要な時代になっているが、トラブル対策、クレーマー対策は、対策を立てることも容易ではないし、個々のトラブルに適切、的確に対応することも容易ではないし、相当な時間がかかり、精神的に疲労を招くものになっている（一言でいえば、ストレスの蓄積する業務である）。

建物の賃貸借におけるトラブルは、一旦トラブルが発生すると、様々な経過を辿るものの、些細なトラブルが重大化し、深刻化する傾向が強く、抜本的な解決に導くことは極めて困難であるのが実情である。可能な限り、トラブルの発生の初期の段階で曖昧な解決を図るのではなく、

抜本的な解決を目指して解決を図ることが重要である。

　賃貸借契約が継続中には、賃借人が賃料の支払の遅延、建物の用法違反、使用規則違反、建物の損傷等、賃借人が債務不履行の事態を発生させることがある。この場合、賃貸借契約を解除するか、不履行の事態を解消させて契約を継続させるか等の選択が必要になるが、賃貸管理に当たって重要な判断が迫られることになる。

　賃貸借契約を解除したり、賃貸期間が満了したりすると、賃貸建物の明渡し、原状回復、残置物の処分、敷金・保証金の返還、債務の清算等の問題を処理することが必要になる。賃貸管理に当たっては、賃貸借契約が解除等によって終了したかの判断も容易でない上、終了に伴って生じるこれらの諸事項を具体的に検討し、判断することは相当に困難である。これらの法律問題に関する一般的な諸法理は比較的明らかであるが、これらの諸法理を具体的な事案に適切かつ円満に適用することは相当に労力と精神力が必要な作業であり、賃貸管理においても負担の重い事項である。

　賃貸借契約の終了に伴う事務処理を迅速に行うことができるようにするため、賃貸借契約上、賃貸人、管理業者が原状回復の作業、明渡しの自力執行、残置物の除去・処分、敷金・保証金の自動控除を行うことができる旨の各種の特約を締結しておくことも考えられ、実際にも各種の特約が見られるところであるが、作業の内容・仕方によっては、不法行為が認められる可能性の高い分野である。

　賃貸管理においては、賃借人との関係だけでなく、保証人との関係にも対応することが必要であり、保証契約の内容を確認しながら、保証の範囲等に沿って保証人に対する保証債務の履行を求めることが重要であるが、保証人の対応によっては保証人との間のトラブルが発生し、訴訟に発展する可能性もある。

　賃貸管理においては、特定の賃貸建物については賃貸人、賃借人らの関係者が長期にわたって契約関係、人間関係が継続するものであり、様々な法律問題を含む問題が現実的、潜在的に発生している。問題が現実化する場合には、その背景にある関係者の人間関係にほころびが生じているものであり、問題の現実化によって人間関係が一層悪化することになる。表面的には問題が解決されたとしても、人間関係は修復され

ず、潜在的には悪化したままであることが多く、次のトラブルが発生したときに問題がより深刻化して現実化することが少なくない。賃貸管理は、一面では、建物の賃貸借契約の適切な進行を支援する重要な業務であるが、他面では、背後にある人間関係に密接に影響を受けることに照らし、人間関係の円満な関係を維持する業務であるということができる。

◆建物の賃貸管理に当たっては、前記の各段階において多様な問題が発生するものであり、問題の多くは法律問題ではないし、法律問題であっても、法律の適用によって容易に解決されるものではない。この分野における多様な問題のうち、ここでは賃貸建物における事故をめぐる裁判例を取り上げ、その概要を紹介したい。

【参考裁判例】

[160] 札幌地判平成10年7月26日判タ1040号247頁

Aは、Y_1からアパートの一室を賃借していたところ、平成4年4月、居室内に設置されたY_2株式会社が製造し、Y_3株式会社・Y_4有限会社が設置し、Y_5株式会社が点検したガス給湯器を使用中、一酸化炭素中毒が発生し、死亡したため、Aの相続人であるXがY_1ないしY_5に対して不法行為等に基づき損害賠償を請求した(Y_1に対しては、賃貸借契約上の安全配慮義務違反、不法行為、土地工作物責任に基づき損害賠償を請求した)。

本判決は、点検過誤によって一酸化炭素が発生したとし、Y_5の不法行為を認め、その余の不法行為等を否定し、Y_5に対する請求を認容し、その余の請求を棄却した。

[161] 東京地判平成11年7月8日判時1715号43頁

弁護士Xは、Yからビルの一室を法律事務所として賃借したが、本件ビルはA株式会社の警備保障を受け、セキュリティカードによるドアのロック等の警備体制がとられていたところ、事務所荒らしが侵入し、事務所内の現金が盗まれたため、Yに対して債務不履行に基づき盗難被害の現金相当額の損害賠償を請求した。

本判決は、セキュリティカードの説明義務違反などはなかったとし、債務不履行を否定し、請求を棄却した。

[162] 東京地判平成14年8月26日判タ1119号181頁

X株式会社は、宝石、貴金属の販売等を業としているが、平成5年11月、Y株式会社からビルの一部を事務所として賃借したところ、平成12年2月、事務所に保管されていた現金、宝石類の盗難事件が発生し、同年3月、主として盗難を理由に契約を解約し、本件建物を明け渡したため、XがYに対して過払いの電気料金につき不当利得の返還、賃貸人の管理義務違反を主張し、債務不履行に基づく損害賠償を請求した。

　本判決は、賃貸人が盗難等から賃借人を保護すべき管理義務を負うのは、賃貸借契約から当然に導かれるものではなく、信義則上の付随義務、特約として認められる余地があるとしたが、本件では、盗難被害を防ぐべき義務を負っていないとし、不当利得の返還請求を認容し、損害賠償請求を棄却した。

[163] 東京高判平成16年2月26日金融・商事判例1204号40頁

　Xは、3階建ての建物を所有し、3階部分に妻Aと居住していたところ、1階部分をYに賃貸し、Yは、作業所兼ガレージとして使用し、軽貨物自動車を利用した移動ラーメン販売業のための仕込み等の業務を行っていたが、平成7年10月20日、Yが複数ある軽貨物自動車の一部を残して販売に出ていた間、作業所兼ガレージから出火し、建物が全焼し、Aが焼死する等したため、XがYに対して人損につき不法行為に基づき、物損につき債務不履行に基づき損害賠償を請求した（保険金として1500万円が支払われた）。

　第一審判決は、出火原因が軽貨物自動車内のガスコンロか、従業員の消し忘れであると認め、Yの不法行為、債務不履行を認め、請求を認容したため、Yが控訴した（控訴審において失火責任法に基づく免責等が主張されたため、Xは、第一次的主張として債務不履行、第二次的主張として不法行為を主張することに改めた）。

　本判決は、ガスコンロ付近から出火したことを認めたが、出火の原因を積極的に認定することはできないとし、Yの善管注意義務違反による債務不履行を推定し（不法行為は否定した）、原判決を変更し、請求を認容した（Aの死亡による慰謝料、葬儀費用は認めた）。

[164] 東京地判平成16年12月24日判時1906号65頁

　Aは、平成11年6月、YからY₂所有のアパートの一室を賃借したが、浴室にはY₁株式会社が設置した風呂釜が設置されていたところ（平成9年11月に設置された。燃焼排ガスは、浴室と隔離されて屋外に設置された給排気筒から排出される構造になっていた）、平成14年9月、浴室で入浴中、給湯バーナーの不完全燃焼により発生した一酸化炭素中毒により死亡したため、Aの両親

X_1、X_2がY_1に対して使用者責任に基づき、Y_2に対して土地工作物責任、債務不履行に基づき損害賠償を請求した。

本判決は、排気筒のトップから上部の窓まで十分な距離間隔を設けないで風呂釜、給排気筒が設置されていたとし（ガス機器設置基準調査委員会が作成した「ガス機器の設置基準及び実務指針」に反していた）、風呂釜の使用中は絶対に窓を閉めること、窓を開けたままでは燃焼排ガスが流入して危険であること等を所有者、賃借人に説明すべきであった等とし、設置者としての義務違反があるとし、Y_1の使用者責任を認め、Y_2は、二次的に土地工作物責任を負うにすぎず、Y_1の設置位置に疑問を感じなかったとしても不相当とはいえないとし、Y_2の責任を否定し、Y_1に対する請求を認容し、Y_2に対する請求を棄却した。

[165] 札幌地判平成17年5月13日判タ1209号180頁

Aは、不動産賃貸を業とするY_1株式会社からマンションの部屋を賃借し、Y_2株式会社はY_1からマンションの管理を受託し、Y_3株式会社はマンションにガスを供給していたところ、平成10年12月、本件居室内においてAがガス湯沸かし器を使用中、ガスの不完全燃焼が生じて一酸化炭素中毒により死亡したため、Aの両親X_1、X_2がY_1らに対して、Y_1の債務不履行、不法行為、土地工作物責任、Y_2の不法行為、土地工作物責任、Y_3の債務不履行、不法行為を主張して損害賠償を請求した。

本判決は、Y_1のガス湯沸かし器の使用についての注意喚起等をする事故防止義務違反による債務不履行を認める等し、請求を認容した。

[166] 東京地判平成17年12月14日判タ1249号179頁

Xは、複合マンションの1階の専有部分の区分所有者Aから賃借し、飲食店を経営しており、Y_1は、地下1階の専有部分の共有者Y_2、Y_3から賃借し、ライブハウスを経営していたが、ライブハウスから騒音振動が発生し、苦情を受けて改善措置がとられる等したものの、XがY_1らに対して共同不法行為に基づき損害賠償（営業損害、慰謝料等）を請求した。

本判決は、Y_1については、騒音振動が都民の健康と安全を確保する環境に関する条例136条、同別表13に定める騒音振動基準を参考にし、受忍限度を超える違法なものであるとし、不法行為を認め、Y_2らについては、賃貸人は、賃借人が他の居住者に迷惑をかけるような態様で専有部分を使用していることを知ったときは、これを是正する義務があるところ、この義務違反を肯定し（営業損害については、騒音等が営業に悪影響を与えたことは認められるもの

の、売上減少にはいろいろな要因が考えられるとし、慰謝料の算定の中で考慮するとし、100万円の慰謝料を認めた）、請求を認容した。

[167] 東京地判平成21年10月29日判時2057号114頁

Xは、会社員であり、木造アパートの２階の一室を賃借し、生活していたところ、階下の部屋を賃借していた大学生 Y_1（未成年者）が夜間大声を出すなどの騒音を出したことから、夜10時以降は友達を帰らせ、迷惑を掛けないなどの内容の誓約書を作成し、不動産仲介業者であるＡ株式会社を介して、交付したものの、睡眠障害等で診療所を受診する等し、転居したため、Ｘが Y_1、その親 Y_2 に対して不法行為に基づき慰謝料、診察代等の損害賠償を請求した。

本判決は、Ｘの症状が Y_1 の騒音によるとの事実的因果関係を推定したが、適応障害等の症状が通常生ずるとはいい難いとし、結局、相当因果関係を否定したものの、騒音による精神的苦痛、転居は騒音が受忍限度を超えていたとし、慰謝料として30万円、転居費用等の損害を認め、Y_1 に対する請求を認容し、Y_2 については、監督義務違反を否定し、Y_2 に対する請求を棄却した。

[168] 最二判平成25年７月12日判時2200号63頁、判タ1394号130頁

Ａは、鉄道事業を営むＹ株式会社の子会社であるＢ株式会社から鉄道高架下の建物を賃借し、文具の販売店舗兼倉庫として使用して営業をしていたＣ株式会社に雇用され、昭和45年３月から平成14年５月までの間、長年勤務していたところ（最後は取締役店長）、その間、賃貸人の地位はＹの子会社であるＤ株式会社に承継される等したが（ＤとＣとの間の賃貸借契約はその後合意解約された）、Ａが悪性胸膜中皮腫に罹患した後、自殺したことから、Ａの相続人である X_1、X_2 らがＹに対して石綿（クロシドライト）の粉塵を吸入した等と主張し、債務不履行、不法行為、土地工作物責任に基づき、Ｃに対して債務不履行、不法行為に基づき損害賠償を請求した。

第一審判決（大阪地判平成21年８月31日判時2068号100頁、判タ1311号183頁）は、人が利用する建物は、その性質上これを利用する者にとって絶対安全でなければならず、人の生命、身体に害を及ぼさないことが当然前提となっているものというべきであるとし、賃貸借開始当時である昭和45年ころには生命、身体に危険性があったとし、設置・保存上の瑕疵を認め、民法717条１項所定の占有者は危険な工作物を支配、管理する者が当該危険が現実化したことによる責任を負うべきであるとし、Ｙが占有者に当たるとし、請求を一部認容し、Ｃに対する請求を棄却したため、X_1 ら、Ｙが控訴した。

控訴審判決は、平成７年以降クロシドライトの製造、使用が禁止されたこ

と、平成17年以降石綿の除去等の措置が義務づけられていること等を指摘し、本件建物の壁面にクロシドライトを含有する吹付け材が露出していたことが本件建物の設置又は保存の瑕疵に当たるとし、X_1らの請求を一部認容すべきであるとしたため、Yが上告受理を申し立てた。

　本判決は、Aが勤務していた昭和45年３月から平成14年５月までの約32年間には石綿の粉塵の危険性に関する認識・知見やそれを踏まえた対応は次第に変化しているのであるから、このような場合における本件建物の設置又は保存の瑕疵の有無は、通常有すべき安全性を欠くと評価されるようになったのはいつの時点であるかを確定した上で、その時点以降に石綿の粉塵に暴露したことと悪性胸膜中皮腫に罹患したことの間に相当因果関係が認められるかを審理して判断する必要がある等とし、原判決を破棄し、本件を大阪高裁に差し戻した。

[169] **大阪高判平成26年２月27日判タ1406号115頁**

　前記[168]最二判平成25年７月12日判時2200号63頁、判タ1394号130頁の差戻し上告審の判決である。

　本判決は、環境庁・厚生省は昭和63年２月に都道府県に対して吹き付けアスベストの危険性を公式に認め、建物所有者への指導を求める通知を発したこと等から、遅くとも昭和63年２月頃には本件建物が通常有すべき安全性を欠くと評価されるようになったとし、壁面に吹き付けられたアスベストが露出している建物の賃借人の従業員として勤務していた者が勤務中にアスベスト粉塵に暴露したことにより悪性胸膜中皮腫に罹患した場合、建物の所有者兼賃貸人が賃貸借契約において管理上必要があるときに建物に立ち入り、必要な措置を執る権限が認められる一方、建物の維持管理に必要な修繕義務を負っていたこと等から、所有者兼賃貸人が民法717条１項所定の占有者に当たるとし、X_1らの控訴に基づき原判決中、Yに関する部分を変更し、X_1らの請求を認容し、Yの控訴を棄却した。

[170] **東京地判平成27年１月22日判時2257号81頁**

　信託銀行業を営むA株式会社は、ビルを所有し、Y_1株式会社（代表取締役は、Y_2であり、その妻がY_3）に賃貸し、Y_1は、平成20年10月、ビルの一部分をX株式会社に店舗として転貸し、Xは、飲食店として使用していたところ、平成22年10月22日、本件店舗の営業中、内部のトイレの便器から汚水が溢れ、店内が水浸しになる事故が発生し、営業を中止し、清掃等を行い、営業を開始したものの、再度同様な事故が発生し、営業を中止したため、XがY_1に対して飲食店舗として使用収益させるべき賃貸借契約上の債務不履行を主張

し、損害賠償、Y_2、Y_3に対して共同不法行為に基づき修繕工事費用、事故調査費、作業日、廃棄飲料代、汚損おしぼり代、従業員らの衣服等の買換費用、休業損害、逸失利益等の損害賠償を請求した（なお、Xは、Aに対しても訴訟を提起したが、150万円の支払を内容とする訴訟上の和解が成立した）。

本判決は、本件事故の原因は本件店舗内のトイレの便器から逆流したものであるが、これは共用下水本管が油脂の固まり等によって詰まり、本管を流れる排水が逆流したものと推認し、共用下水本管を維持、管理する責任はY_1にある等とし、Y_1の債務不履行を認め、賃貸借契約上の免責特約は不可抗力的な事由の場合を想定しており、貸主側の義務違反が明らかな本件事故の場合には適用されないとし、修繕工事費用、廃棄飲料代、汚損おしぼり代を損害と認め、Y_2らの共同不法行為を否定し、Y_1に対する請求を認容し、Y_2らに対する請求を棄却した。

[171] 名古屋地判平成28年1月21日判時2304号83頁

Xは、平成25年4月、A株式会社の仲介により、Yから建物の地下駐車場を賃借し、自動車を駐車していたところ、同年9月、駐車場が集中豪雨により浸水し、X所有の自動車が水没し、廃車処分をしたため、XがYに対して過去の浸水被害の説明義務違反の不法行為、債務不履行に基づき損害賠償を請求した。

本判決は、Xにおいて容易に認識することができた等の特段の事情のない限り、Yは、本件駐車場が近い過去に集中豪雨のために浸水し、車両にも実際に被害が発生した事実をX又は仲介業者に告知、説明する義務を負うとし、不法行為を認め、請求を認容した。

◆建物の賃貸借のうちでも、マンションの区分所有建物の賃貸借については、通常の賃貸管理が必要であるだけでなく、マンション特有の観点からの賃貸管理が必要であり、マンション法、管理規約等を遵守する等して賃貸管理をすることが重要である。区分所有建物の賃貸借に関する裁判例としては、次のようなものがある。

[172] 東京地判平成11年1月13日判時1676号75頁

区分所有者Yは、Aに専有部分を賃貸していたところ、Aが何度も火災警報器を鳴らしたり、管理人室に苦情の電話をする等したため、X管理組合（権利能力のない社団）がYに対し、賃借人に規約、使用細則を遵守させる旨の規約に違反したと主張し、損害賠償を請求したものである。なお、規約には、区分

所有者が専有部分を貸与する場合には、賃借人に規約を遵守させなければならない旨の規定が設定されていた。

本判決は、規約違反を認め、請求を認容した。

[173] 東京地判平成21年9月15日判タ1319号172頁

Xは、区分所有建物の専有部分の区分所有者であるところ、Y_1管理組合においては、管理規約上、店舗部分で営業を開始するためには営業者が区分所有者全員で構成されるY_2店舗部会の部会長の承認を得なければならない旨が定められ、Xから専有部分を賃借し、心療内科クリニックとして賃借する予定であったAがY_2に営業開始承認願を提出したところ、Y_2が承認しないとの処分をし、Xが再考を求めたのに対しても承認できない旨を回答したため、XがYに対して不承認処分の無効確認、不法行為に基づき損害賠償、賃貸して使用させることの妨害の禁止を請求した。

本判決は、Y_2に当事者能力を認めた上、不承認処分が法的効力を有しないとし、営業開始の承認については裁量が認められるものの、心療内科等に通院する患者によって周囲の者に不安を与え、迷惑をかけるおそれがあるとはいえないとし、Y_2が裁量権を逸脱し、又は濫用したとして不法行為を認め、確認の訴えを却下し、Y_2に対する損害賠償請求を認容し（礼金、11か月分の賃料相当の損害を認めた）、その余の請求を棄却した。

34 改正民法の時間的な適用範囲（経過規定）

　改正民法は、平成32年4月1日に施行されることになったが、改正民法が施行日を迎えた場合、改正民法が賃貸借契約等の契約の交渉、成立、履行、不履行、更新、損害賠償、解除等の多くの事項について、いつの時点から適用されるかが問題になる。改正民法が施行日の前の契約（既存契約）に関する出来事に適用されるのか、施行日以後の出来事に適用されるのか、適用されるとして契約のどの段階の出来事に適用されるかは、意外と困難な問題になることがあるし、重要な意義をもつこともある。

　賃貸借契約は、相当の期間、継続することが予定されている継続的契約であるという特徴があり、特に建物の賃貸借契約や、建物所有を目的とする土地の賃貸借契約については、相当の年月継続することが予定されている。建物の賃貸借契約等が相当の年月継続している間には、改正民法の施行前に締結された賃貸借契約であっても、改正前の民法が適用されるのか、改正民法が適用されるのかが問題になる場合が多い（実際にも改正民法の施行前に締結された膨大な件数の賃貸借契約が改正民法の施行後にも継続しているため、この問題が生じることが通常である）。

　改正民法は、附則においてこのような事項を定めているが、施行の前後には関心がもたれても、施行後時間の経過とともに意識が薄れ、忘れられることが通常である。しかし、改正民法の時間的な適用を誤ると、民法の適用を誤るという残念な結果を招きかねないものである。もっとも、本書のいくつかの箇所で紹介しているとおり、賃貸借契約について改正民法が実質的に変更する部分は少ないし、契約自由の原則によって対応することができる部分が多いから、さほど神経を尖らせるほどのことはないかも知れない。

　最後に、改正民法の附則を概観し、改正民法の時間的な適用関係を紹介しておきたい。

　改正民法の附則においては、賃貸借について、次のように定められている。

【改正民法】

（贈与等に関する経過措置）
第34条　施行前に贈与、売買、消費貸借（旧法第589条に規定する消費

> 貸借の予約を含む。)、使用貸借、賃貸借、雇用、請負、委任、寄託又は組合の各契約が締結された場合におけるこれらの契約及びこれらの契約に付随する買戻しその他の特約については、なお従前の例による。
> 2　前項の規定にかかわらず、新法第604条第２項の規定は、施行日前に賃貸借契約が締結された場合において施行日以後にその契約の更新に係る合意がされるときにも適用する。
> 3　第１項の規定にかかわらず、新法第605条の４の規定は、施行日前に不動産の賃貸借契約が締結された場合において施行日以後にその不動産の占有を第三者が妨害し、又はその不動産を第三者が占有しているときにも適用する。

　附則34条１項ないし３項が賃貸借契約に適用される。

　附則34条１項は、施行日前に締結された賃貸借契約については、従前の例によると定めていることから、現行民法の賃貸借に関する規定が適用されることになる。改正民法は、この規定に照らすと、施行日以後に締結された賃貸借契約に適用されることになる。

　また、附則34条２項は、改正民法604条２項（賃貸借の存続期間のうち、更新に関する規定であり、更新の期間が更新の時から50年を超えることができない旨を定めている）の適用については、施行日前に締結された賃貸借契約であっても、施行日以後に更新の合意をする場合にも適用されるとするものである（更新の期間を20年とする現行民法604条２項が適用されるものではない）。

　附則34条３項は、新設の規定である改正民法605条の４の規定（不動産の賃借人による妨害の停止の請求等に関する規定であり、対抗要件を備えた不動産の賃借人が直接に占有者に対して妨害排除等を請求する権利を認めるものである）の適用についてであるが、施行日前に不動産の賃貸借契約が締結された場合、施行日以後にその不動産の占有を第三者が妨害し、又はその不動産を第三者が占有しているときにも、改正民法605条の４の規定が適用されるとするものである。もっとも、改正民法605条の４が認める不動産の賃借人の権利は、現行民法の下においても判例、通説によって認められていたものであるから、実質的な変更はないということができ

る。
　そのほか、留意すべき附則としては、債権の目的に関する附則14条、債務不履行の責任等に関する附則17条、保証債務に関する附則21条、債務の引受けに関する附則23条、弁済に関する附則25条、相殺に関する附則26条、契約の成立に関する附則29条、契約の効力に関する附則30条、契約上の地位の移転に関する附則31条、契約の解除に関する附則32条がある。

判例索引（年代順）

昭和26年	最一判昭和26年5月31日民集5巻6号359頁、判タ13号64頁●118
昭和27年	最二判昭和27年1月18日民集6巻1号1頁●177
	最一判昭和27年12月11日民集6巻11号1139頁、判タ27号55頁●46
昭和28年	最二判昭和28年3月6日民集7巻4号267頁、判タ29号52頁●178
	最二判昭和28年12月18日民集7巻12号1515頁、判時19号20頁、判タ36号41頁●77
昭和29年	最三判昭和29年2月2日民集8巻2号321頁、判タ38号55頁●222
	最二判昭和29年2月5日民集8巻2号390頁、判タ38号56頁●78
	最一判昭和29年3月11日民集8巻3号672頁、判タ39号53頁●96
	最一判昭和29年6月17日民集8巻6号1121頁、判タ41号31頁●78
	最二判昭和29年6月25日民集8巻6号1224頁、判時31号5頁、判タ41号33頁●86
	最三判昭和29年7月20日民集8巻7号1408頁、判タ45号45頁●79
	最一判昭和29年10月7日民集8巻10号1816頁、判タ45号27頁●119
	最三判昭和29年10月26日民集8巻10号1972頁、判時38号11頁、判タ44号21頁●119
	最三判昭和29年11月16日民集8巻11号2047頁、判時40号9頁、判タ45号31頁●25
昭和30年	最二判昭和30年2月18日民集9巻2号179頁、判時48号18頁、判タ47号49頁●19
	最三判昭和30年4月5日民集9巻4号431頁、判タ50号20頁●79
	最二判昭和30年5月13日民集9巻6号711頁、判タ50号21頁●26
昭和31年	最一判昭和31年4月5日民集10巻4号330頁、判タ59号57頁●109、150
	最三判昭和31年5月15日民集10巻5号496頁、判時77号18頁、判タ59号60頁●20
	最二判昭和31年11月16日民集10巻11号1453頁、判タ66号55頁●26
昭和32年	最三判昭和32年12月3日民集11巻13号2018頁●166
昭和33年	最三判昭和33年1月14日民集12巻1号41頁●189
	最一判昭和33年9月18日民集12巻13号2040頁●55
昭和34年	最二判昭和34年7月17日民集13巻8号1077頁●120
	最二判昭和34年12月4日民集13巻12号1588頁●88
昭和35年	最三判昭和35年4月26日民集14巻6号1091頁、判時223号19頁、判タ105号51頁●87
昭和37年	最一判昭和37年3月15日裁判集民事59号321頁●22
	最二判昭和37年8月10日裁判集民事62号123頁●89
昭和38年	最二判昭和38年1月18日民集17巻1号12頁、判時330号36頁、判タ142号49頁●63

312

	最三判昭和38年1月22日裁判集民事64号121頁●22
	最一判昭和38年2月21日民集17巻1号219頁、判時331号23頁、判タ144号42頁●152
	最二判昭和38年4月12日民集17巻3号460頁、判時338号22頁、判タ146号62頁●109、150
	最一判昭和38年9月26日民集17巻8号1025頁、判時353号26頁、判タ154号59頁●63
	最二判昭和38年9月27日民集17巻8号1069頁、判時354号28頁●190
	最三判昭和38年10月15日民集17巻9号1202頁、判時357号357頁●121
	最一判昭和38年11月28日民集17巻11号1477頁、判時363号23頁、判タ157号57頁●89
昭和39年	最一判昭和39年1月16日民集18巻1号11頁、判時368号52頁、判タ160号62頁●190
	最三判昭和39年3月10日判時369号21頁●26
	最二判昭和39年6月19日民集18巻5号806頁、判タ165号65頁●192
	最二判昭和39年6月26日民集18巻5号968頁、判時380号69頁、判タ164号93頁●64
	最三判昭和39年6月30日民集18巻5号991頁、判時380号70頁、判タ164号94頁●121
	最二判昭和39年8月28日民集18巻7号1354頁、判時384号30頁、判タ166号117頁●55
	最一判昭和39年11月19日民集18巻9号1900頁、判時396号37頁、判タ170号122頁●122
	最三判昭和39年12月15日裁判集民事76号519頁●109
	最二判昭和39年12月18日民集18巻10号2179頁、判時399号31頁、判タ172号106頁●277
昭和40年	最二判昭和40年2月12日判時404号26頁、判タ176号99頁●110
	最三判昭和40年2月23日判時401号41頁●22
	最二判昭和40年6月18日民集19巻4号976頁、判時418号39頁、判タ179号124頁●123
	最二判昭和40年9月10日裁判集民事80号251頁●89
	最一判昭和40年12月17日民集19巻9号2159頁、判時434号35頁、判タ187号105頁●124
昭和41年	最一判昭和41年1月27日民集20巻1号136頁、判時440号32頁、判タ188号114頁●126
	最三判昭和41年4月5日裁判集民事83号27頁●41
	最一判昭和41年4月21日民集20巻4号720頁、判時447号57頁、判タ191号82頁●193
	最一判昭和41年5月19日民集20巻5号989頁、判時452号33頁、判タ193号

93頁●153

最三判昭和41年5月31日裁判集民事665号665頁●23

最二判昭和41年7月15日判時455号38頁、判タ195号78頁●126

最二判昭和41年10月21日民集20巻8号1640頁、判時467号38頁、判タ199号126頁●127

最一判昭和41年10月27日民集20巻8号1649頁、判時464号32頁、判タ199号129頁●23

昭和42年　最三判昭和42年1月17日民集21巻1号1頁、判時475号35頁、判タ204号108頁●128

最二判昭和42年3月31日判時480号26頁、判タ206号89頁●129

最一判昭和42年6月22日民集21巻6号1468頁、判時489号51頁、判タ209号139頁●167

最二判昭和42年12月8日判時506号38頁、判タ216号122頁●129

昭和43年　最一判昭和43年1月25日判時513号33頁●88

最三判昭和43年5月28日判時522号26頁●130

最二判昭和43年6月21日判時529号46頁●194

最三判昭和43年7月16日判時528号38頁、判タ225号89頁●131

最三判昭和43年9月17日判時536号50頁、判タ227号142頁●132

最三判昭和43年10月8日民集22巻10号2145頁、判時538号44頁、判タ228号96頁●28

最一判昭和43年11月7日判時542号45頁●194

昭和44年　最二判昭和44年1月31日判時548号67頁●134

最三判昭和44年4月15日判時558号55頁●27

最一判昭和44年4月24日民集23巻4号855頁、判時556号45頁、判タ235号111頁●135

最一判昭和44年7月17日民集23巻8号1610頁、判時569号39頁、判タ239号153頁●64、246

最一判昭和44年11月6日判時579号52頁●154

最一判昭和44年11月13日判時579号57頁●136

昭和45年　最三判昭和45年11月24日判時614号49頁●80

最二判昭和45年12月11日民集24巻13号2015頁、判時617号58頁、判タ257号126頁●112

最一判昭和45年12月24日民集24巻13号2271頁、判時618号30頁、判タ257号144頁●155

昭和46年　最二判昭和46年2月19日民集25巻1号135頁、判時622号76頁、判タ260号207頁●65

最二判昭和46年4月23日民集25巻3号388頁、判時634号35頁、判タ263号210頁●56、73

最三判昭和46年6月22日判時636号47頁、判タ265号133頁●136

	最一判昭和46年7月1日判時644号49頁、判タ269号187頁●27
	最一判昭和46年10月14日民集25巻7号933頁、判時650号64頁、判タ270号225頁●204
	最一判昭和46年11月4日判時654号57頁●137
	最二判昭和46年12月3日判時655号28頁、判タ272号222頁●57
昭和47年	最三判昭和47年3月7日判時666号48頁●157
	最三判昭和47年4月25日判時669号64頁●138
	最一判昭和47年6月15日民集26巻5号1015頁、判時674号69頁、判タ279号194頁●110
	最一判昭和47年11月16日民集26巻9号1603頁、判時689号70頁、判タ286号223頁●195
昭和48年	最二判昭和48年2月2日民集27巻1号80頁、判時704号44頁、判タ294号337頁●247
	最三判昭和48年2月27日裁判集民事108号247頁●178
	最三判昭和48年3月6日金融・商事判例356号2頁●197
	最二判昭和48年3月9日裁判集民事108号395頁●23
	最一判昭和48年3月22日金融法務事情685号26頁●249
	最一判昭和48年7月19日民集27巻7号845頁、判時716号39頁、判タ300号204頁●139
昭和49年	最一判昭和49年3月14日裁判集民事111号303頁●97
	最三判昭和49年3月19日民集28巻2号325頁、判時741号74頁、判タ309号251頁●58
	最二判昭和49年4月26日民集28巻3号527頁、判時743号54頁、判タ310号146頁●158
	最二判昭和49年4月26日民集28巻3号467頁、判時742号55頁、判タ310号143頁●198
	最一判昭和49年9月2日民集28巻6号1152頁、判時758号45頁、判タ315号220頁●249
昭和50年	最二判昭和50年4月18日裁判集民事114号523頁、金融法務事情761号31頁●140
昭和53年	最三判昭和53年2月14日金融・商事判例544号7頁●222
	最二判昭和53年12月22日民集32巻9号1768頁、判時915号49頁、判タ377号78頁●251
昭和55年	最一判昭和55年3月6日判時968号43頁、判タ419号89頁●199
昭和62年	最三判昭和62年3月24日判時1258号61頁、判タ653号85頁●114、151
	最一判昭和62年10月8日民集41巻7号1445頁、判時1266号23頁、判タ662号72頁●202
平成3年	最一判平成3年10月17日判時1404号74頁、判タ772号131頁●203
平成6年	最二判平成6年7月18日判時1540号38頁、判タ888号118頁●199

平成8年	最二判平成8年10月14日民集50巻9号2431頁、判時1586号73頁、判タ925号176頁●141
平成9年	最三判平成9年2月25日民集51巻2号398頁、判時1599号69頁、判タ936号175頁●116、151
	最一判平成9年7月17日民集51巻6号2882頁●142
	最一判平成9年11月13日判時1633号81頁、判タ969号126頁●178、275
平成10年	最二判平成10年1月30日民集52巻1号1頁、判時1628号3頁、判タ964号73頁●287
	最三判平成10年2月10日判時1628号3頁、判タ964号73頁●289
	[81] 京都地判平成10年2月13日判時1661号115頁●213
	[88] 横浜地判平成10年2月25日判時1642号117頁●215
	最一判平成10年2月26日民集52巻1号255頁、判時1634号74頁、判タ969号118頁●24
	[48][61] 東京地判平成10年3月10日判タ1009号264頁●182、205
	最三判平成10年3月24日民集52巻2号399頁、判時1639号45頁、判タ973号143頁●59
	[41] 東京地判平成10年3月24日金融・商事判例1151号15頁●144
	最一判平成10年3月26日民集52巻2号483頁、判時1638号74頁、判タ973号134頁●290
	[62] 東京地判平成10年4月14日判時1662号115頁、判タ1001号267頁、金融・商事判例1044号31頁●206
	[82] 東京地判平成10年5月12日判時1664号75頁●213
	[49][63] 東京地判平成10年5月28日判時1663号112頁●183、206
	[64] 東京高判平成10年6月18日判タ1020号198頁●206
	[14] 神戸地尼崎支部判平成10年6月22日判時1664号107頁●36
	[65] 東京地判平成10年6月26日判タ1010号272頁●207
	[160] 札幌地判平成10年7月26日判タ1040号247頁●302
	最一判平成10年9月3日民集52巻6号1467頁、判時1653号96頁、判タ985号131頁●252
	[136] 大阪高判平成10年9月24日判時1662号105頁●263
	[66] 東京地判平成10年9月30日判時1673号111頁●207
	[47] 東京高判平成10年9月30日判時1677号71頁●168
	[67] 東京地判平成10年11月25日判時1685号58頁●207
	[15] 横浜地川崎支部判平成10年11月30日判時1682号111頁●36
	[12] 東京高決平成10年12月10日判時1667号74頁、判タ999号291頁、金融・商事判例1064号25頁●35
	[83] 大阪高判平成10年12月17日判時1678号89頁●214
	[145] 東京地判平成10年12月28日判時1672号84頁●278
平成11年	[172] 東京地判平成11年1月13日判時1676号75頁●307

	［29］東京地判平成11年1月21日金融・商事判例1077号35頁●67
	最一判平成11年1月21日民集53巻1号1頁、判時1667号71頁、判タ995号73頁●253
	最一判平成11年3月25日判時1674号61頁、判タ1001号77頁●60
	［42］東京高判平成11年6月29日判時1694号90頁、金融・商事判例1151号10頁●144
	［161］東京地判平成11年7月8日判時1715号43頁●302
	［30］東京高判平成11年8月23日金融・商事判例1077号30頁●67
	［31］［137］津地判平成11年10月22日金融・商事判例1108号48頁●68、264
	［96］大阪地判平成11年10月22日判タ1067号210頁●229
	［43］東京高判平成11年12月21日判タ1023号194頁、金融・商事判例1093号26頁●144
	［150］札幌地判平成11年12月24日判時1725号160頁●280
平成12年	最二決平成12年4月14日民集54巻4号1552頁、判時1714号61頁、判タ1035号100頁●291
	［97］東京簡判平成12年6月27日判時1758号70頁●229
	［98］大阪高判平成12年8月22日判タ1067号209頁●230
	［68］大阪高判平成12年9月12日判タ1074号214頁●208
	［32］［121］東京地判平成12年10月26日金融・商事判例1132号52頁●68、259
	［99］東京地判平成12年12月18日判時1758号66頁●230
	最三判平成12年12月19日金融法務事情1607号39頁●159
	［100］［122］東京高判平成12年12月27日判タ1095号176頁●230、259
平成13年	［139］東京高判平成13年1月13日判時1743号67頁、金融・商事判例1115号14頁●264
	［69］東京地判平成13年3月7日判タ1102号184頁●208
	最三判平成13年3月13日民集55巻2号363頁、判時1745号69頁、判タ1058号89頁●292
	［13］東京高判平成13年4月18日判時1754号79頁、判タ1088号211頁●35
	［33］［138］東京地判平成13年10月29日金融法務事情1645号55頁●68、264
	［34］東京地判平成13年10月31日判タ1118号260頁●69
	［35］［70］東京地判平成13年12月3日金融・商事判例1156号28頁●69、208
平成14年	［1］［16］東京高判平成14年3月13日判タ1136号195頁●30、36
	［44］最一判平成14年3月28日民集56巻3号662頁、判時1787号119頁、判タ1094号111頁●117、143、145、152
	最一判平成14年3月28日民集56巻3号689頁、判時1783号42頁●294

317

	［123］大阪高判平成14年4月17日判タ1104号193頁●259
	［162］東京地判平成14年8月26日判タ1119号181頁●302
	［36］東京高判平成14年9月19日金融法務事情1659号47頁、金融・商事判例1156号16頁●69
	［101］神戸地尼崎支部判平成14年10月15日判時1853号109頁●230
	［37］東京高判平成14年11月7日金融・商事判例1180号38頁●69
	［22］東京地判平成14年11月25日判時1816号82頁●42
平成15年	［89］東京地判平成15年1月27日判時1129号153頁●215
	［102］大阪地判平成15年7月18日判時1877号81頁●231
	［103］大阪高判平成15年11月21日判時1853号99頁●231
平成16年	［140］横浜地判平成16年1月29日判時1870号72頁●265
	［141］神戸地尼崎支部判平成16年2月6日金融法務事情1731号73頁、金融・商事判例1197号12頁●265
	［163］東京高判平成16年2月26日金融・商事判例1204号40頁●303
	［124］東京地判平成16年4月28日金融法務事情1721号49頁●260
	［104］大阪高判平成16年5月27日判時1877号73頁●231
	［151］東京地判平成16年6月2日判時1899号128頁●281
	［38］東京地判平成16年6月30日金融・商事判例1201号46頁●70
	最三判平成16年7月13日判時1871号76頁、判タ1162号126頁●29
	［142］大阪高判平成16年7月13日金融法務事情1731号67頁、金融・商事判例1197号6頁●265
	［71］東京地判平成16年7月22日金融法務事情1756号69頁●209
	［105］大阪高判平成16年7月30日判時1877号81頁●232
	［125］東京高判平成16年9月15日金融法務事情1731号64頁●260
	［143］東京高判平成16年10月19日判時1882号33頁●266
	［144］東京高判平成16年10月27日判時1882号33頁●266
	［106］大阪高判平成16年12月17日判時1894号19頁●232
	［164］東京地判平成16年12月24日判時1906号65頁●303
平成17年	最一判平成17年3月10日判時1895号60頁、判タ1180号187頁●223
	［165］札幌地判平成17年5月13日判タ1209号180頁●304
	［128］神戸地判平成17年7月14日判時1901号87頁●261
	［72］和歌山地判平成17年9月22日判例地方自治282号20頁●209
	［39］大阪地判平成17年10月20日金融・商事判例1234号34頁●70
	［166］東京地判平成17年12月14日判タ1249号179頁●304
	最二判平成17年12月16日判時1921号61頁、判タ1200号127頁●223
平成18年	［40］東京地判平成18年1月20日金融法務事情1782号52頁●71
	［73］東京地判平成18年5月15日判時1938号90頁●209
	［152］東京地判平成18年5月30日判時1954号80頁●281
	［2］東京地判平成18年7月7日金融・商事判例1248号6頁●31

	［26］東京地判平成18年8月31日金融・商事判例1251号6頁●66
	最一判平成18年12月21日民集60巻10号3964頁、判時1961号53頁●254
	最一判平成18年12月21日判時1961号62頁●256
平成19年	［129］大阪地判平成19年3月30日判タ1273号221頁●261
	［74］福岡高判平成19年7月24日判時1994号50頁●210
	［126］大阪地判平成19年8月31日判時2078号50頁●260
平成20年	［50］京都地判平成20年1月30日判時2015号94頁、金融・商事判例1327号45頁●183
	［3］［18］東京高判平成20年1月31日金融・商事判例1287号28頁●31、36
	［4］東京地判平成20年2月27日判時2011号124頁●31
	［19］大阪地判平成20年3月18日判時2015号73頁●36
	［75］東京地判平成20年4月23日判タ1284号229頁●210
	［51］［107］京都地判平成20年4月30日判時2052号86頁、判タ1281号316頁、金融・商事判例1299号56頁●183、232
	［5］［23］札幌地判平成20年5月30日金融・商事判例1300号38頁●32、42
	［11］東京地判平成20年6月30日判時2020号86頁●34
	［127］大阪高判平成20年9月24日判時2078号38頁●261
	［76］東京地判平成20年10月6日判時2031号62頁●211
	［108］［130］京都地判平成20年11月26日金融・商事判例1378号37頁●233、262
	［109］大阪高判平成20年11月28日判時2052号93頁●233
平成21年	最二判平成21年1月19日民集63巻1号97頁、判時2032号45頁、判タ1289号85頁●199
	［110］神戸地尼崎支部判平成21年1月21日判時2055号76頁●233
	［6］［24］札幌高判平成21年2月27日判タ1304号201頁●32、42
	［52］大津地判平成21年3月27日判時2064号70頁●184
	［7］東京地判平成21年4月7日判タ1311号173頁●33
	［153］大阪簡判平成21年5月22日判時2053号70頁●282
	［111］大阪高判平成21年6月12日判時2055号72頁●233
	［112］［131］大阪高判平成21年6月19日金融・商事判例1378号34頁●233、262
	［8］東京高決平成21年7月8日判タ1315号279頁●33
	［53］［113］［132］京都地判平成21年7月23日判時2051号119頁、判タ1316号192頁、金融・商事判例1327号26頁●184、234、262
	［114］［133］京都地判平成21年7年30日金融・商事判例1378号50頁●234、263
	［54］大阪高判平成21年8月27日判時2062号40頁、金融法務事情1887号

	117頁●185
	[20] 東京地判平成21年8月31日判タ1327号158頁●37
	[173] 東京地判平成21年9月15日判タ1319号172頁●308
	[55] 京都地判平成21年9月25日判時2066号81頁●185
	[56] [115] 京都地判平成21年9月25日判時2066号95頁、判タ1317号214頁●185、234
	[84] 大阪地岸和田支部判平成21年9月29日金融・商事判例1400号27頁●214
	[116] 京都地判平成21年9月30日判時2068号134頁、判タ1319号262頁●234
	[57] 大阪高判平成21年10月29日判時2064号65頁●186
	[167] 東京地判平成21年10月29日判時2057号114頁●305
	[117] [134] 大阪高判平成21年12月15日金融・商事判例1378号46頁●235、263
平成22年	[85] 大阪高判平成22年3月26日金融・商事判例1400号22頁●214
	[90] 横浜地判平成22年5月14日判時2083号105頁●215
	[154] 大阪地判平成22年5月28日判時2089号112頁●282
	[91] [146] 東京地判平成22年9月2日判時2093号87頁●216、278
	[92] 東京地判平成22年10月28日判時2110号93頁●216
	[58] 京都地判平成22年10月29日判タ1334号100頁●186
	[135] 神戸地尼崎支部判平成22年11月12日判タ1352号186頁●263
平成23年	[118] 最一判平成23年3月24日民集65巻2号903頁、判時2128号33頁、金融・商事判例1378号28頁●226、235、257
	[155] 大阪高判平成23年6月10日判時2145号32頁●282
	最三判平成23年7月12日判時2128号43頁、金融・商事判例1378号41頁●227、258
	最二判平成23年7月15日判時2135号38頁●180
平成24年	[27] 福島地いわき支部判平成24年2月17日金融・商事判例1428号59頁●66
	[156] 東京地判平成24年3月9日判時2148号79頁●283
	[77] 福岡地判平成24年6月6日判タ1388号203頁●211
	[93] 東京地判平成24年6月26日判時2171号62頁●217
	[59] 東京地判平成24年7月5日判時2173号135頁、金融・商事判例1409号54頁●187
	[147] 東京地判平成24年7月18日判時2198号73頁●278
	[86] 最三判平成24年9月4日判時2171号42頁、金融・商事判例1400号16頁●204、214
	[157] 東京地判平成24年9月7日判時2171号72頁●283
	[78] 福岡高判平成24年10月18日判タ1388号200頁●212

	[119]	東京地判平成24年10月31日判タ1409号377頁●235
	[120]	大阪地判平成24年11月12日判時2174号77頁、判タ1387号207頁、金融・商事判例1407号14頁●236
平成25年	[28]	仙台高判平成25年2月13日判タ1391号211頁、金融・商事判例1428号48頁●67
	[87]	大阪高判平成25年2月22日金融・商事判例1415号31頁●215
	[79]	東京地判平成25年2月25日判時2201号73頁●212
	[60]	東京高判平成25年3月28日判時2188号57頁●187
	[148]	東京高判平成25年4月24日判時2198号67頁●279
	[168]	最二判平成25年7月12日判時2200号63頁、判タ1394号130頁●305
	[158]	大阪地判平成25年10月17日判時2216号100頁●284
	[149]	大阪高判平成25年11月22日判時2234号40頁●279
平成26年	[169]	大阪高判平成26年2月27日判タ1406号115頁●306
	[9]	東京地判平成26年5月29日判時2236号113頁●33
	[25]	東京地判平成26年9月17日金融・商事判例1455号48頁●47
	[21]	大阪高判平成26年9月18日判時2245号22頁●37
	[10]	横浜地判平成26年12月25日判時2271号94頁●34
平成27年	[170]	東京地判平成27年1月22日判時2257号81頁●306
	[80]	東京地判平成27年2月24日判時2260号73頁●213
	[94]	東京地判平成27年4月28日判時2276号61頁●217
	[45]	東京高判平成27年5月27日判時2319号24頁●145
	[95]	東京地判平成27年9月1日判タ1422号278頁●218
平成28年	[171]	名古屋地判平成28年1月21日判時2304号83頁●307
	[46]	東京地判平成28年2月22日判タ1429号243頁●145
	[159]	東京地判平成28年4月13日判時2318号56頁●284

著者略歴

升田　純（ますだ　じゅん）
弁護士・中央大学法科大学院教授

1950年島根県安来市生まれ。73年司法試験合格、国家公務員試験上級甲種合格。74年京都大学法学部卒。同年農林省入省。75年司法研修所入所。77年から地方裁判所・高等裁判所の判事を歴任。途中、法務省参事官などをへて、97年判事を退官。同年より弁護士および聖心女子大学教授。04年から現職。

主な著作としては

『民法改正と請負契約』大成出版社，2017
『なぜ弁護士は訴えられるのか──判例からみた現代社会と弁護士の法的責任』民事法研究会，2016
『自然災害・土壌汚染等と不動産取引』大成出版社，2014
『名誉毀損の百態と法的責任』民事法研究会，2014
『最新 PL 関係判例と実務〔第3版〕』民事法研究会，2014
『民事判例の読み方・学び方・考え方』有斐閣，2013
『現代取引社会における継続的契約の法理と判例』日本加除出版，2013
『インターネット・クレーマー対策の法理と実務』民事法研究会，2013
『変貌する銀行の法的責任』民事法研究会，2013
『風評損害・経済的損害の法理と実務（第2版）』民事法研究会，2012
『不動産取引における契約交渉と責任』大成出版社，2012
『平成時代における借地・借家の判例と実務』大成出版社，2011
『マンション判例で見る標準管理規約』大成出版社，2011
『警告表示・誤使用の判例と法理』民事法研究会，2011
『判例にみる損害賠償額算定の実務〔第2版〕』民事法研究会，2011
『一般法人・公益法人の役員ハンドブック』民事法研究会，2011
『風評損害・経済的損害の法理と実務』民事法研究会，2009

『現代社会におけるプライバシーの判例と法理』青林書院，2009
『要約マンション判例155』学陽書房，2009
『裁判例からみた内部告発の法理と実務』青林書院，2008
『実務民事訴訟法（第四版）』民事法研究会，2008
『高齢者を悩ませる法律問題』判例時報社，1998
『大規模災害と被災建物をめぐる諸問題』法曹会，1996

他、著書・論文多数

民法改正と賃貸借契約（賃貸管理業者への影響）
―100年振りの改正―

2018年4月24日　第1版第1刷発行

著　　升　田　　純

発行者　箕　浦　文　夫

発行所　株式会社 大成出版社

東京都世田谷区羽根木1—7—11
〒156-0042　電話03（3321）4131（代）
http://www.taisei-shuppan.co.jp/

Ⓒ2018　升田　純　　　　　印刷　信教印刷

落丁・乱丁はおとりかえいたします。

ISBN978-4-8028-3321-9

民法改正と請負契約
（請負業者への影響）
－100年振りの改正－

弁護士・中央大学法科大学院教授 升田 純 著
A5判・188頁　上製カバー装　3,800円＋税
図書コード　3307

現行法の下における請負契約に関する規定、その解釈・運用、実際判例・裁判例を踏まえつつ、改正法の内容、意義をわかりやすく解説するとともに、判例・裁判例から改正法の下における実用性についても分析・検討！

◆**本書の特徴**◆

現行法の下における請負契約に関する規定、その解釈・運用、実際の判例・裁判例を踏まえつつ、改正法の内容、意義を解説するとともに、判例、裁判例から改正法の下における実用性についても分析・検討。

大成出版社

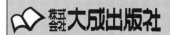

〒156-0042 東京都世田谷区羽根木1-7-11
TEL 03-3321-4131　FAX 03-3325-1888
ホームページ　http://www.taisei-shuppan.co.jp/
※ホームページでもご注文いただけます。